무궁화의 위대한 경영

한국의 무궁화 피터 드러커를 만나다

무궁화의 위대한 경영

초판 1쇄 인쇄 2015년 1월 26일
  1쇄 발행 2015년 2월 6일

지은이 이재원

펴낸이 김영선
기획·편집 이교숙
디자인 차정아, 김대수

펴낸곳 (주)다빈치하우스-미디어숲
주소 서울시 마포구 독막로8길 10 조현빌딩 2층(우 121-884)
전화 02-323-7234
팩스 02-323-0253
홈페이지 www.mfbook.co.kr
출판등록번호 제 2-2767호

값 19,800원
ISBN 978-89-91907-64-5 (03320)

이 도서의 국립중앙도서관 출판예정도서목록(CIP)은 서지정보유통지원시스템 홈페이지(http://seoji.
nl.go.kr)와 국가자료공동목록시스템(http://www.nl.go.kr/kolisnet)에서 이용하실 수 있습니다.
(CIP제어번호: CIP 2015000847)

한국의 무궁화 피터 드러커를 만나다

무궁화의 위대한 경영

이재원 지음

미디어숲

드러커라이즈 [Drucker-ize]
피터 드러커의 시각으로 이 세대를 혁신하고, 다음 세대를 일으키다

피터 드러커리언 [Peter Drucker-ian]
피터 드러커의 철학과 삶, 그리고 그의 언어를 연구하여 자신을 경영하고,
세상의 경영을 돕는 피터 드러커의 제자들

프롤로그

배경

⊕ ⊕ ⊕

    나는 경영자로서의 경험과 구성원으로서의 경험을 둘 다 가지고 있다. 직원들이 회사에 대한 비전을 보지 못하고 떠났을 때의 가슴 시린 경험, 또 회사를 사랑하고 일을 사랑했지만 경영진과의 가치관이 다르고, 경영진의 비윤리적 태도에 실망하여 조직을 떠날 수밖에 없어 안타까워했던 경험들을 가지고 있다. 그때는 마음이 괴로웠지만 이러한 경험들은 모두 현재 나의 사명과 비전을 더욱 명확하게 하고 방향을 제시해주는 좋은 거름이 되어주었다.

    이러한 현실 속에서 기업의 구성원들도 만족하고, 기업의 경영자들도 만족하는 경영시스템을 구상해보았다. 기업의 모든 구성원이 함께 성장하고 고성과를 창출하는 시스템, 기업가정신으로 무장된 인재들, 인재들의 잠재력과 창의력을 끌어내어 성과를 창출해내는 경영자들, 모두가 행복한 마음으로 상생하여 승리하는 위대한 기업을 만들 수는 없을까? 그렇게만 된다면 한국의 경제회복은 물론이거니와 뛰어난 두뇌와 글로벌 리더십을 가진 한국의 인재들이 세계무대에서 리더로서의 역할을 하게 될 것이며, 나아가 사회적 공헌을 통해 세계를 평화롭고 아름답게 만들어가게 될 것이라고 생각했다.

이에 인재가 되기 위한 방법론과 인재들이 마음껏 일할 수 있는 조직이 되기 위한 방법론을 16년 전 스티븐코비 박사의 이론으로 시작해서 피터 드러커의 인문예술경영철학 바탕으로 완성하게 된 것이다. 그리고 매우 가슴이 뛰는 비전을 갖게 되었다. 피터 드러커의 위대한 유산을 대한민국의 국화인 '무궁화'에 담아내어, 인재가 되고자 하는 모든 구성원 그리고 유능함을 넘어 구성원 모두에게서 존경받고 환영받는 경영자가 되고자 하는 모든 경영자와 공유하고자 하는 비전이다. 이제 나는 비전을 실현시켜 나갈 수 있는 시작의 종을 울릴 수 있게 되었다.

동기

⊕ ⊕ ⊕

나는 나에게 주어지는 모든 일들을 가급적 기회로 생각하고 부딪쳐보았다. 그로 인해 나는 잠깐의 풍요로움도 맛보았지만 어느 사람들과 달리 시련과 고난의 연속인 그럼에도 늘 역동적인 그러한 삶을 살았다. 무모한 도전이었던가. 아니 지금 생각해보면 이 모든 것이 나의 거름이 되어준 것이다. 『무궁화의 위대한 경영』은 단순히 지식만을 가지고 쓰지는 않았다. 넘어지고, 깨어지고, 나락으로 떨어져 보지 않았더라면 아마 나는 이 책을 쓸 수 없었을 것이다.

나는 훌륭한 경영자와 훌륭한 구성원들이 함께 시너지를 내어 위대한 조직문화를 만드는 경영시스템을 만들고 싶었다. 내가 속한 곳이 사랑이 넘치고 감사가 넘치고 즐거움이 넘치는 그러한 곳이 될 수 없을까? 내가 하는 일이 남들에게 유익한 것을 제공하는 것이고 일을 통해 보람을 느끼며 자아실현을 이루어 갈수는 없을까? 수많은 샐러리맨들이 자신의 강점과 잠재력을 발휘하지 못한 채 경영자들의 요구에 눈치껏 대응하며 인재답지 못한 삶을 살아가는 이가 많은 듯하다.

"나는 자기존중감을 느끼며 살아가고 있는가? 나는 귀한 존재로 대우받고 있는가? 나는 상사를 존경하는가?"

한국의 직장인들 100명에게 위와 같은 질문을 했을때 과연 몇 명이나 '그렇다'라고 대답할 수 있을지 생각해본다.

무엇보다 경영자들의 패러다임 전환이 중요하다. 그리고 유능한 경영자들과 함께 구성원들도 자신의 강점과 재능, 잠재력을 총동원하여 조직과 사회에 공헌해야 한다. 우리가 속한 조직을 보다 행복하고, 보다 의미 있고, 보다 가치 있으며, 세계인류에 공헌하는 조직으로 성장시킬 수 있다면, 우리가 사는 세상이 사람이 사람을 진정으로 존중하고 서로가 서로를 격려하며 함께 나아가는 그런 아름다운 세상이 되지 않을까?

의도

16년 전 나는 한 번뿐인 내 인생을 보다 가치 있고 의미 있게 살아가기 위해서는 새로운 패러다임과 새로운 설계가 필요하다고 생각했다.

"나 자신부터가 좋은 인재가 되고 또 좋은 인재를 양성하여 좋은 사회를 만든다."

3년 동안 명상과 수련을 통해 완성한 사명선언문이다. 짧고 간결한 사명선언문이지만 매우 자명한 진리를 담고 있기에 무궁화의 위대한 경영 또한 이 진리를 기반으로 집필하였다. 위대한 경영의 핵심가치에 대해 신입사원부터 최고경영자에 이르기까지 먼저 내가 이러한 인재가 되기 위해 노력해야 한다.

지금은 지식사회이며 지식이 자본이자 자원의 핵심인 사회이다. 지식이 위력을 발휘하려면 다른 지식과 시너지를 낼 때만이 가능한 것이다. 그러기 위해 우리가 풀어야 할 숙제는 '어떻게 하면 인간의 아름다운본성으로 회복할 수 있는가?'라는 것이다. 이기주의, 기회주의, 교만이라는 무서운 심리적 질병을 깨뜨리고 건강한 인성으로 돌아가야만 한다. 수많은 자기계발서들이 지금도 쏟아져 나오고 있으나 아직까지 사람의 인성을 회복시킬 만한 그런 책은 찾아보기가 어렵다. 세계적인 위대한 작가, 컨설턴트, 강사들은 많이 있으며 그들이 지대한 영향을 끼쳤다는 점은 인정해야 하고 칭송받아 마땅하다. 하지만 변질된 인성이 회복된다는 것은 결코 쉽지 않은 부분이다. 이 또한 우리는 인정할 수밖에 없을 것이다.

우리는 남을 변화시키겠다는 생각보다는 나를 변화시키고 나의 인성을 회복함으로써 비로소 다른 사람에게 선한 영향력을 끼칠 수 있다. 우리는 자신을 변화시킬 수 있는 능력을 갖고 있다. 우리의 뇌를 반복적으로 자극함으로써 사고를 전환하게 하고, 우리의 행동을 변화시키므로 좋은 습관을 만들어낼 수 있다.

무궁화는 우리의 변질된 인성을 회복시킬 만한 능력이 있는 위대한 가치가 있는 꽃이다. 나는 이러한 무궁화에 피터 드러커의 위대한 유산 중 우리에게 꼭 필요한 경영철학을 담아내었다. 피터 드러커의 경영철학을 선택하게 된 것은, 그는 95세의 노년까지 끊임없이 스스로를 혁신하며 성장을 위해 평생학습을 실천한 인물이라는 것과, 많은 사람에게 참된 성공의 방향을 제시할 뿐만 아니라 실천방법론까지 제시한 위대한 인문예술경영 철학의 소유자이기 때문이다.

또한 무궁화는 군자다운 기상을 가진 자강불식의 꽃이요, 세계평화의 꽃으로서 피터 드러커의 위대한 경영철학을 담기에 넉넉한 꽃이다. 이러한 무궁화를 우리의 뇌와 마음에 심는다면 평화의 꽃 무궁화가 우리의 손상된 인성을 회복하도록 도와줄 것이다. 참으로 무궁화를 알고 나니 우리 한민족의 본성만이 세상을 평화롭고 아름답게 이끌어 갈 수 있다는 확신이 들었다. 일제가 한민족의 숭고한 정신과 무궁화를 함께 짓밟은 것을 이제 우리는 무궁화와 함께 본래의 인성으로 다시 피어나야 할 것이다. 조직을 경영하는 경영자들과 조직에 속한 근로자들에게 무궁화의 위대한 경영은 빛과 나침반, 위대한 성공의 지침서가 되어줄 것이라 확신한다.

감사

☺ ☺ ☺

위대한 유산을 물려주신 피터 드러커와 그와 관련된 지식을 이 땅에 꺼내 준 선배 드러커리언들에게 진심으로 감사를 드린다. 피터 드러커를 직접 만난 적은 없지만, 수많은 그의 책을 통해 그의 위대한 경영철학과 평화적 사상을 배웠다. 또한 고(故) 이재규 교수님께 존경하는 마음을 담아 감사드린다. 그분이 계셨기에 나는 젊은 날 피터 드러커의 세계를 경험할 수 있게 되었다. 그리고 피터 드러커의 유가족들과 미국에 있는 피터 드러커재단(현재는 리더투리더재단), 한국의 피터 드러커 소사이어티에도 감사를 전한다.

무궁화의 위대한 가치를 전파하며 독립운동가들과 국민들에게 희망과 용기를 잃지 않도록 고문으로 죽기까지 무궁화의 정신을 전하신 한서 남궁억 선생님께도 감사드린다. 아울러 지금도 무궁화정신을 알리고 계신 무궁화애호운동가 김석겸 선생님께 감사를 드린다. 김석겸 선생님을 통해 대한민국의 국화로만 알았던 무궁화가 참으로 위대한 가치를 담은 꽃이라는 것을 알게 되었다.

『무궁화의 위대한 경영』이 나오기까지 격려하고 응원해준 김승 교수님, 정지훈, 김상현, 권정은, 김민석, 김형기, 박지희, 박영광, 이나희, 이수향, 사공린. 이슬기, 장인영, 이민영. 최유경, 박창조 대표님, 배온희 소장님, 백병찬 총재님, 이도경 소장님, 이동근 대표님, 정옥용 이사장님, 최근규 대표님, 김대형 본부장님, 김태인 사장님, 이운길 국장님, 강경수 교수님, 정병창 교수님, 정구영 교수님, 7Habits FT 동기들, 언제나 기도로 응원해주신 어머니, 세상 살아가는 데 가장 중요한 것은 진실이라고 가르쳐주신 아버지, 사랑하는 형과 동생 윤정이에게도 감사한 마음을 전한다. 너무도 많은 분이 이 지면에 빠져 있다. 지금까지 나를 아껴주신 모든 분과 내게 교훈을 주신 모든 분께도 감사를 드린다.

　마지막으로, 고마움을 전하고 싶은 분들이 있다. 정말이지 이분들의 헌신과 나라사랑하는 마음이 없었다면 무궁화의 위대한 경영을 집필하는 데 많은 어려움이 있었을 것이다. 무궁화의 위대한 가치와 무궁화의 위대한 경영의 대략적인 이야기를 듣고 이 책이 대한민국을 넘어 세계경제에도 큰 도움이 될 것이라며 용기를 주시고, 집필할 수 있는 환경과 물질적 자원, 필요한 모든 것을 지원해주신 분이다. 부디 무궁화의 위대한 경영이 대한민국의 모든 기업과 사회부문 단체들에게 큰 도움이 되어 견고한 반석 위에 강인하고 아름다운 무궁화와 함께 영원무궁토록 번영하여 세계평화와 온 인류의 행복을 위해 함께 공헌하게 되기를 더욱 간절히 바랄 뿐이다. 나의 진심을 담아 무궁화의 위대한 경영의 탄생을 도와주신 KTDI 한국관광여행개발원 이정애 대표님, 이영아 이사님, 이인경 이사님께 감사를 드린다.

2015년 1월 나의 서재에서

이재원

차 례

프롤로그

02 PART 무궁화인재들의 5대 핵심가치와 역량

03 무궁화
PART 인재경영 시스템

PART 01

꽃 중의 왕,
무궁화의 가치와 지혜

무궁화는 어떤 꽃인가?
우리가 알고 있던 무궁화와 실제 무궁화는
어떠한 차이가 있을까?
무궁화와 대한민국은 어떤 관계를 갖고 있는가?
무궁화의 위대한 가치를 바로 알고
무궁화의 정신을 회복하여
강력하고 아름다운 리더로 성장한다.

제 1 장

피터 드러커가
무궁화를 심는다면

조직은 조직 자체의 유지를 위해 존재하는 것이 아니다.
이것은 수단에 불과하다. 조직은 사회적인 과제를 담당하는 사회를 위한
기관이다. 생물처럼 자신의 생존 자체를 목적으로 삼을 수는 없다.
조직의 목적은 개인과 사회에 공헌하는 일이다.
『단절의 시대(The Age of Discontinuity)』

피터 드러커의 상징

❀ ❀ ❀

피터 드러커는 어려운 경영원리를 설명할 때, 상징을 통해 쉽게 접근
하곤 한다. 특히 경영학을 설명할 때, 그는 종종 '연장통'이라는 단순한
상징을 비유적으로 사용하였다. 그의 최초 경영학 저서인 『기업의 개
념』에서 그는 '경영'을 자신의 발명품으로 믿고 있음을 드러내었다. 기
존에도 비즈니스 관련 서적이나 기술서적들이 있었지만, 『경영의 실제』
라는 책에서 비로소 '통합'의 지식체계로서 '경영'을 정립하였다. 이 과
정에서 사용한 상징이 바로 '연장통'이다.

"톱이나 망치만으로, 혹은 펜치를 알지 못한 채로 목공일을 할 수는 없다. 목공일은 자신이 직접 발명한 모든 도구를 하나의 연장통에 담았을 때 비로소 가능하다."

'성과기준'을 논할 때 사용한 상징은 'X-레이'이다. 피터 드러커는 지식근로자의 등장 이후에 과거 볼트와 너트를 생산하는 기업과 똑같은 기준으로서의 측정은 불가능하다고 강조하였다. 회계장부의 일괄 수량화 기준이 아니라, 일종의 '기업감사'와 같은 사업통제 기준이 필요하다고 하였다.

"전통적 성과기준은 기업의 골격을 찍는 X-레이지만, 우리가 흔히 걸리는 질병은 X-레이로는 포착되지 않는다. 지식기업의 시장점유율 하락이나 기술 혁신의 실패는 손해가 발생하기 전까지는 회계사의 계정에 등장하지 않는다. 새로운 개념의 기준이 필요하다."

피터 드러커는 목표관리에 대한 설명에서 '오케스트라'를 설명함으로써 그 원리를 이해시켰다. 『21세기를 향한 경영 도전』에서 조직과 개인이 하나의 목표를 향해 달려간다는 것이 얼마나 중요한지를 설명하였다. 아무리 능력 있는 지휘자라 할지라도 연주자들의 자발적 지지와 공헌이 없으면 어떤 것도 성취할 수 없다는 것이다. 그 또한 정규직원들이 자원봉사자처럼 관리되어야 한다는 것과, 자원봉사자는 급여를 받지 않기 때문에 정규적으로 임금을 받는 근로자보다 더 큰 직업적 만족을 요구하는 경향이 크다고 덧붙였다. 바로 이러한 특징을 가장 잘 반영하기 위해 그가 선택한 상징이 '오케스트라'이다.

> "지식근로자는 무엇보다도 기업 전체가 연주할 '악보'가 무엇인지, 즉 기준과 가치, 성과와 결과가 무엇인지를 규정함으로써 방향을 제시해 주는 상사에게 의존한다."

가장 쉬운 상징은 '자연' 속에 있다

☺ ☺ ☺

피터 드러커는 우리의 일상에서 상징체계를 찾았다. 나는 이러한 피터 드러커적인 관찰에 좀 더 창의적인 변화를 주고 싶었다. 그래서 일상의 상징보다도 더 명확함이 강조되는 '자연' 속에서 비유적인 상징의 가능성을 찾아보기로 하였다.

한 장의 '연어'사진에서 소설의 모티브를 찾아 『연어』라는 책이 나왔다. 중국의 특이 개구리 종에 대한 신문기사를 보고 『핑』이라는 소설이 탄생되었다. 가슴에 손을 대면 박동이 뛰는 심장의 두근거림과 이를 시각화한 심박그래프를 보고 『피크 앤 밸리』라는 책이 탄생하였다. 이처럼 경영의 원리뿐만 아니라, 인생의 순리를 풀어가는 데에 '자연'에 대한 관찰과 이를 통한 상징적 풀이만큼 명쾌한 것은 없다는 확신이 든다.

인류는 자연 속에서 이미 수없이 많은 지혜를 찾아냈다. 이 과정에서 접근하는 방법은 크게 세 가지로 나눌 수 있다. '관찰에 의한 방법, 실험에 의한 방법, 경험에 의한 방법'이다.

비둘기, 연어의 회귀 본능은 그 생태에 대한 관찰을 통해 얻어낸 것이다. 모리셔스 섬에서 멸종한 도도새 역시 관찰에 의한 접근이다. 관찰을 통해 의미를 깨닫고 통찰에 이르게 된다. 그리고 비둘기나 연어의 회귀본능을 통해 '초심'에 대한 통찰을 얻고, 살이 쪄서 날지 못하는 도도새의 멸종을 통해 '안일주의가 만든 결과', '변화에 대응', '혁신' 등의 아이콘을 발견하는 것 역시 통찰이다.

실험에 의한 접근법은 개구리실험을 예로 들면 이해하기 쉬울 것이다. 미지근한 비커 물에 개구리를 넣고, 매우 약한 불로 천천히 가열을 한다. 그러면 개구리는 뛰쳐나올 기회를 얻지 못하고 천천히 자신도 모르게 죽어간다. 잔인한 방법이지만 익히 우리가 알고 있는 실험이다. 물론 관찰을 통한 통찰을 확인하기 위해 실험을 하는 경우도 있다. 광화문에서 비둘기의 다리에 끈을 묶어 구분 짓고 그 비둘기가 제 자리로 돌아오는지 실험한 경우이다.

마지막 방법은 '경험에 의한 통찰'이다. 긍정적인 경험은 농부가 씨앗을 심고 식물을 경작하여 열매를 거두는 것과 같은 생산적이고 풍요로운 경험이다. 인간의 노력과 환경의 조화가 어떻게 이루어져야 하는지를 배우는 것이다. 부정적인 경험은 우리가 버린 폐수와 관리하지 않은 자연의 재앙이 다시 우리의 식탁과 건강의 위협으로 되돌아오는 경험이다.

인류는 이처럼 자연으로부터 끊임없이 배우고 성찰하며 개선되어 왔다. 그래서 나는 끊임없이 내가 전달하는 보편적 가치를 실어 담을 상징으로서의 자연을 관찰해왔다. 그리고 결국 찾아내었다.

국가적 상징 '무궁화'

⊛ ⊛ ⊛

내가 찾은 답은 바로 '무궁화'이다. 사회에 속한 모든 기관의 인재양성과 올바른 경영을 위해 그 모든 통찰을 담을 수 있는 상징체계는 무엇일까? 오랜 시간 찾고 탐구하며 고심하였다. 그런 간절함 속에서 찾아낸 것이 무궁화이다. 어떻게 꽃 한 송이에 국가적 거대 담론을 담을 수 있을까 의아해 할만하다. 하지만 이 책을 읽으면 곧 깨닫게 될 것이다. 무궁화가 왜 나라의 꽃이 될 수 있었는지 그 깊이와 세계가 얼마나 큰지 모두 알게 될 것이다.

무궁화는 고려시대 이전부터 우리나라 땅에서 자생하였다. 중국의 지리서인『산해경』에 "군자의 나라에는 무궁화꽃이 많이 피었다."라는 이야기가 나온다. 무궁화는 군자다운 기상을 가진 꽃 중의 꽃이요, 위대한 평화의 꽃이며, 위대한 사랑의 꽃이라 할 만한 기품을 지닌 꽃이다. 이러한 무궁화의 원산지로 한국, 중국, 인도 등 여러 나라를 이야기하지만 나는 이 원산지를 따짐으로써 이것이 우리나라 꽃이라는 주장은 큰 의미가 없다고 생각한다.

무궁화가 우리나라의 꽃이 된 데에는 일제치하의 수난 속에 커다란 고통을 감내해 나가는 과정에서 우리 민족의 희망의 상징이 되었으며, 민족의 힘을 하나로 모으는 역할을 한 것에 있다 하겠다. 일본은 우리 민족을 짓밟듯 무궁화 말살정책을 펴 위대한 교육자이자 독립운동가였던 한서 남궁억 선생을 72세의 나이에 불구가 되게 하고, 그가 키운 무궁화묘목 7만 그루를 모두 불살랐다. 그것도 모자라 어린학생들에게 무궁화를 보면 눈에 피가 서린다는 등의 거짓교육을 시켜가며 무궁화를 핍박했으니 일본은 우리 민족을 핍박하고 또 동서고금을 막론하고 극찬 받는 세계평화의 꽃을 함께 핍박한 것이다. 그러기에 무궁화는 우리 민중과 함께한 민중의 꽃이다. 또한 무궁화는 아침에 피고 저녁에 졌다가 다시 아침에 피는 아침마다 새롭고 늘 새로운 꽃이다.

이러한 무궁화의 상징은 오늘날 모든 기업과 각 조직의 리더들이 마음속 깊이 새겨야 할 가치일 것이다. 필자는 16년 동안 인재양성을 위해 평생학습을 실천하였는데 그중에 정말 꼭 전하고 싶었던 내용들을 추려 무궁화에 담았으니 내게는 큰 영광이요, 고맙고 감사할 뿐이다.

피터 드러커가 무궁화를 심는다면

✿ ✿ ✿

일제치하에서 해방된 후 우리는 그동안 놀라운 성장을 하였다. 그런데 그 놀라운 성장 이면에는 정말 중요한 '진리'와 '가치'가 빠져 있다. 그것이 이번 세월호사건이 준 슬픔과 고통의 배경이라고 나는 생각한다.

우리는 지금 진리와 가치를 다시 생각해봐야 한다. 그동안 우리는 '인성'교육보다는 '정량적 평가'에 의한 주입식 교육을 해왔고 또 받아온 결과, '창의적 인성'을 갖고 시너지를 낼 수 있는 인재들을 길러내지 못했다. 사람을 사람으로 존중하지 못하고 자만과 교만, 물질만능주의 속에서 나의 이익을 위해 남이야 어찌되든 상관없이 자신만의 이익을 추구하는 그러한 부끄러운 인재들만 길러낸 것이다. 조직의 구성원들을 일하는 도구쯤으로 생각하는 조직문화. 혈연, 학연 등으로 끼리끼리 뭉치는 사회, 좌파네 우파네 싸우는 정치인, 지역감정으로 서로 반목하는 국민들……. 이 이면에는 진리와 가치가 빠진 교육이 문제였다고 생각한다.

잃어버린 본질을 담아낼 말한 상징으로서 무궁화는 최적의 조건을 갖췄다. 피터 드러커와 짐콜린스가 이야기한 "혁신이 없는 기업은 도태되고 사라지게 될 것이다."라는 말을 상기해봐야 한다. 이미 사라진 기업들의 특징을 짐콜린스는 『위대한 기업 어디로 갔는가』에서 이처럼 이야기하고 있다. 그 문제의 중심에는 바로 '혁신'이 있다. 기업이 이해해야 할 핵심아이콘인 '혁신'을 말하기에 무궁화는 최적이다. 무궁화는 아침에 피고 저녁에 졌다가 다시 아침에 피는 아침마다 새롭고 늘 새로운 꽃이다. 이런 무궁화의 위대함은 오늘날 모든 기업과 각 조직의 리더들이 마음속 깊이 새겨야 혁신의 자세라고 할 수 있을 것이다.

이것은 무궁화가 가진 생태학적 여러 특징 중 한 가지이다. 피터 드러커가 '일본의 난'에 대해 관심을 가지고 연구하며 책을 썼듯이 대한민국의 '무궁화'를 알았다면 분명 그 무궁화를 키웠을 가능성도 있다. 무궁화를 키웠다면 분명 무궁화가 가진 생태학적 특성 중 시대를 위한 통찰의 키워드를 분명 발견할 수 있었을 것이다.

모든 기업과 관공서 및 단체의 리더들에게 제안을 하고자 한다. '무궁화로부터 큰 지혜를 배우자는 제안을!' 평화의 꽃, 성실의 꽃, 사명을 완수하기 위해 날마다 혁신하는 꽃, 다양성과 조화를 이루는 진정한 협력의 꽃, 겸손과 인내로 사랑을 기다리며 사랑하는 사람을 위해 날마다 새로운 마음가짐으로 다가오는 위대한 사랑의 꽃! 이토록 영화롭고 찬란한 무궁화를 우리들 마음에 심어 아침마다 늘 새로운 성실함으로 세계평화와 온 인류가 행복한 세상을 만들기 위해 정진하자는 비전을 함께 공유하고 싶은 간절함이 가득하다.

피터 드러커가 인정한 한국의 '기업가정신'

☺ ☺ ☺

INC. 특집판에 편집장 조지 젠더론(George Gendron) Rhk『1996년도 중소기업』이라는 제목에 한국과 관련된 언급이 있다. 피터 드러커의 저서 『넥스트 소사이어티』와『자본주의 이후의 사회』에 나와 있는 한국어판 서문을 통해 경영의 대가 피터 드러커가 한국을 어떻게 바라보고, 어떻게 하면 한국인들이 새로운 시대에 큰 사명을 감당할 수 있을지 찾아보고자 한다.

INC 우리 미국이 기업가정신을 가장 잘 실천하는 국가라고 하는 주장, 그리고 미국이 기업가정신에 있어 다른 나라보다 훨씬 더 앞서 있다는 주장에 동의하십니까?

피터 드러커 전혀 아니다. 그것은 하나의 착각일 뿐 아니라 매우 위험한 착각이다. 미국에는 신규 창업회사들이 가장 많기 때문에 실패하는 비율도 가장 높은 것은 사실이지만, 그것뿐이다. 기업가정신을 실천한다는 측면에서는 아마 두 번째도 아니다.

INC 그럼 1등은 어느 나라인가?

피터 드러커 의심할 나위 없이 한국이다. 약 40년 전만 해도 한국에는 기업이 전혀 없었다. 한국을 수십 년 동안 지배한 일본이 그것을 허용하지 않았다. 일본은 고등교육도 허용하지 않았기 때문에 한국에는 실질적으로 교육받은 사람이 없었다. 한국전쟁이 끝날 무렵, 남한은 완전히 파괴되었다. 오늘날 한국은 24개가량의 산업에서 세계 일류 수준이고, 조선과 몇몇 분야에서는 세계의 선두주자다. 내가 처음으로 한국을 알게 된 1950년대에 한국은 80%가 농촌이었고, 일본의 점령기간 동안 교육을 허용하지 않았기 때문에 고등학교 이상의 교육을 받은 사람이 거의 없었다. 기독교계통의 학교들은 일본의 간섭을 받지 않았기 때문에 제대로 된 교육을 할 수 있었는데, 이점이 바로 한국인의 약 30%가 기독교 신자인 것을 설명해준다. 일본의 경우 몇몇 종업원을 고용하는 것 말고는 기업을 허용하지 않았기 때문에 한국에는 기업다운 기업도 없었다. 오늘날 한국은 거의 90%의 인구가 도시에 거주하고 있으며, 각종 산업에서 기관차 노릇을 하고 있고, 교육수준도 매우 높다. 겨우 40년 만에 말이다. 단 40년 만에 이룩한 빠른 성장이 초래한 지각변동은 걷잡을 수 없는 것이었다.

피터 드러커가 한국을 기업가정신 1등국이라고 한 것은 우리가 보지 못한 '잠재력'을 본 것이다. 잠재력이란 아직 나타나지 않은 능력을 말한다. 잠재력은 표출이 되면 어떠한 결과를 내게 마련이다. 대한민국은 엄청난 잠재력을 가지고 있지만 잠재력이 폭발되려면 몇 가지 커다란 장애물을 제거하고 질적인 성장을 추구해야 한다.

첫째, 효과성보다 효율성을 추구하는 문화 즉, 알찬 성과보다 빨리빨리 하여 성과를 보려는 문화이다. 둘째, 진정한 승승정신이 아닌 승패적 사고방식, 남보다 나를 먼저 생각하고 나의 목적 달성을 훨씬 중요하게 생각하는 문화이다. 셋째, 무너질 대로 무너진 상태에서 성장을 하다 보니 심리적으로 모든 게 넉넉하지 못하다. 부족하다고 생각하는 만성적인 '부족의 심리'를 제거해야만 한다. 이제 우리는 '풍요의 심리'를 가지고 가치를 추구하고 사회적 공헌을 생각해야 한다.

조직에서는 사람을 중요하게 생각하고 사람을 신뢰하고 제대로 성장할 수 있도록 지원해주어야 한다. 반목과 대립에서 협력과 존중으로, 지시와 통제에서 자발적 선택과 책임으로 변화되었을 때 비로소 창의적인 지식경제를 이루게 될 것이다.

한국에 대한 아낌없는 조언

⊕ ⊕ ⊕

피터 드러커가 한국을 높이 평가하는 데는 이유가 있다. 피터 드러커의 저서 『넥스트 소사이어티』와 『자본주의 이후의 사회』의 한국인을 위한 서문을 보면 지식사회의 경영이라는 관점에서 우리나라가 앞으로 나아갈 방향에 대해 많은 암시를 담고 있다.

역사상 어떤 나라도 50여 년 전, 한국전쟁이 끝난 후 세대 동안 한국이 겪은 것보다 더 빠른, 그리고 더 철저한 변화를 겪지는 않았습니다. 또한 앞으로 20여 년 동안 어떤 나라도 한국이 변했던 것처럼 급속도로 그리고 완전하게 변하지는 않을 것입니다. 오늘날 한국은 경제구조와 사회구조, 그리고 특히 기업구조 측면에서 근본적으로 네 가지 도전에 직면하고 있습니다.

첫째, 기업구조가 개발도상국 경제에 전형적인 것이자 또한 적합한 것이기도 한 것(즉 선단식 재벌구조)에서부터 신진국 경제와 사회에 적합한 것으로 빠르게 탈바꿈한다는 점입니다. 달리 말해서 전문경영자가 자율적으로 경영하는 독립적 회사들이 주류를 이룬다는 말입니다.

둘째, 제조업이 차지하고 있는 부와 일자리의 창출 역할, 그리고 경제의 중심 역할이 꾸준히 줄어든다는 점입니다. 게다가 제조업의 생산량은 급속히 증가하는데도 불구하고 제조업의 고용기회는 지속적으로 감소한다는 것입니다.

셋째, 중국, 즉 한국의 거대 이웃인 중국이 세계 경제에서 주요한 잠재적 성장 시장으로, 그리고 동시에 주요 경쟁자로 등장한다는 점입니다.

넷째, 노동력의 중심이 지식근로자(knowledge workers)로, 그리고 특히 지식기술자들(knowledge technologists)로 급속히 이동한다는 점입니다. 지식근로자들은 한국 경제의 핵심자원이자 부의 창출자입니다. 게다가 그들은 전통적인 의미의 '종업원들'이 아니라 새로운 '자본가들'로 등장하고 있습니다. 그 결과 지식작업의 생산성(productivity of knowledge work)과 지식근로자의 생산성(productivity of knowledge worker) 향상이 한국의 중심적인 경영과제로 자리 잡게 될 것입니다.

이 도전들이 바로 이 책이 다루려고 하는 중심적인 주제입니다. 물론 이 책은 한국인만을 위해 저술한 것은 아닙니다. 이 책이 다루고 있는 도전들은 보편적인 문제이며, 모든 선진국과 대부분의 개발도상국

에게 적용됩니다. 또한 이 책은 한국에 대한 나의 (매우 한정된) 지식
에 비추어 볼 때, 한국에 대한 연구를 바탕으로 쓴 것도 아닙니다. 이
책은 일차적으로 내가 미국에서, 좀 더 넓게 말해 북미에서 연구한
것들과 경험한 것들에 기초하고 있습니다. 부차적으로 서유럽, 브라
질, 그리고 일본에 대한 연구와 경험을 바탕으로 하고 있으며 중국에
대한 연구도 다소 포함됩니다. 하지만 이 책이 다루는 주제들은 지역
적으로 한정된 것이라기보다는 세계적인 문제들입니다. 그러므로 한
국의 독자들이 이 책에서 내가 소개한 각종 사례들을 한국의 경험으
로, 한국이 필요로 하는 것으로, 그리고 한국의 기회로 간주한다 해
도 전혀 문제가 없을 것입니다.

결과적으로 이 책은 한국의 독자들에게 두 가지 큰 도움을 제공할 것
입니다. 하나는 다음 수 세대에 걸쳐 한국과 한국인들이 헤쳐나가야
할 세상이 어떤 것인지 이해하고, 행동하고, 극복하는 데 도움을 줄
것이고, 다른 하나는 한국인들, 특히 한국의 최고경영자들이(그리고
물론 전문가들이) 내일의 한국을 창조하는 중대한 과업을 성공적으로
수행할 수 있도록 도와줄 것입니다.

『넥스트 소사이어티』서문

　한국에 대한 피터 드러커의 조언은 한 가지 큰 요인에 기반하고 있
다. 바로 '변화'라는 요인이다. 한국의 내적 변화, 그리고 중국을 포함
한 주변의 변화가 일어난다는 것이다. 노동의 성격이 변하고, 이에 따
라 노동자의 정체성도 바뀐다. 이러한 변화를 제대로 파악하지 못하고

시간을 지체할 경우, 중국을 포함한 주변의 변화 속도가 우리를 불편하게 할 수도 있음을 말하고 있다. 피터 드러커의 한국에 대한 관심은 처음에는 친절한 조언이었지만, 어느덧 그 조언들은 절박한 요구가 되어 버렸다. 처음에는 '변화'에서 시작하였지만 어느새 그 변화에 대한 조언은 '혁신'에 대한 주문으로 바뀌었다.

한국의 혁신을 주문하다

❀ ❀ ❀

한국에 대한 피터 드러커의 애정은 그의 저서 곳곳에서 드러난다. 특히 그가 펴낸 책들의 한국어판 서문을 통해 한국에 대한 정서와 견해를 밝히곤 하였다. 피터 드러커는 6·25전쟁 직후 한국을 방문하였었다. 그후 40년이 지난 뒤에 다시 한국을 찾은 그는 한국의 성장과 성과를 극찬하였다.

> 사실 한국은 내가 30년 이상이나 주장했던, 즉 지식이 현대사회와 현대경제의 핵심자원이라는 것, 그리고 진실로 지식은 현대사회를 만들고 성과 있는 현대경제를 만드는 오직 유일한 자원이라는, 나의 주된 명제의 최고 모범국가입니다. 전쟁에 시달린 한국이 스스로를 주요 경제강국으로 전환시킨 그 속도는 전례를 찾을 수 없는 승리입니다. 이것은 경영자의 헌신, 고된 일을 마다치 않는 근로자, 기업가정신, 그리고 무엇보다도 경영의 승리입니다.
>
> 『자본주의 이후 사회』 중에서

하지만 역시 피터 드러커의 눈에는 우리가 들키고 싶지 않았던 문제점들이 보였다. 고속성장이 안겨준 상처투성이들이 그의 눈에는 모두 보였던 것이다. 그는 한국이 현재 가지고 있는 문제의 본질을 '급속한 변혁이 가져다준 심리적 상처'라고 규정하였다. 그에 의해 한국이 받은 질문은 '한국인이란 무엇인가'이다. 잃어버린 균형과 형평, 사회의 안정, 그리고 분열된 곳을 단결해내는 과제가 절실하다고 지적하였다. 이 얼마나 시의적절한 조언인가. 한국에 대한 피터 드러커의 애정은 그로 하여금 한국을 정확히 이해하게 도와주었다.

지금 한국은 스스로 방향을 결정해야 하고, 정책을 수립해야 하고, 독자적인 스타일로 기업을 경영해야만 합니다. 그러나 무엇보다도, 지난 40년 동안 한국이 이룩한 그 범위와 속도는 전례 없었던 것으로 이러한 발전은 심각한 긴장을 야기했습니다.

이러한 폭발적인 전환은 깊은 상처를 남기게 마련입니다. 내가 처음으로 한국을 방문했을 때 서울은 하나의 큰 폐허였습니다. 그러나 시골의 골짜기는 믿을 수 없을 정도로 아름다웠습니다. 도시에서 몇 마일만 벗어나면 미소가 저절로 피어나는 아름다운 곳이었습니다. 지금은 공해가 한국의 그 아름다운 자연을 거의 파괴해버렸습니다. 서울뿐만 아니라 부산이나 대구와 같은 대도시도 모두 마찬가지입니다.

자연환경을 되살리는 것은 확실히 다음 세대 한국의 정치지도자와 기업가들이 해결해야 할 큰 과제들 가운데 하나입니다. 이런 급속한 변혁이 가져다준 심리적 상처는 환경파괴의 흉터만큼이나 큽니다. 아마도 더 클 것입니다.

한국인은 '한국인이란 무엇인가?' 수천 년의 위대한 전통과 현대화한다는 것, 그리고 범세계적으로 된것 등 말입니다. 경제성장과 사회 안정, 그리고 사회적 단결 사이에 형평을 유지하는 것도 배울 필요가 있습니다. 공동체를 만들고, 선진공업사회 속에서 노사가 단합되도록 관리하는 방법을 배울 필요가 있습니다. 일을 멋지게 하는 방법도 배울 필요가 있습니다. 지금은 열심히 일함으로써 성취할 수 있는 것은 모두 이루었으니까 말입니다.

『자본주의 이후의 사회』 중에서

한국의 문제는 한국이 풀어야 한다. 열심히 해서 생존해야 하는 시기를 지났다. 속도감이 만들어낸 긴장을 이제는 풀어야 한다. 피터 드러커는 이 부분을 강하게 주문하고 있다. 그렇다면 피터 드러커의 주문을 국가와 조직, 개인에게 어떻게 뿌리를 내릴 수 있을까? 나는 그 열쇠를 무궁화에서 찾을 수 있었다.

제 2 장

대한민국이 회복할 무궁화정신

[동방의 등불 (The Lamp of the East)]
일찍이 아시아의 황금시기에
빛나던 등불의 하나인 코리아
그 등불 다시 한번 켜지는 날에
너는 동방의 영원한 빛이 되리라
『라빈드라나트 타고르(Rabindranath Tagore)』

이름이 그 존재를 말한다

☺ ☺ ☺

모든 식물은 국제적으로 공통된 명칭인 학명을 갖고 있다. 무궁화의 학명은 'Hibiscus Syriacus Linneaus'이다. 'Hibiscus(히비스커스)'는 고대 이집트의 아름다운 여신 'Hibis'와 유사하다는 뜻의 그리스어 'isco'의 합성어로 '아름다운 여신을 닮았다'는 뜻이다. 무궁화의 영어이름은 'Rose of Sharon'이다. 'Sharon(샤론)'은 성경에 나오는 성스럽고 선택받은 곳(온전한 평화가 있는 곳)을 뜻한다. 또 'Rose'라는 표현은 '아름다운 꽃'을 의미한다. 즉, 무궁화는 '성스럽고 선택받은 곳에서 피어

나는 아름다운 꽃'이란 의미를 갖고 있다.

'무궁'은 순우리말이다. 무궁화는 '영원히 피고 지지 않는 꽃', '영원무궁토록 빛나 겨레의 환한 등불이 될 꽃'이란 의미를 갖고 있다. 오늘날 우리가 사용하고 있는 '무궁화'라는 명칭은 '목근(木槿)'이라는 한자음이 변한 순우리말이다. 무궁화의 최초 한글표기는 한글창제 이후인 1517년 최세진 학자가 저술한 『사서통해』라는 문헌에 처음 나온다. 무궁화라는 한글명은 16세기부터 나타나는데 한자로는 목근화로 표기하고 있다.

그러나 일제시대에는 무궁화의 이름을 사용하지 못하게 하였다. 왜 그랬을까. 단순히 꽃 이름 하나를 말하는 것이 아니라 그 속에 담긴 민족성을 두려워하였기 때문이다. 그렇다면 무궁화에는 어떤 민족성이 담겨 있는 것인가.

무궁화에 담긴 한국의 민족성

◉ ◉ ◉

일제시대 '조선총독부 고등경찰 사전'에 무궁화에 대한 기록이 있다. 이 문헌을 보면 일제가 한국의 무궁화를 어떻게 생각하였는지 알 수 있다. 무궁화를 심고, 무궁화를 말하며, 무궁화를 생각하면 그 속에서 민족사상과 국민정신이 더 깊어지고 연결된다고 그들은 믿었다.

20세기 신문명이 조선에 들어오매 유지들은 민족사상의 고취, 국민 정신의 통일 진작을 위하여 글과 말로 천자만홍의 모든 꽃은 화무십 일홍으로 그 수명이 잠깐이지만, 무궁화만은 여름에서 가을에 거쳐

3~4개월을 연속으로 필 뿐 아니라, 그 고결함은 위인의 풍모라고 찬
미하고 있는 것이다. 따라서 '무궁화강산' 운운하는 것은 자존된 조선
의 별칭인데 기미운동 이래 일반에게 널리 호용되었으며, 주로 불온
의 뜻이 들어 있는 것이다. 근화, 무궁화, 근역 등은 모두 불온의 문
구로 쓰고 있는 것이다.

『조선총독부 고등경찰사전』 중에서

이 내용을 살펴보면, 일제가 무궁화를 어떻게 생각했는지 알 수 있
다. 무궁화가 담고 있는 민족정신과 민족의식에 대한 인식은 일제뿐 아
니라 서양 사람의 눈에도 비슷하게 보였던 것 같다. 구한말 한국에서
20년을 살다 간 영국인 신부 리처드 러트는 프랑스, 영국, 중국 등 세계
의 모든 나라꽃이 그들의 황실이나 귀족을 상징하는 것이 전체 국민의
꽃으로 만들어졌으나, 한국의 무궁화만은 유일하게도 황실의 이화가
아닌 민중의 꽃 무궁화가 국화로 정해졌다. 무궁화는 평민의 꽃이며 민
주 전통의 부분이라고 극찬하였다.

국가마다 '나라꽃'이 있다

❀ ❀ ❀

가나의 국화는 대추야자, 가봉의 국화는 불꽃나무, 과테말라의 국화
는 리카스테난, 그리스의 국화는 올리브이다. 네덜란드는 튤립, 덴마
크는 붉은 클로버, 독일은 센토레아⋯⋯⋯.

나라마다 국화는 각기 의미를 가지고 있다. 그리고 그 의미와 연결되

는 유래 또는 전설을 갖고 있다. 알레스카의 국화는 물망초인데 꽃말은 '나를 잊지 말아요'이다. 그 유래는 옛날 다뉴브 강가에서 사랑하는 두 남녀가 산책을 하다 위험한 강가에 예쁜 꽃이 피어 있는 것을 보았다. 여자가 "야! 참 예쁜 꽃이구나!" 하고 감탄을 하사, 남사는 필사적으로 손을 뻗어 그 꽃을 꺾으려다 그만 강물에 빠지고 말았다. 남자는 필사적으로 헤엄을 쳤으나, 물살이 세어 도저히 나올 수가 없어 자꾸만 떠내려갔다. 여자는 강가를 달려가며 발을 동동거렸으나 어찌 할 수가 없었다. 모든 것을 단념한 남자는 꽃을 힘껏 여자에게 던지며 "나를 잊지 말아요!" 하면서 물속에 잠기고 말았다고 한다.

국가마다 국가의 표상으로 국기(國旗), 국가(國歌)와 더불어 국화(國花)를 가지고 있다. 국가의 표상물은 고대국가에서 부족이나 집단을 나타내고자 할 때 쓰여 오던 것이 근대국가로 접어들면서 국가에 대한 개념을 정립하는 과정에서 역사와 문화를 바탕으로 그 나라를 대표하는 상징물로 정하여 쓰이고 있다.

국화는 그 나라를 상징하는 꽃으로서 온 국민이 사랑하고 소중히 여긴다. 특정한 꽃이나 식물을 국화로 정하기 시작한 기원에 대해서는 분명한 것을 알 길이 없으나, 대체로 19세기 중엽에 들면서 꽃을 좋아하는 사람들이 왕실의 문장(紋章) 또는 훈장이나 화폐 등에 표상으로 널리 쓰이게 된 꽃을 자연스럽게 국화로 생각하게 된 것으로 미루어 짐작한다.

각국에서 사용하고 있는 나라꽃은 그 나라의 고유한 식물이나 보편화된 자생식물로서 국민성을 나타낼 수 있는 특성을 지니고 있거나, 그 나라의 자연과 역사, 문화와 특수한 연관성을 지니고 있거나, 그 나라의 존폐 및 흥망성쇠가 담긴 중요한 전설 또는 역사적 사실과 관계가 있는 것이 대부분이다.

고려 때부터 피어난 무궁화정신

우리나라를 상징하는 표상물로 태극기, 애국가 그리고 나라꽃 무궁화가 있다. 태극기와 애국가에 대해서는 제정과 채택, 공포 등에 대한 확실한 규정과 근거가 있으나 국화인 무궁화는 뚜렷한 법령규정을 가지고 있지는 않다. 다만, 무궁화는 오래 전부터 우리나라에 자생하고 있었으며 우리 겨레의 민족성을 나타내는 꽃으로 인식되면서 나라꽃으로 인정하고 있다. 한국인이면 누구나 할 것 없이 나라꽃이 무궁화임을 알고, 또한 여러 문헌에도 무궁화가 우리의 꽃임을 명시하고 있다.

기록에 근거하면 무궁화는 고려시대 때부터 우리나라를 대표하는 꽃이었다. 또한 조선시대 때도 여러 문헌과 작품에 다양하게 표현되어 있다.

> 무궁화는 구한국시대부터 우리나라 국화로 되었는데 국가나 일개인이 정한 것이 아니라, 국민 대 다수에 의하여 자연발생적으로 그렇게 된 것이다. 우리나라를 예부터 '근역' 또는 '무궁화 삼천리'라 한 것으로 보아 선인들도 무궁화를 몹시 사랑하였음을 짐작할 수 있다.
>
> 이홍직의 『국어대사전』 중에서

이러한 민족정신의 대표성을 가장 진지하게 고민한 사람들이 바로 민족운동가, 독립운동가 들이었다. 그 중 최남선은 1946년에 『조선상식문답』에서 무궁화에 대해 이렇게 표현하였다.

조선에는 어디를 가든지 무궁화가 흔히 있으니 무궁화 나라라고 함이 까닭 없달 수 없으며, 또 무궁화는 꽃으로 가장 좋은 것이 아닐지는 모르지마는 그 발그레한 고운 빛이 미인의 얼굴을 형용하는 데 쓰이는 터이며, 또 날마다 새 꽃이 피어가면서 봄, 여름, 가을을 지내는 긴 시간 동안에 줄기차고 씩씩하게 피기를 말지 아니하는 점이 왕성한 생명력을 나타내는 듯하여서, 나라를 대표하는 꽃을 삼기에 부족할 것이 없다 할 만합니다.

이처럼 무궁화는 우리 민족의 정신적인 상징화처럼 여겨져 왔다. 이후 1940년에 애국가와 함께 임시정부의 공인을 거쳐, 1948년 정통성을 이어받은 대한민국 정부수립과 동시에 정식으로 나라꽃이 되었다. 그렇다면 무궁화는 언제부터 우리나라를 대표하는 꽃이 되었을까? 언제부터 이 나라에 서식하기 시작하였을까?

한반도에 피어있던 무궁화

❀ ❀ ❀

한반도에 무궁화가 많이 자라고 있었다는 가장 오래된 기록은 『산해경』에서 찾아볼 수 있다. 이 책은 기원전 8~3세기 춘추전국시대에 저술된 '지리서'라고 전하여 내려오는 문헌으로, 동진 때 곽박이 그때까지의 기록을 종합, 정리한 것이다. 이 책에 "군자의 나라에 훈화초가 있는데, 아침에 피었다가 저녁에 진다."라는 기록이 있다. 군자국은 우리나라를 가리키는 것이며, 훈화초는 무궁화의 옛 이름이다. 이로 미루어 아주 예로부터 무궁화가 우리나라에 있었다는 것을 알 수 있다.

또한, 신라 효공왕이 문장가 최치원에게 작성시켜 당나라에 보낸 국서 가운데 "근화향(槿花鄕 : 무궁화의 나라. 신라를 일컬음)은 겸양하고 자중하지만, 호시국(楛矢國)은 강폭함이 날로 더해간다."라고 한 것이 있다. 『구당서』 신라전 737년(성덕왕 36) 기사에도 "신라가 보낸 국서에 그 나라를 일컬어 근화향, 곧 무궁화의 나라라고 하였다."고 한 것이 있다. 이러한 기록들은 신라시대 때 이미 우리나라를 근화향, 곧 무궁화의 나라라고 불렀다는 사실을 말해주고 있다.

조선 세종 때 강희안이 저술한 한국 최고의 화목에 관한 책인 『양화소록』을 보면 "우리나라에는 단군이 개국할 때 무궁화가 비로소 나왔기 때문에 중국에서 우리나라를 일컫되 반드시 '무궁화의 나라'라 말하였으니, 무궁화는 예로부터 우리나라의 봄을 장식하였음이 분명함을 알 수 있다."라는 기록도 있다.

일본의 『왜기』에는 "무궁화는 조선의 대표적 꽃으로서 무려 2,100여 년 전 지나(支那)에서도 인정된 문헌이 있다. 고려시대에는 전 국민으로부터 열광적 사랑을 받았으며, 문학적·의학적으로 진중한 대우를 받았다. 20세기의 문명이 조선에 들어옴에 유지들은 민족사상의 고취와 국민정신의 통일 진작에 노력하여, 붓과 말로 천자만홍의 모든 꽃은 화무

십일홍이로되 무궁화는 여름과 가을에 걸쳐 3, 4개월을 연속해 핀다고 하여, 그 고결함과 위인적 자용을 찬미하였다. 따라서 무궁화강산 운운은 자존된 조선의 별칭인데……."라는 기록이 있다. 이는 우리 민족과 무궁화의 관계를 잘 나타내고 있는 것이다. 이러한 민족성 때문일까. 무궁화는 일제 강점기에 수많은 어려움을 겪어야 했다.

무궁화 말살정책의 아픔

❀ ❀ ❀

"나는 샤론의 수선화요, 골짜기의 백합화로다.(I am a rose of Sharon, A lily of the valleys.)"(아 2:1)

무궁화는 성서에 나오는 '샤론의 꽃'이다. 무궁화의 영어식 표현이 바로 'Rose of Sharon'으로 이는 기독교의 예수그리스도를 상징하고 있다. 예수가 보여준 희생과 헌신 그리고 사랑을 뜻하는데, 이 무궁화가 바로 우리 민족을 상징하고 있다. 우리 민족과 그 시작을 함께 하며 5천년을 넘게 사랑을 받아온 무궁화! 그러나 나라를 일제에 강제로 빼앗기면서 무궁화의 수난도 함께 시작되었다. 우리나라를 상징해주는 태극기를 전국적으로 압수하여 없애 버렸던 일본 제국주의는 국기 다음가는 민족적 상징인 나라꽃, 즉 무궁화를 없애는 작업에 착수하였다. 무궁화를 검색하면 무궁화의 학명은 Hibiscus Syriacus이며, 무궁화의 영명은 위의 성구대로 Rose of Sharon이다. 그런데 한글성경에는 샤론의 수선화로 되어 있다. 무궁화가 수선화로 바뀐 것이다. 일본의 무궁화 말살정책은 성경에까지 뻗어 있으니 실로 치밀하다 하지 않을 수 없다.

한국의 1천만 기독교인 중 이 사실을 아는 이가 몇이나 될까.

우리 민족에게 무궁화는 나라꽃으로 법적인 제정은 없었지만 온 국민이 무궁화를 나라꽃으로 굳게 믿어 왔다. 오랫동안 조상 대대로 사랑하고 지켜 온 무궁화를, 잃어버린 조국을 사랑하듯 애지중지하며, 무궁화의 졌다가 다시 피어나는 굳센 의지를 배워 우리도 언젠가는 기어이 독립하리라 결심하고 뿔뿔이 흩어지는 겨레의 마음속에 무궁화를 가꾸면서 독립정신을 키워 나간 것이다.

이와 같은 우리의 민족성을 감지한 일제는 나라꽃에 대한 악선전에 혈안이 되어 있었다. 나라를 빼앗은 것도 모자라 정신까지 말살하려 했던 일제는 무궁화를 국민들과 멀어지게 하려고 무궁화에 온갖 박해를 가하였다. 무궁화가 우리에게 민족정신으로 여겨지고, 해외 독립투사들이 무궁화를 표상으로 내세우자 일제는 전국에 있던 무궁화나무를 뽑아버리고 불태워 버렸으며, 그곳에 대신 일본의 국화인 사쿠라(벚꽃)를 심었다. 아마도 인류역사에 민족의 이름으로 특정식물이 가혹한 수난을 겪은 일은 무궁화가 유일할 것이다.

이렇듯 우리 민족과 운명을 함께 해온 무궁화는 우리 민족과 운명공동체라 할 수 있을 것이다. 무궁화는 우리 민족과 함께 해오며 국가의 어려운 시기에 우리의 정신을 대신하였고 희망이었다. 일제는 무궁화가 우리의 민족얼, 광복 구국정신의 표상으로 떠오르자 급기야 무궁화를 뽑아버리고 불태우는 것도 모자라 악의적인 소문을 퍼뜨리고 무궁화를 폄훼하기 위해 혈안이 되었다.

'무궁화를 보기만 해도 눈에 핏발이 서 죽는다. 몸에 닿기만 해도 부스럼이 생긴다. 진딧물이 무성한 지저분한 꽃이다.' 등 무궁화에 악의적인, 부정적 이미지를 덮어 씌워 우리 국민들과 멀어지게 하려고 온갖 만행을 저질렀다. 가장 무서운 것은 '무궁화는 가지자르기를 해야 한다'는 ~ (중략)

일제의 왜곡된 무궁화 관리지침 하달로 인해, 가지 자른 부위에서 여러 잔가지가 나와 그늘져 꽃을 제대로 볼 수 없게 하였을 뿐만 아니라, 그 부위에 수액 분비로 많은 진딧물이 생겨 국민들이 무궁화를 기피하게 만들었다. 그리고 매년 반복할 수밖에 없는 가지치기로 결국 나무가 말라 고사되기도 하였다. 지금은 우리나라에서 무궁화를 보기가 무척

강릉 방동리 무궁화 문화재청은 강원도 강릉시 사천면 방동리에 있는 무궁화와 인천광역시 옹진군 백령면 연화리에 있는 무궁화를 처음으로 국가지정문화재(천연기념물)로 지정.

이나 어렵다. 무궁화나무 자리에 벚꽃나무가 심어져 무궁화 삼천리 화려강산이라는 애국가가 무색하게 벚꽃 만발한 그릇된 풍토로 변모하고 있다.

하지만 옛 우리 민족은 무궁화에 대한 수난이 가중되면 될수록 우리 민족정신을 대변하는 무궁화를 소중히 여겼다. 또 숨어가면서까지 무궁화를 심고 키웠다. 이렇듯 일제 강점기 때 무궁화는 우리 온 겨레의 희망이었다. 무궁화에 대한 민족과 민중의 사랑은 어려움 속에서 더욱 빛을 발하였다.

과학이 밝혀낸 꽃 중의 왕 무궁화

❀ ❀ ❀

올해 국립산림과학원과 지앤시바이오 연구팀이 강릉 방동리 무궁화(천연기념물 제520호), 백령도 연화리 무궁화(천연기념물 제521호), 홍천 고양산 무궁화에서 세포 내 엽록체 게놈의 전체 염기서열을 해독하고 유전체 지도를 완성했다. 국내에서 살아있는 무궁화 중 가장 오래된 세 그루의 무궁화를 대상으로 실시한 것이다. 100년 동안 한반도에 살아왔던 가장 오래된 무궁화 세 그루를 대상으로 엽록체 게놈을 분석해 염기서열 16만 1천 개와 유전자 105개를 샅샅이 다 찾아낸 것이다.

고조선 시대에도 무궁화가 한반도에 풍성했다는 문헌기록은 남아있지만, 정확히 언제 어디서 피기 시작한 건지 지금까지 밝혀진 바가 없었다. 그런데 그 열쇠가 될 한반도 무궁화 유전자 정보를 국내 연구진이 세계 최초로 완전히 해독한 것이다. 이 유전 정보로 무궁화가 세상

에 처음 등장한 시점을 역추적해봤더니, 무려 1억 5천만 년 전, 인류가 존재하기 훨씬 전 시조새와 공룡의 시대에 처음 탄생한 걸로 조사됐다.

목련과 장미 등 수많은 꽃이 나타난 꽃의 빅뱅시대보다도 2, 3천만 년 앞서, '꽃 중에서도, 맏이 꽃'인 게 처음 확인된 것이다.(MBC뉴스 2014년 2월)

제3장

시대적 요청, 무궁화운동

우선순위 결정에는 몇 가지 중요한 원칙이 있다.
그 원칙들은 모두 분석이 아닌 용기와 관련된 것들이다.
첫째, 과거가 아닌 미래를 선택할 것.
둘째, 문제가 아니라 기회에 초점을 맞출 것.
셋째, 평범한 것이 아닌 독자성을 가질 것.
넷째, 무난하며 쉬운 것이 아니라 변혁을 가져다주는 것을 선택할 것.
『목표를 달성하는 경영자(The Effective Executive)』

무궁화 연구의 선구자 우호익

❀ ❀ ❀

우리 겨레의 가슴 깊은 곳에 겨레의 꽃으로 자리 잡고 있는 무궁화가 단지 겨레를 상징하고 있는 꽃이라는 이유 하나만으로 일제의 무력 앞에 무참히도 짓밟히던 시절, 무궁화를 학문적 차원에서 깊이 있게 체계적으로 연구한 사람이 있었으니 바로 우호익이다.

1927년 조선사상통신사 간행의 『조선급 조선민족』에 실렸던 『무궁화고』는 숭실전문학교 교수로 재직하던 우호익의 진솔한 학술적 연구의 소산인 무궁화 관련 최초의 논문으로 세상의 많은 꽃 가운데서 무궁화

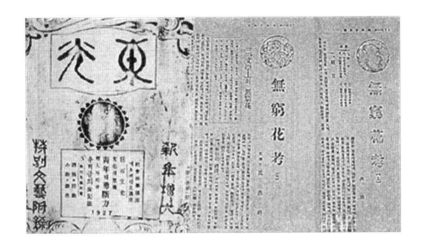

가 어찌하여 우리들의 사랑을 받게 되었으며, 민중의 이상화(理想化)로
추대되었는지에 관하여 여러 문헌에 산재해 있는 글을 종합하여 무궁화
의 사적가치를 고찰하였고 조선의 국화로 숭배하게 된 유래를 논증하고
있다.

이 논문은 무궁화에 관한 최초의 논문이라는 점을 차치하고라도 무궁
화 연구자료로써의 가치가 높다. '무궁화고'는 무궁화에 관한 전반적인
내용을 다루고 있는 것으로 '무궁화의 이칭', '문학상에 나타난 무궁화',
'식물상에 나타난 무궁화', '국화로서의 무궁화'를 문헌에 기초를 두고
아주 세밀하게 연구 검토하고 있다.

『무궁화고』의 전체 내용상의 풍부함과 다양하고 정확한 문헌적 고증
은 논리정연하게 전개되어 있어, 시대에 앞선 무궁화 연구자료로서 많
은 무궁화 연구가들이 전재하는 무궁화 필독서가 되었다. 나라와 말과
글, 이름 그리고 심지어 밥그릇까지 빼앗아 간 일제 강점기의 그 침울

했던 시기, 일제의 가혹한 압제 밑에서도 나라꽃으로서의 무궁화 위상을 정립하고, 우리 민족에게 국화애를 심어주기 위해 혼신을 다해 학문적으로 깊이 있고 체계적인 문헌고증을 통해 무궁화를 연구한 우호익의 충정 어린 공로는 우리 문학상의 무궁화에 관한 가히 금자탑이라 해도 과언이 아닐 것이다.

이러한 학자적인 노력과 더불어 실천적 무궁화운동을 펼친 이도 있다. 실제로 무궁화를 심고, 가꾸고, 보급하고, 노래를 만들어 부르게 하는 등의 무궁화운동을 전개했다.

무궁화 사랑을 실천한 남궁억

❀ ❀ ❀

남궁억 선생은 민족사 교육을 통해 조국애를 심어주는 것에 일생을 바쳤다. 특히 그의 교육철학에는 무궁화교육이 자리를 잡고 있다. 배화학당에 재직하던 시절, 그는 꽃이 핀 무궁화 열세 송이로 조선 13도를 표현한 한반도 지도를 도안하여 여학생들로 하여금 이를 수놓게 함으로써 수실 한 올 한 올마다 민족애와 국화애를 심게 하였다. 이 무궁화 지도는 배화여학교뿐만 아니라 경향 각지의 여학교에서 수놓아졌고 가정주부들도 그것을 수놓아서 내실을 장식할 뿐 아니라 은연중에 민족의식을 가슴속에 수놓게 되었다.

또한, 남궁억은 자신의 고향인 홍천군 모곡 보리울 학교에 무궁화 묘포를 가꾸었다. 묘목을 팔아서 돈을 벌자는 것이 아니었고 위축되어 가는 애국심을 격려시키려는 일환으로 학교 경비 보충을 구실로 하여 무

한서 남궁억 기념관

궁화 묘목을 해마다 수십만 그루씩 길러서 각 지방의 학교와 교회, 사
회단체에 팔기도 하고 기증도 하였다. 묘목작업은 학생들의 실습시간
을 이용하고, 김매고 거름을 주게 하여 학생들의 무궁화에 대한 애착심
과 국가 관념을 넣어 주었다. 일제가 무궁화 묘목을 못 팔게 했을 때에
는 어린 무궁화 묘목과 유사한 뽕나무 묘목을 함께 길러 뽕나무 묘목의
주문이 오면 무궁화를 끼워 줌으로 해서 전국에 무궁화 번식을 위한 갖
은 방법을 다 취했다. 이렇게 역사를 교육시키고 무궁화 묘목을 널리
보급하기에 혼신의 노력을 다했던 남궁억은 1931년 '무궁화동산'이란
노래까지 만들어 보급시켰다.

우리의 웃음은 따뜻한 봄바람 춘풍을 만난 무궁화동산, 우리의 눈물
이 떨어질 때마다 또다시 소생하는 우리 이천만 빛나거라. 삼천리 무
궁화동산 잘살아라. 이천만의 고려족

'무궁화동산'은 남궁억의 무궁화정신을 노래한 것으로 '무궁화 시', '조선의 노래', '시절 잃은 나비', '조선 진리가', '운동가' 등의 노래에도 무궁화의 혼이 짙게 배여 있다. 이처럼 남궁억은 민족의 존재 이유를 무궁화의 존재 이유에다 걸었다. 그러한 실천 때문에 남궁억은 '동아일보'에 크게 보도되었던 무궁화동산 사건 곧 십자가당 사건도 겪어야 했다. '무궁화동산 사건'으로 인해 70,000주(株)나 되는 무궁화는 불살라 없어졌고 남궁억은 심한 고문과 옥고로 1939년 4월에 77세의 나이로 세상을 떠나게 된다. 그가 죽기 전 일제의 심문관과 나누었던 대화를 살펴보면 남궁억이 얼마나 무궁화를 사랑했는지 알 수 있다.

Q. 학교에서 많은 무궁화를 재배하고 있는데 그 동기는 무엇인가?

A. 무궁화는 알고 있는 바와 같이 조선민족을 대표하는 국화이므로, 그 꽃을 재배하여 많이 보급시켜 놓으면 자연 민족적 감정이 달라질 것은 이치에 당연하므로, 그 목적 아래 재배하여 보급하는 것은 사실이다.

Q. 생도에게 무궁화를 배부할 때 이 나무는 반드시 길 곁이나 정원에 심어서 일반의 민족사상을 환기하도록 하라고 하면서 배부했다는데, 어떤가?

A. 원래 그것이 나의 주의이고 나아갈 도정이므로, 그것을 말한 것은 사실이다.

Q. 그대는 '무궁화'라는 불온한 창가를 만들어 생도와 함께 부르곤 했다는데, 어떤가?

A.몇 번이고 말한 바와 같이 내 주의가 그것이므로 한 일이다. 그러나 최근에는 경찰에서 주의를 받고 있어서 그 창가만은 부르지 않는다.

Q.조선역사를 발행한 일과 무궁화를 재배하여 배포하는 일은 어떤가?

A. 그것도 전부 내가 지금까지 말한 바와 같이 조선민족은 지금 모두가 깊은 잠이 들어 꿈 속에 있는 것과 같은 것인데, 이렇게 해서는 조선민족은 존재가 없어지는 것은 사실이므로, 무궁화 등도 많이 배포하면 조선민족의 정신과 사상을 환기시킨다는 의미에서 조선역사를 발행하여 일반 유지에게 읽히게 하고, 무궁화를 재배하여 배포하기로 했다. 그리고 조선민족이 보잘것없는 나 정도쯤이라도 되어 있다고 하면, 일부러 조선역사를 발행하거나 무궁화를 선전한다는 것은 하지 않을 것이다. 현재의 정세는 유지하지만 이 방법이라도 취하지 않으면 언제까지나 꿈속에 있을 것이기 때문이다. 무궁화는 조선민족을 표징하는 국화이므로 자국의 국화를 장려하여 민족사상을 일으키는 것이 무엇이 나쁜가. 나는 그 이유를 모르겠다.

Q.무궁화 시는 무엇을 나타내는가?

A.사람은 꽃밭 같은 데에 여러 가지 꽃을 심고 있는데, 그런 꽃은 빨리 지거나 또는 마르거나 하지만 무궁화는 뿌리가 강하고 꽃은 2,3개월 동안 계속 피어 있어서 조선민족을 대표하고 있으니, 조선민족도 이 무궁화처럼 영구히 번창하라는 것을 나타내고 있다.

Q.'무궁화동산'이라는 창가는 무엇을 나타내고 있는가?

A.무궁화는 조선민족을 대표하는 꽃이고, 꽃 자체가 꽃 중에서 가장 고운 것처럼 조선민족도 그렇게 번창하라는 뜻으로 노래 부른 것이다.

일제경찰의 심문내용 중 발췌내용을 보면 그가 얼마나 나라를 걱정했는지, 그리고 그 나라를 일깨우기 위해 무궁화를 심었다는 사실을 확인할 수 있다. 그는 나라가 어렵다는 것이 단순히 경제적, 정치적인 한계상황으로 인식하지 않고, 가장 중요한 백성들의 생각이 깨어있지 못함을 두려워하였으며 이를 '꿈속'을 헤매고 있다고 표현하였다. 남궁억은 이 꿈을 깨기 위해, 의식을 새롭게 할 필요를 느꼈고 그래서 선택한 상징이 바로 '무궁화'였다.

왜 그랬을까? 왜 남궁억 선생은 하필 무궁화를 통해 우리 민족의 생각을 깨우려 했을까? 그리고 수많은 청소년과 백성들이 왜 무궁화 수를 놓고, 무궁화를 심고 키우면서 희망을 품었을까? 그 답을 무궁화에서 찾아야 한다. 그것은 바로 무궁화가 가진 우리 민족의 상징성 때문이다.

민족의 상징 무궁화

꽃 꽃 꽃

무궁화는 우리나라의 나라꽃으로서 꽃이 주는 이미지와 그 이미지에서 비롯된 상징성의 풍부함으로 명료하게 우리 민족을 상징한다. 무궁화는 미적 가치 이전에 민족의 역사와 전통과 성품에 어울리는 꽃이다. 우리나라는 예로부터 은자의 나라, 군자의 나라, 백의민족 등으로 불리어 왔으며, 무궁화는 이러한 우리 민족의 정서를 상징하여 줌으로써 오랜 역사 동안 민족의 사랑을 받아왔다. 우리 민족과 나라꽃 무궁화의 유사성을 크게 세 가지로 소개해보고자 한다.

첫째, 무궁화는 사람들의 시선을 일순간에 끄는 현란함이 있거나 향기가 짙은 꽃이 아니다. 아담하고 은은한 향기를 지닌 순결한 꽃으로 무궁화는 은자의 꽃이라 할 수 있다. 은자 나라의 선인들은 흰빛을 숭상하며 수수하고 세속적인 탐욕이나 오만이 없고 점잖고, 은근하고, 겸허하며 너그러운 군자의 풍모를 지녔다. 이러한 군자, 은자의 덕을 무궁화는 지니고 있다.

둘째, 우리 민족은 '은근과 끈기'의 부지런한 민족이고 지조와 절개를 생명보다 귀히 여기는 단아한 민족이다. 무궁화는 이러한 민족성을 나타내는데 하루의 첫 시작인 새벽 4시경부터 피기 시작해서 질 때는 다섯 꽃잎이 하나가 되어 얌전히 오므라들어 꼭지째 떨어진다. 다음날 아침에 수없이 피어 있는 무궁화는 전날의 꽃이 아닌, 모두 새롭게 피어난 꽃들이다. 매일 아침마다 새로운 꽃을 100여 일 동안 끈질기게 이어 피우는 무궁화는 은근과 끈기, 부지런한 민족성을 말해 준다 하겠다.

셋째, 무궁화는 토지의 후박(厚薄)을 가리지 않고 아무 데서나 잘 자라고 정성들여 가꾸지 않아도 벌레 때문에 마르는 법 없이 잘 번성한다. 이는 숱하게 외침을 당하는 수난의 긴 역사 속에서도 살아남은 우리 민족의 운명을 말해주고 있다.

시대적 소명을 만나다

◎ ◎ ◎

필자는 위대한 민족주의자가 아니다. 일제강점기의 독립운동가도 아니다. 다만 개인과 조직이 피터 드러커의 인문예술경영철학을 바탕으로 위대한 조직으로 성장할 수 있도록 도울 수 있는 교육프로그램을 개발하고자 하는 목표를 가진 사람이었다. 이런 내가 이토록 무궁화에 대해 애착을 갖게 된 것은 무궁화애호운동가인 김석겸 회장과의 만남 때문이었다. 그 자리에서 나는 한 사람의 실천적 지성인을 만났다기보다는 시대적 소명을 만났다는 것이 맞을 것이다. 그는 한국무궁화애호운동중앙회의 회장으로서 우호익, 남궁억을 이어 한국무궁화운동 역사의 맥을 잇는 마지막 세대일 것이다. 여기서 마지막 세대라고 표현한 것은 무궁화운동에 대한 위기의식을 표현하는 말이다.

김석겸 회장은 이 시대의 개인과 조직을 염려하는 나의 열정에 대해 남다른 관심을 보였다. 나 또한 그의 나라사랑과 무궁화에 대한 열정에 귀가 기울여졌다. 그의 눈빛을 통해 나의 마음속에 그의 간절한 당부가 울림으로 다가왔다. 그는 무궁화에 대한 사랑을 함께 실천해 달라는 짧은 당부를 했지만 내 마음속에서는 훨씬 더 큰 묵직한 무게감으로 떠오르고 있었다. 마치 그분은 나에게 이렇게 말하고 있는 것 같았다.

'무궁화운동에 참여해주게. 인재경영의 일선에서 교육을 담당하고 있는 자네 같은 젊은 기업인, 지혜로운 교육가들이 필요하네. 지금 나의 모든 관심은 무궁화운동을 이어갈 젊은 리더들을 발굴하고 그 정신을 계승하는 거라네. 어찌 보면 우연한 만남일 수 있지만, 나는 우연이라고 생각하지 않네. 국가적 소명과의 만남이라고 여겨주게.'

피터 드러커의 경영철학을 추구하는 피터 드러커리언으로서 그때 내 모든 관심은 제대로 된 '기업가정신'으로 이 시대의 개인과 조직이 바로 서도록 돕는 것에 있었다. 그리고 이것을 가장 쉬운 언어로 대중화하고 교육하여 한국의 기초를 다시 세우는 데에 기여하는 것이었다. 그러기 위해서 접근법은 철저히 피터 드러커의 방식 즉 Drucker Way라는 프레임을 사용하겠지만, 그 속에 담길 가장 보편적이고 전 세계의 모든 개인과 조직에게 통용될 핵심 메시지가 필요한 때였다. 바로 그때 무궁화운동가를 만난 것이다.

그 후 무궁화에 대한 애정은 무궁화와 관련된 책을 읽는 것으로 시작되었다. 특히 김석겸 회장의 『겨레얼 무궁화』를 읽으면서 무궁화에 위대한 가치가 담겨져 있음을 알게 되었으며, 국화인 무궁화가 세계평화를 위한 꽃이니 이는 대한민국이 세계평화를 상징하는 국가, 즉 세계를 평화롭게 만들어야 할 사명을 가진 국가라는 것도 깨닫게 되었다. 이 것은 피터 드러커의 경영철학을 깨달았을 때와 동일한, 아니 그 이상의 감동이었다. 나는 온몸에 전율이 흐르는 듯한 느낌을 받았다. 그리고 내 마음속에 한 줄기 확신이 새겨지기 시작하였다. 전 세계적으로 경영자들의-피터 드러커의 영향을 받은 사람은 경영대가 톰피터스부터 현존하는 경영대가들이 피터 드러커의 영향을 받았다고 할 수 있으며, 우리가 잘 아는 GE, 도요타, 유한킴벌리 등 세계적인 기업들은 모두 그의 가르침의 영향을 받았다고 할 수 있다.-존경을 받고 있는 피터 드러커의 경영철학을 세계평화의 꽃이요, 위대한 가치를 품고 있는 무궁화와 결합시킨다면 이것이야말로 최상의 결합이 아닌가. 순간 그동안 연구했던 피터 드러커의 경영철학이 머릿속에서 끊임없이 샘솟듯 나오기 시작했고 무궁화의 위대한 가치와 연결되기 시작했다.

'참으로 놀랍구나! 피터 드러커의 세계평화를 지향하는 경영철학을 무궁화의 위대한 가르침에 담아내어 세상의 모든 이와 공유하고 진정한

세계평화의 꽃을 피우리라!'

지금 한국인에게 필요한 것은 한민족 본래의 본성이다. 무궁화와 함께 짓밟혀온 우리는 상처를 치유해야 한다. 상처를 치유하는 데 최고의 약은 바로 위대한 비전이다. 그리고 자부심이다. 대한민국인으로 사는 것에 대한 자부심이다. 먼저 자부심을 회복하고 견고한 원칙과 진리 위에 기초를 다시 세워야 할 시기이다. 나라와 민족에 대한 사랑이 다시 절실하고, 가장 근간이 되는 가치가 바로 서야 하는 시점이다. 피터 드러커의 경영철학이 지향하는 세계평화와 온 인류의 행복은 우리 대한민국의 국화인 무궁화에 담겨 진정한 세계평화의 꽃을 피우게 될 것이다. 이 사명을 상처가 많은 우리가 감당하겠다는 다짐을 하고 나아갈 때 우리의 상처는 온전히 치유될 것이라고 나는 확신한다. 나는 자랑스럽다. 대한민국에서 태어난 것을 나라를 위해 죽음의 두려움조차 삼켜버린 이순신 장군의 후손임을, 조국은 나의 어머니라며 어머니와 같은 조국을 지키기 위해 자신의 생명을 아낌없이 던진 안중근의 후손임을 자랑스럽게 생각한다. 이글을 읽는 모든 독자도 나와 같은 감동을 받는다면 그리하여 같은 비전을 품게 된다면 나는 한없이 기쁠 것 같다.

무궁화의 위대한 경영을 통해 구성원들과 경영자들이 함께 성장하고 기업의 유일한 목적인 고객창조를 지향하여 세계 초일류의 기업이 되어 세계평화와 온인류의 행복이라는 대업을 함께 이루게 되기를 희망한다.

PART 02

무궁화인재들의 5대 핵심가치와 역량

무궁화와 피터 드러커의 위대한 공통가치를 발견할 수 있다.
무능해서가 아니라 방법을 익히지 못했던 것임을 깨닫고
5대 핵심가치를 실현시키기 위한 역량을 개발하여
어디에서나 환영받는 인재가 되어야 한다.
무궁화인재란 사명감을 갖고 성과향상을 위해 도전하며,
늘 새로운 마음으로 혁신을 추구하고 공동의 목표달성을 위해
협력하여 시너지를 창출하고 나아가 행복을 실현한다.

제 1 장

핵심가치 다섯 가지

조직에서 성과를 올리려면 자신의 가치관이 조직의 가치관에
맞지 않으면 안 된다. 같을 필요는 없지만 공존할 수 있어야 한다.
그렇지 않으면 마음이 편하지 못하고 성과도 오르지 않는다.
『단절의 시대(The Age of Discontinuity)』

피터 드러커리언이 무궁화를 심다

⊛ ⊛ ⊛

95세까지 펴낸 39여 권의 책을 모두 고전으로 만든 사람이 있다. 바
로 피터 드러커이다. 그가 죽은 지금도 사람들은 생각에 잠긴다.

'피터 드러커라면 지금 무엇이라고 질문했을까?', '피터 드러커라면
지금 어떻게 행동했을까?', '나는 남은 인생 동안 무엇을 해야 할까?',
'그리고 그것을 위해 어떻게 행동해야 할까?'

이것이 피터 드러커의 힘이다. 피터 드러커리언들의 사고방식이다.
국가적 경계를 넘어 그를 그리워하는 사람들의 생각습관이다. 피터 드

러커는 누구인가. 가장 축약하고 정제된 피터 드러커 소개를 보면 매우 소박한 설명이 나온다.

피터 드러커(Peter F. Drucker, 1909~2005.11)는 오스트리아 빈에서 태어났다. 1931년 독일 프랑크푸르트대학교에서 법학 박사 학위를 취득한 후 1933년 런던으로 이주하여 경영평론가가 됐다. 1937년 영국 신문사의 재미통신원으로 도미해 학자 겸 경영고문으로 활약했고, 1938년 이후 사라로렌스대학교, 베닝턴대학교, 뉴욕대학교 등에서 강의했다. '경영을 발명한 사람'이라는 칭송을 비롯해 현대 경영학의 아버지로 불리는 피터 드러커는 백악관, GE, IBM, 인텔, P&G, 구세군, 적십자, 코카콜라 등 다양한 조직에 근무하는 수많은 리더들에게 직접적으로 영향을 끼쳤다.

39권의 저술들을 통해 20세기 후반에 등장한 새로운 사회 현상들을 예고했는데, 그 중에는 민영화, 분권화, 경제 강국으로서 일본의 등장, 마케팅과 혁신의 결정적 중요성, 정보사회의 등장과 그에 따른 평생학습의 필요성 등이 있다. 또한, 생산과 분배, 생산요소의 변화, 지식근로자의 탄생, 인간의 수명 증가 등을 예측한 선견지명은 일선 경영자들이 기업을 경영하고 자기관리를 하는 데 큰 통찰력을 제공했다. 정년 후에도 클레어몬트대학원대학교의 교수로 활동했으며, 피터 드러커 비영리 재단의 명예 이사장직을 역임했다. 2002년 피터 드러커는 민간인이 받을 수 있는 미국 최고의 훈장인 대통령 자유메달을 받았다. 2005년 11월, 96세 생일을 며칠 앞두고 타계했다.

주요 저서로 『경제인의 종말』, 『기업의 개념』, 『경영의 실제』, 『자기경
영노트』, 『매니지먼트: 과제, 책임, 실천』, 『혁신과 기업가정신』, 『자
본주의 이후의 사회』, 『21세기 지식 경영』 등이 있다.

교보문고 〈해외저자사선〉

　나는 이중에서 피터 드러
커의 번역서는 모두 읽었다.
그리고 피터 드러커에 대하
여 쓴 책들도 모두 읽었다.
그것도 여러 번 읽었다. 놀라
운 것은 『성서』와 『7Habits』
을 제외하고 내가 한 사람의 책을, 이렇게 다량의 종류로, 그것도 반복
해서 읽었다는 사실이다. 집과 사무실 그리고 노트북에 나만의 피터 드
러커 책장이 따로 있을 정도이다. 그래서일까. 피터 드러커에 대한 그
어떤 사전적 설명도 시원하게 다가오지 않는다. 피터 드러커의 저서를
나열하는 것이나 그의 어록을 나열하는 것 역시 나에게는 시원하지 않
다. 저서는 사서 보면 될 일이고, 이미 그의 어록집도 상당수 출판이 되
어 있다.

　그렇다면 나의 역할은 무엇일까? 피터 드러커와 무궁화를 어떻게 연
결시킬 것인가! 이것이 내게 맡겨진 시대적 과제라는 확신이 들었다.
먼저 나는 '가치'에 주목하였다. 피터 드러커는 새로운 가치를 정의내리
면 이를 기고글, 책, 강연으로 세상에 알렸다.

공헌, 결과, 성과, 목적, 목표, 책임, 완벽, 강점, 성실, 매니지먼트, 혁신, 리더십, 마케팅, 고객, 지식근로자, 커뮤니케이션, 업무설계, 기업가정신, 벤처, 시민성, 사회적 결속, 정신적 완벽, 제2의 인생

대부분 피터 드러커가 꺼낸 가치들은 시대적으로 꼭 필요한 경영 경제의 사회적 기준이 되었다. 이것들은 단순히 뜻을 지닌 단어가 아니라, '가치' 또는 '기준'으로 자리매김하였다. 단어들 중에서 공헌, 목적, 책임, 성실, 강점, 혁신, 기업가정신, 시민성, 결속 등의 단어가 가치지향적인 것들이다. 바로 이러한 '가치'들이 무궁화가 가지는 상징과 비슷하다.

시대는 지금 가치를 필요로 한다

⊙ ⊙ ⊙

무궁화에는 수많은 가치가 담겨 있다. 여기서 '가치'라는 영역에 대해 간단히 살펴볼 필요가 있다. 사전적 정의는 '사물이 지니고 있는 쓸모' 혹은 '인간의 욕구나 관심의 대상 또는 목표가 되는 진, 선, 미 따위를 통틀어 이르는 말' 정도로 풀이된다. 『아름다운 가치사전』이라는 책에는 가치의 종류가 제시되어 있다.

감사, 겸손, 공평, 관용, 마음나누기, 믿음, 배려, 보람, 사랑, 성실, 신중, 약속, 양심, 예의, 용기, 유머, 이해심, 인내, 자신감, 정직, 존중, 책임, 친절, 행복

이런 가치가 좀 더 개인의 내면적 기준으로 들어가면 '성품'이라는 영역으로 들어선다. 성품의 사전적 정의는 '사람의 성질이나 됨됨이'로 풀이된다. '한국품성계발원'에서 보급한 품성 또는 성품의 종류는 다음과 같다.

공경, 환대, 겸손, 솔선, 기쁨, 정의, 충성, 온유, 순종, 정돈, 인내, 설득, 시간엄수, 자원력, 책임감, 안정, 절제, 민감성, 성실성, 철저함, 검약, 포용력, 진실성, 덕성, 지혜, 경계심, 경청, 유용성, 자선, 담대함, 조심성, 자비, 만족, 창의성, 과단성, 경의심, 믿음직함, 결단력, 근면, 분별력, 신중함, 끈기, 열심, 믿음, 융통성, 용서, 후함, 온순, 감사

무엇인가 비슷한 느낌이 든다. 경계선이 명확하지는 않다. 하지만 그것이 우리를 불편하게 하지는 않는다. 너무나 중요한 내면의 기준을 다 모아 놓았고, 이 시대 우리가 정말 잃고 있는 것 그리고 잊고 있던 것들이기 때문이다. 이러한 개인의 품성에서 출발한 내면의 힘이 관계와 사회구조로 진입하기 위한 가치기준으로 발전한 뒤, 기업이라는 조직공동체로 접어들면 '역량'이라는 새로운 기준으로 재탄생된다. 역량의 사전적 정의는 '어떤 일을 해낼 수 있는 힘'으로 풀이된다. 'BoneHEART'에 특허권이 있는 '역량카드'에 등재된 역량의 목록은 좀 더 명확하게 역량의 어휘들을 이해하게 도와준다.

혁신, 협력, 갈등관리, 감수성, 결단력, 계획수립, 고객지향, 공정성, 관계구축, 권한위임, 긍정적 사고, 사명, 대인 친밀성, 대인이해, 도전 정신, 독립성, 동기부여, 리더십, 목표관리, 문서작성, 문제해결, 발 표력, 타인육성, 분석력, 비전제시, 삶의 균형, 설득력, 성과지향, 성 실성, 손익관리, 솔선수범, 스트레스 내성, 시간관리, 신속성, 업무조 정, 위기대처, 유연성, 의사결정, 의사소통, 자기확신, 자기주도, 자기 절제, 적응력, 전략적 사고, 전문가의식, 정보관리, 정직성, 조직헌신, 창의력, 책임감, 철저한 확인, 추진력, 핵심파악, 혁신주도, 협동력, 협상력

 이 정도의 어휘들을 나열해보니, 우리가 배울 수 있고 내면화할 수 있는 가치 기준이 얼마나 많은지 충분히 동의가 될 것이라는 생각이 든 다. 피터 드러커는 이러한 수많은 가치기준 중에 기업, 사회부문의 조 직 그리고 개인의 경영차원에서 필요한 것을 꺼내 의미를 정의내리고 구체적으로 경영차원에서 이를 체계적으로 도와준다. 나는 한 걸음 더 나아가 무궁화라는 상징체계 안에서 이 시대 우리가 회복해야 할 가치 를 모두 꺼내보았다. 그리고 이 중에 핵심가치를 다섯 가지로 최종 제 시할 것이다. 무궁화는 우리에게 어떤 가치를 주는가? 무궁화의 역사 적, 식물학적, 생태학적 특성은 어떤 가치를 만들어주는가?

• 직장인으로서 나의 핵심가치는 무엇인가?

• 그것을 선택한 이유는 무엇인가?

• 가치, 품성, 역량의 목록을 보고, 각 목록 중 내가 추구하거나 갖춘 것을 찾아보자.

　− 가치목록 중에

　− 품성목록 중에

　− 역량목록 중에

문학 속에서 무궁화를 만나다

❀ ❀ ❀

앞에서 살핀 가치, 성품, 역량에 기초하여 수많은 내면의 힘, 판단의 기준, 행동의 표준 등을 살펴보았을 때, 무궁화의 특징은 과연 어떤 단어들로 표현할 수 있을까. 먼저 무궁화의 특징을 살펴보는 것이 순서일 것이다. 무궁화의 특징에 대해서는 이미 수많은 선조의 관찰로도 충분히 검증이 되었다. 그리고 다양한 문헌 속에 무궁화의 예사롭지 않은 특징들이 이미 드러나 있다. 문학작품을 통해 무궁화의 특징을 살펴보자.

> 온갖 꽃이 유월이면 다 범목이 돼 버리기에 무궁화가 스스로 나뿐이
> 라 말하나니
> 외로운 향기가 꽃 없는 때를 잇기 때문이요, 심히 고와서가 아니요,
> 세속초월 더욱 아니야
> 아름답고 화려함을 도리와 겨루게 한다면 천박한 자질 활기 없어 공
> 곡에 버려지리라……
>
> 『다산시문집』

7월에는 대부분의 꽃이 져버린다. 그런데 유독 7월에 홀로 피는 꽃이 있으니 바로 무궁화꽃이다. 바로 그러한 무궁화의 피고 짐을 보면서 다산이 지은 시이다. 다산 특유의 섬세한 관찰로 무궁화를 살피고 그 특징을 시상에 담아 표현한 것이다. 시의 내용을 보면 무궁화는 아름답고

화려함을 추구하지 않는다. 다른 꽃이 다 화려하게 피는 시기를 오히려 숨죽여 기다리는 꽃이다. 자신의 때가 이르면 홀로 피어오른다. 아침에 피었다가 저녁에 자신을 허물며 다음 날 아침, 다시 새로운 꽃을 피우는 근면과 혁신의 가치를 직접 보여주는 꽃이다. 또한 다양한 쓸모를 가지고 있는 꽃이다. 이러한 무궁화의 특별한 가치는 다른 문헌에서도 수없이 그리고 일관되게 등장한다.

이수광은 『지봉유설』의 제국부에서 『산해경』의 기록을 인용하면서 무궁화에 대해 이렇게 언급하였다. "바다 동쪽에 군자의 나라가 있으니, 의관을 갖추고 칼을 차며 양보를 좋아하여 서로 다투지 않으며, 무궁화가 있어 아침에 피었다가 저녁에 진다."라고 하였다. 또한 『고금주』에는 "군자의 나라는 지역이 사방 천리인데 무궁화가 많다."고 하여 우리나라에 무궁화가 많이 피는 것을 예찬하였다.

무궁화와 그 가치의 향기

✽ ✽ ✽

이런 방식으로 찾아낸 무궁화의 가치는 매우 광범위하고 다양하다. 일단 앞서 언급한 가치목록, 성품목록, 역량목록 등을 기초목록으로 하여 무궁화의 특징에서 찾아낼 수 있는 가치들을 광범위하게 찾아보면 다음과 같다.

감사, 겸손, 공평, 관용, 마음나누기, 믿음, 배려, 보람, 사랑, 성실, 신중, 약속, 양심, 예의, 용기, 유머, 이해심, 인내, 자신감, 정직, 존

중, 책임, 친절, 행복, 공경, 환대, 겸손, 솔선, 기쁨, 정의, 충성, 온
유, 순종, 정돈, 설득, 시간엄수, 자원력, 안정, 절제, 민감성, 철저
함, 검약, 포용력, 진실성, 덕성, 지혜, 경계심, 경청, 유용성, 자선,
담대함, 조심성, 자비, 만족, 창의성, 과단성, 경의심, 믿음직함, 결
단력, 근면, 분별력, 끈기, 열심, 융통성, 용서, 후함, 온순, 감사, 혁
신, 협력, 갈등관리, 감수성, 계획수립, 고객지향, 공정성, 관계구축,
권한위임, 긍정적 사고, 사명, 대인 친밀성, 대인이해, 도전정신, 독
립성, 동기부여, 리더십, 목표관리, 문서작성, 문제해결, 발표력, 타
인육성, 분석력, 비전제시, 삶의 균형, 설득력, 성과지향, 손익관리,
솔선수범, 스트레스 내성, 신속성, 업무조정, 위기대처, 유연성, 의사
결정, 의사소통, 자기확신, 자기주도, 자기절제, 적응력, 전략적 사
고, 전문가의식, 정보관리, 조직헌신, 창의력, 철저한 확인, 추진력,
핵심파악, 혁신주도, 협동력, 협상력

과장된 의미부여라고 말할 수도 있다. 그러나 실제 무궁화의 생태학
적 특징 안에는 수많은 가치의 상징성을 가지고 있다. 어떻게 하나의
식물 안에서 이렇게 많은 가치를 만날 수 있을까. 그래서 무궁화가 나
라꽃, 겨레꽃, 민족의 대표성이 된 것이다. 전 세계가 인정한 한국인의
민족성을 충분히 담아낼 만한 그릇이 되는 것이다.

무궁화의 원산지는 동아시아 지역으로 알려져 있으나 관상가치가 높
기 때문에 열대 및 한대를 제외한 전 세계에 심어지고 있다. 나무 높이
가 5~7m까지 자라는 독립수종이다. 어떤 이는 무궁화를 작은 꽃으로

- '무궁화꽃'의 개념을 넘어선' 무궁화나무'
- 추위를 이기는'내한성'이 강한 나무
- 햇빛을 좋아하는 나무 '양수'에 속함
- 일반적인 꽃이 피고지는 시기에 기다림
- 홀로 7월~10월 사이에 100일을 피어남
- 한 송이 꽃은 아침에 피고 저녁에 떨어짐
- 말라 떨어지지 않고 깨끗한 형태 유지
- 꽃잎은 통꽃으로 서로 연결되어 있음
- 벌레나 세균에 대한 저항력이 강함
- 인체에 유익한 효능이 입증된 약재

여기나 실제로는 무궁화나무이다. 추위를 이기는 힘 즉 내한성이 강한 종이며 햇빛을 좋아하는 양수(陽樹)이다. 많은 다른 꽃이 피고 지는 봄과 여름에 숨죽이며 기다리다가 음력 6월, 즉 양력으로 7월~9월 사이에 홀로 꽃을 피운다. 꽃을 피우는 기간은 100일 정도에 이르고 그 절정은 8월이다. 한 송이의 무궁화꽃은 이른 아침 햇살과 함께 피었다가 저녁이 되면 꽃잎이 흐트러지지 않고 봉오리채로 오므라져 낙화한다. 이렇듯 아침에 피고 저녁에 짐을 100일 동안 반복하여 한 그루의 나무에서 10,000송이 이상의 꽃을 피우는 나무는 전 세계 모든 식물을 통틀어 무궁화가 유일하다. 무궁화의 꽃잎은 각각의 꽃잎이 있는 것으로 보이나 사실 그 근본은 하나의 통꽃이다. 그래서 함께 피었다가 함께 통으로 떨어진다. 특히 무궁화는 벌레나 균으로부터 저항력이 있는 생명력 강한 나무이다. 한편 의학적으로도 효능이 검증되어 동의보감, 본초강목 등에 그 약효가 입증되어 있다.

무궁화는 우리 민족성을 반영하기에 전혀 부족함이 없다. 무궁화는 늘

'무궁화꽃'의 개념을 넘어선 '무궁화나무'	▶ 후함, 믿음직함, 자원력, 리더십, 삶의 균형, 정의
추위를 이기는 '내한성'이 강한 나무	▶ 추진력, 자기확신, 자기주도, 스트레스 내성, 동기부여
햇빛을 좋아하는 나무 '양수'에 속함	▶ 기쁨, 긍정적 사고, 진실성, 덕성, 정의, 온유, 유연성
일반적인 꽃이 피고지는 시기에 기다림	▶ 겸손, 절제, 끈기, 근면, 책임, 인내, 신중, 계획성
홀로 7월~10월 사이에 100일을 피어남	▶ 약속, 성실, 성과지향, 고객지향, 충성, 솔선, 온순
한 송이 꽃은 아침에 피고 저녁에 떨어짐	▶ 혁신주도, 창의력, 철저함, 열심, 결단력, 충성, 시간
말라 떨어지지 않고 깨끗한 형태 유지	▶ 전문가의식, 정돈, 책임, 예의, 사랑, 믿음직함, 정직
꽃잎은 통꽃으로 서로 연결되어 있음	▶ 협동력, 의사소통, 의사결정, 관계구축, 경청, 포용력
벌레나 세균에 대한 저항력이 강함	▶ 독립성, 리더십, 도전정신, 과단성, 과단성, 적응력
인체에 유익한 효능이 입증된 약재	▶ 고객지향, 조직헌신, 대인 친밀성, 친절

- 근면하고 성실한 태도
- 진취적 도전정신
- 단일민족의 자부심
- 청렴하고 결백한 민족성
- 강인하고 끈기 있는 내면성

부지런하면서도 항상 새로운 것을 추구한다. 이것은 우리 민족의 타고난 근면성과 진취적 정신을 표상한다. 무궁화는 청렴하고 결백한 민족정신을 보여준다. 순결한 단일 민족의 깨끗하고 진실성 있는 겨레의 품성을 표상한다. 무궁화는 강인하고 끈기 있는 민족정신을 보여준다. 한결 같고 강인한 끈기의 민족정신과 비슷하기 때문이다.

또한 무궁화는 이웃과 서로 돕는 겨레의 얼을 상징한다. 우리 민족은 어떤 고난이 있어도 한마음으로 뭉치는 정신을 가지고 있다는 점에서 비슷하다. 무궁화는 '자기완성'뿐 아니라 세계로 뻗어가는 '인류애'를 담고 있다. 인류의 평화와 행복을 지향하는 우리 민족의 박애정신과 유사하다. 그렇기 때문에 무궁화는 우리 민족의 역사 속에서 그 흐름을 함께 해왔다.

• 무궁화가 보여주는 우리의 민족성 중에 현재 살아있는 것과 그렇지 않으면 점차 잊히고 있는 것의 특성은 무엇이라고 생각하는가?

• 무궁화에 반영된 민족성 다섯 가지 중에 내가 갖추고 있는 특징은 무엇인가?

역사의 강물과 함께 흐르다

❀ ❀ ❀

　무궁화는 5천 년 우리 민족의 역사와 함께 자신의 역사를 이어왔다. 신시시대에는 환화로 불렸으며 단군 고조선시대에 이르러서는 '한화', '천지화', '근수' 등의 이름으로 불렸고 하늘에 제사를 지내는 신단 둘레에 심어져 신성시되었다. 이후 신라시대 화랑들은 무궁화를 머리에 꽂고 다녔다. 당시 무궁화는 젊음을 대변하는 꽃 그 자체였다. 삼국시대와 통일신라시대에는 국서에 '근화향'으로 표기가 될 정도로 국가의 대표성을 띤 상징물이 되었다. 고조선시대의 천지화랑에서 유래된 신라의 화랑도들은 천지화랑들처럼 머리에 무궁화를 꽂고 다녔다. 고려시대는 근화향으로 일컬을 정도로 무궁화가 많았다.

　조선시대 때는 실학자들에 의해 여러 문헌으로 무궁화가 활발하게 소개되었다. 국학운동 차원에서 무궁화는 우리나라를 상징하는 꽃으로

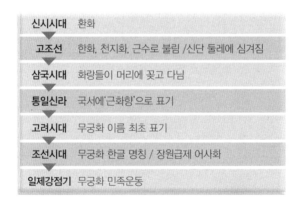

신시시대	환화
고조선	한화, 천지화, 근수로 불림 / 신단 둘레에 심겨짐
삼국시대	화랑들이 머리에 꽂고 다님
통일신라	국서에 '근화향'으로 표기
고려시대	무궁화 이름 최초 표기
조선시대	무궁화 한글 명칭 / 장원급제 어사화
일제강점기	무궁화 민족운동

부각되어 근역(무궁화 나라)이라는 말이 자주 쓰였다. 특히 조선시대에는 훈민정음이 창제되어 무궁화의 한글명칭이 사용되었고 장원급제를 한 인재에게 무궁화를 하사하기도 했다.

이후 개화기 때는 세계열강의 각축장이 된 조선에서 자주와 주권을 지키고자 하는 표상으로 자긍심을 노래하고 일제강점기 독립의 얼과 사상으로 무궁화운동을 전개하였다. 또한 광복 이후에는 무궁화운동이 본격적으로 시작되었다. 일제의 무궁화 폄하와 박해로 짓밟힌 무궁화를 사랑하고, 무궁화의 정신으로 겨레의 미래를 열어 가자고 하는 운동으로 무궁화운동이 활발하게 전개되었다. 무궁화가 가진 가치와 이를 통한 민족성은 이 시대 우리에게 많은 것을 시사하고 있다. 그리고 대부분 무궁화가 보여주는 상징성과 그 의미는 이 시대 우리가 다시 회복해야 할 본질과 맞닿아 있다. 그 의미들을 하나씩 따라가 보자. 그리고 각각의 회복해야 할 가치들을 이 시대 직장인과 개인의 삶에 어떻게 적용할 것인지 고민해보자.

무궁화와 피터 드러커의 가치 교집합

꽃 꽃 꽃

피터 드러커를 통해 우리가 배울 수 있는 수많은 가치의 언어들이 있다. 그 중에 유독 마음에 새겨진 단어들이 있다. 책임, 공헌, 성실, 혁신, 협력, 강점, 기회, 탁월함, 우선순위, 사명, 목표, 관리, 존재 이유, 변화, 진지함, 미래, 공익, 행복, 기업가정신, 성장, 리더십, 용기, 기본 등이다. 바로 이러한 단어들 중에는 무궁화에서 찾아낸 가치들과 겹치

일반 가치와 무궁화 가치의 교차	무궁화 가치와 피터 드러커 가치의 교차	
감사, 겸손, 공평, 관용, 사명, 믿음, 배려, 보람, 사랑, 성실, 신중, 약속, 양심, 예의, 용기, 유머, 이해심, 인내, 자신감, 정직, 존중, 책임, 친절, 행복, 공경, 환대, 겸손, 솔선, 기쁨, 정의, 충성, 온유, 순종, 정돈, 설득, 시간엄수, 자원력, 안정, 절제, 민감성, 철저함, 검약, 포용력, 진실성, 덕성, 지혜, 경계심, 경청, 유용성, 자선, 담대함, 조심성, 자비, 만족, 창의성, 과단성, 경의심, 믿음직함, 결단력, 근면, 분별력, 끈기, 열심, 융통성, 용서, 혁신, 협력, 갈등관리, 감수성, 계획수립, 고객지향, 공정성, 관계구축, 권한위임, 긍정적 사고, 대면영향, 대인 친밀성, 대인이해, 도전정신, 독립성, 동기부여, 리더십, 목표관리, 문서작성, 문제해결, 발표력, 타인육성, 분석력, 비전제시, 삶의 균형, 설득력, 성과지향, 손익관리, 솔선수범, 스트레스 내성, 신속성, 업무조정, 위기대처, 유연성, 의사결정, 의사소통, 자기확신, 자기주도, 자기절제, 적응력, 전략적 사고, 전문가의식, 정보관리, 조직헌신, 창의력, 철저한 확인, 추진력, 핵심파악, 혁신주도, 협동력, 협상력	사명 성실 혁신 협력 행복	책임, 공헌, 성실, 혁신, 협력, 강점, 기회, 탁월함, 우선순위, 사명, 목표, 관리, 존재 이유, 변화, 진지함, 미래, 공익, 행복, 기업가정신, 성장, 리더십, 용기, 기본

는 것들이 분명히 존재한다. 어떤 가치들이 겹쳐지는지 찾아보자.

피터 드러커가 이야기한 핵심가치 중 가장 중대한 가치는 무엇일까? 경영자뿐 아니라 기업의 모든 구성원, 대기업, 중견기업, 중소기업, 벤처기업, 관공서, 비영리단체, 소규모 자영업자에 이르기까지 자신의 삶을 명작으로 만들어갈 뿐 아니라, 조직의 핵심인재가 되어 위대한 조직문화를 구축하여 고객을 창조하고 고객의 사랑을 받는 기업과 단체가 되게 할 가치를 찾아보았다. 더 나아가 그로 인하여 얻은 성과로 사회적인 문제들 해결하고 세계평화와 온 인류의 행복을 위해 공헌할 수 있도록 하는 위대한 가치를……

무궁화꽃 가운데에는 단심계가 있고 다섯 개의 꽃잎이 있다. 무궁화의 다섯 꽃잎은 하나의 통꽃으로 되어 있는데 바로 여기에서 나는 영감을 얻었다. 가능성을 발견한 것이다. 그동안 삶을 살아오면서 수많은 사람을 만났고, 여러 조직과 일을 했는데 그러한 경험을 회상하면서 가

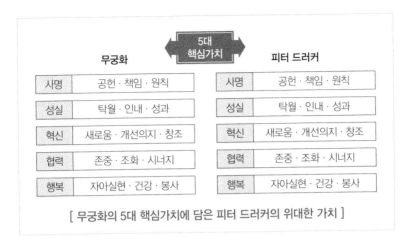

[무궁화의 5대 핵심가치에 담은 피터 드러커의 위대한 가치]

장 근본적인 가치를 무궁화의 단심계와 연결 짓고 통꽃으로 된 무궁화의 다섯 꽃잎을 5대 핵심가치와 연결하는 것이다. 그리고 무궁화 꽃잎처럼 근본가치와 다섯 가지의 핵심가치를 하나의 통합된 경영시스템으로 구축하는 것이다. 다섯 가지 핵심가치는 따로따로가 아닌 하나의 온전한 체계로 구축되었을 때 위대한 조직이 될 수 있다.

근본가치에는 가장 위대한 가치로 생각하는 '사랑'을 두었다. 근본가치인 사랑은 허다한 허물을 덮을 뿐 아니라 사람을 변화시키고 세상을 변화시키는 가장 강력한 힘이 된다. 경영자가 구성원들을 사랑할 때 그들을 위한 진정한 공헌이 이루어지고, 그것은 바로 기업의 목적인 고객 창조로 이어진다. 세계적으로 위대한 기업이라 칭송받는 기업의 경영자들은 하나같이 사랑하는 마음을 가지고 있다. 사랑이라는 가치는 세계 모든 조직이 가져야 할 근본가치이며 공통의 가치일 것이다. 사랑이 근본가치가 안 된 상태에서는 그 어떤 가치도 제대로 힘을 발휘하지 못할 것이다.

　모든 가치는 사랑과 맞물려 돌아가야 진정성을 발휘할 수 있다. 사랑이 없으면 모든 가치는 하나의 수단으로 전락될 수밖에 없다. 가치는 수단이 아니라 최종 목적이 되어야 한다. 고객에 대한 배려, 고객에 대한 사랑을 통해 고객을 만족시킬 수 있는 제품과 서비스를 만들어낼 수 있다. 고객창조의 가치는 수단이 아닌 목적에 있기 때문이다. 사랑을 근본가치로 추구하고 여기에 다른 가치가 더해질 때, 위대한 힘을 발휘하게 되며, 그 힘은 위대한 결과를 가져오게 되는 것이다.

　근본가치인 '사랑' 그 위에 5대 핵심가치를 세워보고자 한다. 5대 핵심가치는 개인과 조직에 있어서 없어서는 안 될 필수 가치이다. 그 가치가 제대로 구현된다면 이러한 조직은 세계적으로 모든 고객에게서 인정받는 조직이 될 것이라 확신한다.

　5대 핵심가치 중 첫 번째 핵심가치로는 개인과 조직이 나아갈 방향이자 나침반과 북극성의 역할을 하는 '사명'이다. 두 번째 핵심가치는 사명을 완수하고자 하는 데 필요한 구성원들의 성과향상 역량인 '성실'이다. 세 번째 핵심가치는 늘 새로운 마음으로 고객과 사회를 만족시키기 위해 끊임없이 노력하고 개선할 줄 아는 역량인 '혁신'이다. 네 번째 핵심가치는 위대한 혁신을 이루기 위해 구성원들의 다양성을 존중하고 서로가 서로에게 공헌하는 마음으로 공동의 목표를 달성하기 위한 역량인 '협력'이다. 마지막 다섯 번째 가치는 앞의 모든 가치를 아우를 수 있는 '행복'이다. 여기서 행복이란 앞의 네 가지 가치인 사명, 성실, 혁신, 협력이 실행되었을 때 오는 결과이기도 하지만, 그것을 넘어 진정한 행복의 가치와 의미를 알고 더 위대한 행복을 추구하는 것이다. 그것은 개인과 조직이 진정으로 얻고자 하는 궁극적인 목적을 의미한다.

무궁화의 위대한 가치는 어떤 목적을 지향하는가. 그것은 평화, 사랑, 인류애와 같은 보편적 가치이다. 가장 보편적이지만 가장 이루기 어려운 것. 지역과 국가, 경계를 넘어 모두가 추구하고자 하는 유일한 가치가 바로 내가 이야기하고 싶은 '행복'이라는 가치이다. 진정한 행복이란 나의 만족과 유익을 넘어서는 위대한 가치여야 한다. 우리의 궁극적인 목적은 위대한 가치인 '세계평화와 온 인류의 행복'을 위해 공헌하는 것이어야 한다. 이 위대한 가치와 위대한 목적을 향해 나아가는 조직의 구성원들은 진정으로 행복할 것이다. 내가 하는 일이 아버지로서 부모로서 또 자식으로서 형제, 친척, 친구, 이웃으로서 모두의 유익과 만족을 위해 공헌하는 일이다. 위대한 가치를 추구했을 때 오는 결과는 위대한 결과가 될 것이다.

한국의 국화인 무궁화는 세계평화의 꽃이다. 세계평화의 꽃인 무궁화를 통해 대한민국의 모든 조직과 나아가 세계의 모든 조직에 꼭 필요한 핵심가치를 사명, 성실, 협력, 혁신, 행복이라고 명명하고 싶다. 이것은 피터 드러커의 위대한 유산이 세계평화의 꽃으로 새롭게 피어나는 감격적인 순간이 될 것이다.

다섯 가지 핵심가치는 따로따로가 아닌 하나의 온전한 체계로 구축되었을 때 위대한 조직이 될 수 있다. 이 다섯 가지 핵심가치를 가장 먼저 이해하고 받아들여할 대상은 다름 아닌 조직을 구성하는 모든 개인(최고경영자를 포함한 모든 구성원)이다. 팀장 이상의 경영자들은 경영을 위한 조직적 차원에서 이 가치를 이해하고 구성원들을 지원하는 지원자로서의 역할을 해야 하며, 구성원들은 조직과 함께 동반성장하고 조직의 공동목표를 위해 공헌하는 인재로서 모두가 무궁화인재가 될 수 있도록 노력해야 한다.

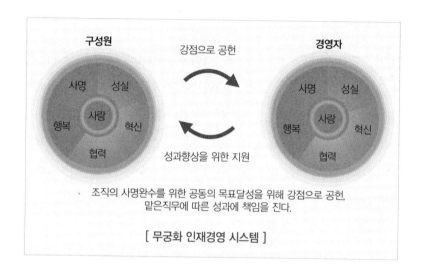

[무궁화 인재경영 시스템]

제 2 장

첫 번째 핵심가치 : 사명

최고의 경력은 단순히 계획한다고 손에 넣을 수 있는 것이 아니다.
자신의 강점. 일하는 방식. 가치관을 알고 기회를 잡을 준비를 철저하게
한 사람만이 손에 넣는다. 자신을 파악함으로써
평범한 일꾼이 탁월한 수행자가 될 수 있다.
『21세기 지식경영(Management Challenges for The 21st Century』

무궁화에는 사명이 있다

✦ ✦ ✦

인류의 역사에 민족의 이름으로 특정 식물이 가혹한 수난을 겪은 일은 우리나라의 나라꽃인 무궁화가 유일할 것이다. 무궁화는 민족의 역사와 함께 겨레의 맥락 속에 숨 쉬어 온 꽃이기에 일제 강점기 36년 동안 민족의 수난과 함께 참혹한 시련을 겪을 수밖에 없었다. 만주, 상해, 미국, 구라파로 떠난 독립지사들이 광복 구국정신의 상징으로 무궁화를 내세우자 일본은 여기에 당황한 나머지 무궁화를 보는 대로 불태워 버리고 뽑아 없애 버렸다. 일제는 나라꽃 무궁화를 '눈에 피꽃'이라 하

붉은 단심
강인하고
진취적이며
어려움을 극복하는
민족성

흰 바탕
백의를 숭상하고
순결한 민족성

여 보기만 해도 눈에 핏발이 선다고 거짓 선전하였으며, '부스럼 꽃'이
라 하여 손에 닿기만 해도 부스럼이 생긴다고 하는 등 갖은 말로 우리
민족의 기개를 표현하는 무궁화 탄압에 앞장섰던 것이다. 그러나 나라
꽃 무궁화에 관한 수난이 가중되면 될수록 우리 민족은 더욱 우리의 정
신을 대변하는 무궁화를 사랑하고 숨겨가면서까지 지켜왔다.

민족적인 어려움의 시기에 무궁화는 자신의 사명을 감당하였다. 무궁
화는 어떤 사명을 가지고 존재하는가. 무궁화는 여러 특성을 통해 우리
의 민족성을 대변해왔다. 무궁화의 특성을 우리의 민족성과 연결시킬
때, 그 민족성은 백성들의 마음을 하나로 결집시키고, 이러한 원동력이
일제강점기의 아픔을 넘어서는 힘이 되었다.

민족성을 살피기 위한 무궁화의 기본적인 특징을 연결 지어보자.

첫째, 무궁화는 색채와 향기가 단조롭다. 화려하지 않다. 이는 우리
선인들의 선비정신을 보여준다. 너그럽고 겸허한 군자의 마음을 보여
준다. 둘째, 무궁화는 흰 꽃 바탕에 짙붉은 화심을 갖추고 있다. 이른
백의를 숭상하고 순결하고 진실된 민족성을 보여준다.

셋째, 무궁화의 꽃말은 '영원히 피는 꽃, 지지 않는 꽃'이다. 무궁화는
7월부터 피기 시작하여 10월 하순까지 꽃을 피운다. 반만년 역사의 숱

한 국난에도 굴복하지 않고 전통과 문화를 이어온 우리의 극복정신을 의미로 담고 있다. 넷째, 무궁화는 토지가 좋고 나쁨을 가리지 않고 어디서든 자란다. 옮겨 심어도 뿌리를 잘 내린다. 무궁화는 오동나무, 미루나무, 자귀나무처럼 쑥쑥 자라지는 않지만 천천히 자라되 몇 년, 몇 십 년을 거치는 동안 거목으로 성장한다. 이렇게 오랜 시간 꾸준히 자라기 때문에 무궁화는 목질이 단단하고 강하다. 줄기 하나도 꺾이지 않는 끈질김은 바로 우리 민족의 은근과 끈기, 강인함을 의미한다.

　다섯째 무궁화는 태양이 있어야만 자라는 빛의 꽃이다. 뜨겁고 강렬한 태양이 떠오르면 그 햇살과 함께 자라는 게 무궁화 꽃이다. 무궁화를 울타리로 알고 있는 경우가 많은데 그것은 무궁화를 죽게 만드는 잘못된 지식이다. 무궁화는 독립수로서 5~7M까지 자란다. 이러한 무궁화는 공기정화능력이 뛰어나다. 잎을 따서 나물로 쓰기도 하고, 죽을

절제의 꽃 : 자신의 때를 알고 그 때를 위해 기다리고 인내하는 꽃
협력의 꽃 : 자신을 통해 사람들로 하여금 하나된 마음과 정신을 품게 만드는 연합의 꽃
희락의 꽃 : 사람에게 기쁨을 주고 웃음과 행복을 주는 꽃
자비의 꽃 : 울타리로 사용되며 어려운 이를 감싸주고, 포용하는 꽃
희망의 꽃 : 공기를 정화시키는 기능이 있고 벌레나 해충에 강하여 푸르름을 간직한 꽃
헌신의 꽃 : 잎은 나물로 쓰이고, 죽으로 끓여 먹기도 하며 전체가 약재로 쓰이는 꽃
성장의 꽃 : 단기간에 쑥쑥 자라지는 않지만 오랜 시간 자라며 단단하고 강한 꽃
군자의 꽃 : 향기가 없고, 화려하지 않지만 존재감이 선명한 꽃
평화의 꽃 : 피해를 주지 않으며 자신의 자리를 지키고 헌신하고 희생하는 꽃
열정의 꽃 : 100일 동안 쉼 없이 피고 지고 다시 피우며 10,000송이의 꽃을 피워내는 꽃
공헌의 꽃 : 자신의 장점을 통해 타인과 세상에 기여하는 꽃
성실한 꽃 : 자신의 사명을 다하기까지 맡겨진 역할을 수행하는 꽃
치료의 꽃 : 사람을 이롭게 하며 약재로 사용되어 사람을 치료해 주는 꽃
생명의 꽃 : 줄기를 잘라 어디에 심든, 옮겨 심어져도 꿋꿋하게 살아남아 번식하는 꽃

끓여 먹기도 한다. 공해나 해충에 강한 면역력이 있어 푸름을 간직하기에 무궁화야말로 가로수에 적합한 나무이다. 이러한 장점들 때문에 무궁화는 사람들의 사랑을 받는다. 무궁화는 세계적으로 가장 유명한 공원의 하나인 미국 California의 Disney land 곳곳 중요 지점에 심겨져 관람객의 사랑을 받고 있다. 그리고 세계적으로 가장 큰 식물원의 하나인 미국 Washington 소재 U.S. National Arboretum의 전면에 무궁화원이 있어 7~9월 꽃이 드문 여름기간 장장 100여 일 이상을 무궁화로 장식하고 있으며, 무궁화 연구에도 심혈을 쏟고 있다고 한다. 세계 최대도시인 미국 New York Botanical Garden의 중심부에도 무궁화원이 있어 이 식물원의 자랑 중의 하나가 되고 있다.

또한, 미국 Washington교의 주택지대로 가면 주민들이 주택 정원에 무궁화 1~2그루씩을 심어 정성들여 가꾸고 또 여름철 이들의 자랑거리임을 생각할 때 화목으로서의 무궁화의 위치를 가히 짐작할 수 있다. 이토록 많은 사람에게 사랑받는 무궁화가 한국에서는 사랑받지 못하고 일본의 무궁화 말살정책을 이어받아 울타리나무로 치부되거나, 가지치기의 수난을 통해 수많은 무궁화가 고사되었으니 누구를 탓해야 하는가. 종합해보면, 무궁화는 그 존재 자체가 우리가 회복해야 할 민족성을 잘 보여주고 있는 것이다.

민족성을 통해 보여준 무궁화의 특징을 하나의 단어로 수렴해본다면 '평화'라는 단어가 떠오른다. 피해를 주지 않고, 겸손하게 자신의 자리를 지키며 자신의 모든 것을 헌신하고 희생하여 사람을 지켜주는 꽃이다.

무궁화의 '사명' 곧 피터 드러커의 '공헌'

※ ※ ※

무궁화의 사명이 아름다운 것은, 민족의 수난사를 함께 겪으며 일관되게 민족의 마음을 하나로 모아주고, 민족성을 상기시켜 주었기 때문이다. 또한, 결과적으로 민족의 번영과 인류애로의 평화를 상징해주고 있기 때문이다. 이것이 바로 내가 무궁화를 들고 나온 까닭이다. 상징 그 자체만으로 우리 모두의 생각을 새롭게 하고, 경각시키며, 하나로 모아준다. 무엇보다도 무궁화는 이 시대 우리에게 가장 필요하지만 가장 부족한 것 '사명'을 보여주고 있다. 그런 의미에서 무궁화가 일깨워주는 '사명'의 가치는 피터 드러커가 가장 소중히 여기며 강조하던 '공헌'과 맞닿아 있다. 사명은 '왜'라는 질문에 답을 할 수 있게 만드는 가치이다. 이미 피터 드러커는 이 시대 수많은 지식근로자들에게 끊임없이 물었다.

"당신은 왜 일하는가?"

이 질문에 대해 답을 할 수 있는 사람이라면, 그는 무궁화를 이해하는 사람이며 진정한 피터 드러커리언이다. 일을 통해 결과를 만들고, 결과가 성과로 이어지며, 그 성과가 타인과 조직, 세상을 위한 것일 때, 더군다나 그 목적과 의미를 처음부터 간직한 채 일을 하고 있었다면 이는 의심할 여지없이 '공헌'하는 인생이다. 일을 하는 이유가 성과를 내기 위한 것이 아니라, 그 성과를 통해 공헌하기 위한 것이기에, 그 보상은 '감사'와 '보람'인 것이다.

이러한 피터 드러커의 생각에 가장 큰 영향을 끼친 만남이 있다. 그것은 아버지의 친구이자, 피터 드러커에게 경제학의 눈을 뜨게 해준 요셉 슘페터와의 임종 직전의 만남이다.

피터 드러커의 아버지는 요셉 슘페터에게 이렇게 물었다.

"요셉. 자네는 아직도 자네가 죽은 후 어떤 사람으로 기억되길 바라는지 얘길하고 다니는가?"

이 물음은 슘페터가 30세 무렵에 '유럽 미녀들의 최고의 연인, 유럽 최고의 승마인, 그 다음으로는 세계최고의 경제학자로 기억되기를 바란다'고 늘 말하고 다녀서 사람들 사이에 화제가 된 적이 있었기 때문이다. 임종 직전 병상에 있던 슘페터는 자신의 인생을 돌아보며 학자로서의 인생을 돌아보며 다음과 같이 말했다.

"이제 와서 돌아보니 책과 이론으로 기억되는 것만으로는 충분하지 않다는 것을 알게 되었네. 책과 이론이 사람의 삶을 진정으로 변화시키지 못한다면 그게 다 무슨 소용이 있겠는가? 지금의 나는 대여섯 명의 우수한 학생을 일류 경제학자로 키운 교수로 기억되길 바란다네."

슘페터의 임종 전의 만남과 그 자리에서 들은 이야기는 피터 드러커에게 잊을 수 없는 충격을 주었다. '슘페터가 아무리 위대한 경제학자라 해도, 은퇴 후에는 과연 무엇을 할 수 있었을 것인가?' 피터 드러커는 깨달았다. 그리고 그는 한 가지 의미심장한 각오를 품게 된다.

'이 땅을 살아가면서 내가 가장 중요하게 생각해야 할 것은 첫째, 우리는 자신이 어떤 사람으로 기억되기를 바라는가? 스스로 질문해야 하며, 둘째, 우리는 나이가 들면서 그 대답을 바꿔야 하는데 그것은 성장과 변화하는 삶을 살아야 하기 때문이며, 셋째, 사는 동안 다른 사람의 삶에 변화를 일으키는 것만큼 가치 있는 일은 없다는 것이다.

어떤 사람으로 기억되기를 바라는가

❀ ❀ ❀

피터 드러커의 김나지움학교 동창생들이 60주년 동문회를 가졌다. 그날 모인 동창들은 13세 때, 자신들의 인생을 바꾼 '질문'에 대해 이야기꽃을 피웠다. 그 질문은 슘페터의 만남 이후 피터 드러커가 마음 깊이 새긴 질문과도 같은 것이다.

피터 드러커가 13세 되던 해 필리글러라 신부의 종교수업 시간, 수업을 시작하자 신부는 학생들 한 명 한 명과 눈을 맞추며 똑같은 질문을 하였다.

"너는 죽으면 어떤 사람으로 기억되고 싶으냐?"

죽음에 대해 한 번도 생각해보지 못했던 13세의 학생들은 그 질문에 답변할 수가 없었다. 신부는 웃으면서 학생들에게 이야기했다.

"나의 질문에 답을 하기 어려울 거라고 이미 생각하고 있었다. 하지만 만약 너희들이 50세가 되었을 때도 이 질문에 대답할 수 없다면, 너희는 인생을 낭비한 것이다."

피터 드러커 연구의 대가 고(故) 이재규 교수는 피터 드러커 생전에 이 부분에 대해 직접 질문을 하였었다.

"박사님은 어떤 사람으로 기억되기를 원하십니까?"

이에 대해 피터 드러커는 간단하고 확신에 찬 어조로 말하였다.

"저는 많은 사람의 목표를 달성하도록 도와준 사람으로 기억되기를 바랍니다."

우리는 어떤 사람으로 기억되기를 바라는가? 이 질문은 '내가 공헌해야 할 일은 무엇인가'와 같은 의미를 내포한다. 피터 드러커의 이 질문에 답변하기 위해서는 세 가지 요소의 균형을 강조한다.

첫째, 상황이 요구하는 것은 무엇인가?

둘째, 나의 강점, 나의 성과향상 방식, 나의 가치를 통해 나는 어떤 분야에 최고로 기여할 수 있는가?

셋째, 남다른 성과들을 내기 위해서는 어떤 결과들을 산출해야 하는가?

이러한 생각을 스스로 하게 되면, 우리는 스스로 자신의 일을 명확하게 규정할 수 있게 된다. 즉, 내가 무엇을 해야 하고, 어디에서부터 시작하며, 어떻게 출발하고, 어떤 목표를 정해야 하며, 목표달성 기한은 언제까지로 할 것인지 생각이 명료해진다. 사실 직장인들의 일반적인 업무 결정권은 많지 않다. 자신의 일을 선택하기보다는 이미 주어진 일을 하는 경우가 일반적이다.

- '당신은 왜 일합니까?'라는 질문을 피터 드러커가 내게 한다면 어떻게 답변하겠는가?

- 내게 일이란, 그리고 직업이란, 한편 직장이란 어떤 것인가?
 (정서적으로, 경제적으로, 사회적으로 어떤 의미인지 떠올리면 생각이 수월해짐.)

- 나는 죽은 뒤에 어떤 사람으로 기억되기를 바라는가?

- 자신을 통해 만들고 싶은 작거나 큰 변화는 무엇인가?

- 나의 전 삶을 통해 타인에게 전하고 싶은 영향력은 무엇인가?

> **Drucker Time** 결과(Results)와 성과(Performance) 그리고 책임(Responsibility)
>
> 결과는 일을 한 후에 산출된 사람, 물건, 돈, 정보 등을 말한다. 피터 드러커는 결과를 성과와 구별하여 사용하였다. 성과는 좋은 결과를 말한다. 지식근로자는 자신의 결과물을 타인에게 제공해야 하고, 타인의 결과물과 결합을 통해 성과로 거듭난다. 이것이 육체노동자와의 차이점임을 강조한다. 책임은 목적이나 목표, 맡은 요구를 실현하기 위해 의무를 다하는 것이다. 피터 드러커가 생각하는 성공이란, 출세가 아닌 자기 일에 책임을 지는 태도이며 끊임없이 완벽을 추구하는 자세이다.

하지만 "내가 공헌할 일은 무엇인가?"라는 질문으로부터 시작한다면 상황은 달라진다. 자신의 일에 좀 더 긍정적이고 적극적인 태도로 참여하게 된다. 자신이 공헌하고 싶은 일을 생각하며 상대방과 세상의 긍정적인 변화를 떠올리게 되고, 그 긍정적인 변화의 내용은 자신이 소중히 여기는 가치와 연결된다. 이 과정에서 실제로 결과를 만들어 성과를 내야 기여하는 것이기에 구체적인 성과를 내기 위한 방법을 연구하게 된다. 그러기 위해 자신이 가장 잘 기여할 수 있는 강점을 찾고 고민하게 된다. 이렇게 공헌을 하게 되면, 돌아오는 것은 '감사'이고 마음속에 '보람'이 일어난다. 이러한 것을 가능케 하는 지속성의 에너지는 바로 '책임'이다.

무궁화인재의 3대 주요 인성

⊙ ⊙ ⊙

무궁화인재의 첫 번째 인성은 '신뢰성'이다. 신뢰는 개인과 조직에 있어서 모든 일에 기초가 된다. 상대방에게 신뢰를 못 받고 있다고 생각하는 사람은 매사에 자신감이 없고 용기가 부족하다. 신뢰를 얻고자 하는 사람은 먼저 자신을 신뢰하라. 스스로 한 약속을 실행한다는 것은 좀처럼 쉬운 일이 아니다. 해마다 신년이 되면 사람들은 여러 가지 일들을 계획하지만 계획으로 끝나는 일이 더 많다. 자신에 대한 신뢰성이 부족한 사람은 매사에 자신감이 없고 용기가 부족하다. 자신감이 없고 용기가 부족하며 결단력이 부족한 사람이 신뢰받기란 어려운 일이다.

자신을 신뢰하는 사람이 되려면 어떻게 해야 하는지 몇 가지 방법을 살펴보자.

우선 모든 일은 '내가 선택할 수 있다는 믿음'을 가져야 한다. 일뿐 아니라 내 자신의 감정과, 기분까지도 내가 선택하는 것이다. 기분 나쁜 소리를 들었을 때 기분 나쁘게 반응할 수 있겠지만 다른 방법으로 반응하는 것도 내가 선택할 수 있는 것이다. 다음으로 내가 어떠한 일을 했을 때 그것이 '성과를 낼 수 있는 것'인지 생각하고 행동하는 것이다. 내가 무언가를 변화시키려고 할 때 내 행동이 영향을 미칠 수 있는지도 고려해야 한다. 그리고 내가 영향을 미칠 수 있는 것에 자신의 시간과 자원을 투자해야 한다.

또 다른 방법은 '언어'이다. 어떤 말을 했을 때 그 말은 나를 인도하는 역할을 하게 된다. 어떤 말을 해야 할까. 긍정적이고 진취적인 이야기를 해야 한다. 과거에 집착하거나, 비판, 비난하는 이야기를 하지 않도록 조심해야 한다. 그러한 말들이 쌓이면 반드시 좋지 않은 결과를 가져오게 된다.

마지막으로 '약속과 실행'이다. 내가 계획하고 내가 결의한 일들을 실행하라. 실행하는 가운데 발생하는 실수에 대해서는 그것을 인정하고 개선하는 데 교훈으로 삼으면 된다. 작은 일들을 이루어 나가다 보면 큰 목표에도 도전할 수 있게 되는 자신감을 얻을 수 있다. 무엇보다 자신을 신뢰하게 되며 자신에 대한 신뢰감은 타인에게 긍정적인 영향을 미치게 된다.

무궁화인재의 두 번째 인성은 '책임감'이다. 내가 무엇을 하든지 결과에 대해 책임을 져라. 이것은 나의 가치관이 뚜렷하고 나의 가치관에 의해 자발적인 선택을 했을 때만 가능하다. 가장 먼저 선행되어야 할 것은 책임이란 내가 자발적으로 선택했을 때 따르는 것이므로 가치관에 따른 자발적 선택능력을 개발해야 한다. 누구의 지시나 권유에 의해 마지못해 하는 일은 결국 그 일이 잘못되었을 때 남에게 책임을 전가하게 된다.

많은 사람이 원칙(불변하는 진리)에 기반을 둔 가치관을 확립하지 못한 채 살아가고 있다. 그런 사람들은 시시때때로 가치관이 바뀌게 되고 주변 환경에 의해 원칙에 위배된 가치관을 가지고 살아갈 확률이 높다. 자신의 내면에서 나온 가치관과 원칙이 일치하지 않을 때는 어떠한 일을 선택함에 있어서 적지 않은 불안감을 갖게 되고 타인에게 의지하는 경우가 발생한다. 그 결과 잘못된 선택을 하는 실수가 발생되고 그 실수를 남의 탓으로 돌리는 무책임한 사람으로 전락할 수 있다.

책임감은 모든 일을 함에 있어 기본이다. 책임감이 없는 사람은 리더가 될 수 없다. 수많은 기업인과 공무원들이 저지르는 실수나 비리가 모두 원칙을 기반으로 한 가치관의 부재요, 그로 인한 피해는 조직의 구성원과 국민들이 감당하고 있는 게 우리의 아픈 현실이다. 이런 상황을 바꿀 수 있는 인성은 바로 책임감이다.

무궁화인재의 세 번째 인성은 '자존감'이다. 우리는 누구보다도 자신에 대해 잘 알아야 한다. 자신의 존재 가치를 알고 자신이 어떠한 존재인지, 어떠한 재능을 가지고 있으며 어떠한 기질을 가지고 있는지 알아야 한다. 자존감이 높은 사람은 스스로를 아끼고 사랑한다. 일이 잘 안 된다고 해서 스스로를 비하하거나 원망하지 마라. 자신에게 용기를 심어주는 긍정적인 말을 하라.

'이재원! 강하고 담대하라! 힘내라 너는 할 수 있다. 일이 잘못되었을 때도 괜찮다.'

실수를 통해서도 교훈을 얻을 수 있는 것이다. 자기 스스로를 존중하지 않으면 타인에 대한 존중도 어려워진다. 남을 존중할 줄 아는 사람은 사람들과 협력하여 어떠한 일이든 성취할 수 있다.

항상 우리는 자신부터 시작해 타인에게 좋은 영향을 미치는 선하고 의로운 인재가 돼야 한다. 남에게 좋은 사람으로 기억되고 다른 사람의 삶에 긍정적인 변화를 일으키게 도와주고 싶다면 자신을 먼저 사랑하고 존중하는 법을 배워라. 자신을 존중하기 위해 자신을 이해해야 한다는 것은 과연 무엇을 우선적으로 이해한다는 것인가. 피터 드러커는 자기 이해의 출발은 바로 '강점'이라고 소개한다.

강점은 결과와 성과를 만든다

☺ ☺ ☺

공헌하고 기여하는 과정에서 자신의 '강점'을 찾는다는 것은 매우 중요한 일이다. 왜냐하면 강점이 성과를 만들어내기 때문이다. 강점이 반영되어야 공헌이 가능하다. 그런 의미에서 무궁화는 철저히 강점에 집중하였다. 강점은 의미를 바꾸는 힘이 있다. 성과를 만들어내는 핵심요소이다. 우리 민족은 무궁화의 약점에 집중하지 않고 강점에 점수를 주고 그것을 지속적으로 강화시켰다. 늦게 피는 특징을 '게으름'으로 말하지 않고 '기다림' 또는 '인내'라는 강점으로 바라보았다. 화려하지 않은 색채는 '초라함'으로 약점화하지 않고, '순결함'의 민족성으로 승화시켰다. 어디에 옮겨 놓아도 피고 지는 모습을 '흔함'이나 '평범함'으로 바라보지 않고 '강인함'과 '극복정신'으로 생각하였다.

강점은 세상에 공헌하기 위한 가장 중요한 요소이다. 탁구의 강국 중국의 훈련방식은 '강점이론'의 효과를 잘 보여준다. 한 기자가 1984년 LA올림픽에서 금메달을 딴 중국의 코치에게 훈련 비결을 묻자, "하루에 8시간씩 강점을 강화한다."라고 대답했다. 무슨 뜻이냐고 다시 묻자 "강점을 강화하여 약점까지 보완하는 것이다. 우리 팀의 에이스는 포핸드에 강하지만 백핸드에 약하다. 이런 사실은 상대팀도 다 아는 사실이다. 그러나 백핸드를 보완하는 대신 포핸드를 더욱 강하게 할 수 있도록 훈련을 했다. 결국 포핸드의 큰 위력 때문에 아무도 우리의 약점을 공략하지 못했다."

이것이 바로 강점의 중요성이다. 피터 드러커는 어린 시절부터 플래너를 기록하는 좋은 습관을 갖고 있었다. 계획을 세우고 계획대로 잘 실행했는지 기록하여 확인하는 방식이다. 계획을 수행하면서 잘된 일과 잘 되지 않은 일을 쓰면서 자신의 특기를 발견하고 발전시킨다. 성과를 통해 자기의 강점을 파악하는 원리를 경험하는 것이다.

이 시대에는 피터 드러커가 강조한 이러한 강점이 무엇보다 중요하다. 강점을 파악하기 위해서는 일단 자신을 따뜻하게 바라보고 관찰하며 인정하는 시선이 필요하다. 그런데 바로 이런 부분이 이 시대 직장인들에게는 매우 취약하다는 연구결과도 있다.

삼성사회정신건강연구소 소장(삼성서울병원 정신과 이동수 교수)은 '한국인의 정체성 연구'를 통해 한국인의 자아정체감이 매우 취약한 수준이라고 진단했다. 자아정체감(Ego-Identity)이란, 에릭슨(Erikson)이 주장한 개념으로 개인의 자아가 인격체계를 구성하는 요소들을 통합하는 개인 나름의 독특한 방식을 의미한다. 자아정체감의 성취는 청소년기에 이루어야 할 주요한 발달과업 중의 하나이며, 일생 동안 정체감의 발달과 성숙이 지속된다고 알려져 있다. 연구팀은 한국인 성인남녀 199명을 심층 면담해 자아정체감을 분석한 결과, 네 명 중 세 명이 정체성 폐쇄 지위 즉, 자아정체감이 취약한 것으로 나타났다고 밝혔다.

자아정체감이 취약한 사람들이 평소 일상생활을 영위하는 데 있어서 반드시 뚜렷한 문제를 일으키거나 스트레스를 높게 경험한다고 보기는 어렵다. 하지만 실직이나 이혼 등으로 주변 환경이 급격하게 변화되면,

그 상황에 유연하게 대처하지 못하고 과도한 음주나 자살과 같은 비합리적 선택을 하기 쉽다고 연구팀은 밝혔다. 또한 폐쇄군에 해당하는 사람들은 체면이나 명분, 서열을 지나치게 따지는 권위주의적인 성향을 보이는 경우도 많아 자신의 자존심이나 체면이 손상됐다고 느끼면, 다른 사람을 비난하거나 분노를 표출하는 등 공격적인 모습을 보이기도 한다고 분석했다.

이동수 소장은 자아정체감이 취약하게 된 원인으로 1960~70년대 한국사회의 급속한 발전과정에서 집단의 목표가 강조되고, 개인의 희생이 요구되면서 자아정체감 발달이 성숙되지 못한 것이 하나의 원인이라고 했다. 또한 OECD 자살률 1위, 양주 소비율 1위와 같은 한국 사회의 사회병리적 현상들도 자아정체감과 관련 있는 것으로 해석할 수 있다고 말했다. 그렇기 때문에 자신이 누구인가를 건강하게 인식하는 것이 가장 먼저 필요하며, 그 과정에서 자신의 강점을 찾는 것이 순차적이다.

피터 드러커는 지식근로자가 자기 자신을 알기 위해서는 다섯 가지 질문을 스스로에게 던지고 답변할 수 있어야 한다고 말했다.

첫째, 나는 누구인가? 나의 강점은 무엇인가? 나는 어떻게 일하는가?

둘째, 나는 어디에 속하는가? 그리고 어디에 속해야 하는가?

셋째, 내가 기여 또는 공헌해야 할 것은 무엇인가?

넷째, 나는 어떤 관계 책임을 져야 하는가?

다섯째, 나의 인생의 후반부를 어떻게 계획할 것인가?

- 사명을 가진 무궁화인재는 신뢰감, 책임감, 자존감이라는 3대 주요인성을 갖추어야 한다. 이 3대 주요인성에는 공통적으로 자기 자신에 대한 믿음과 인정이 내재되어 있다. 그리고 그것을 언어로 표현한다. 자신을 신뢰하고, 자신의 선택에 책임을 지며, 자신에게 용기가 될 만한 다짐의 글을 적어보자.

- 내가 하는 일 중에 내가 가장 잘할 수 있는 것은 무엇인가?

- 내가 할 수 있는 일 중에 다른 사람도 할 수 있는 일은 무엇인가?

- 결과적으로 나의 강점은 어떤 일을 할 때 가장 빛이 나는가?

- 그러한 차별화를 만들어낼 수 있는 나의 습관, 특징은 무엇인가?

사명의 출발은 자신의 강점이해 : 지문을 통한 접근

❀ ❀ ❀

사명을 가진 인재로서 사명을 완수하기 위해서는 반드신 개인의 '사명선언'이 먼저 이루어져야 한다. 개인의 사명을 선언하는 일이란 결코 쉬운 일이 아니다. 중요한 것은 사명선언을 제대로 작성해야 한다는 것이다. 그러기 위해서 선행되어야 할 것이 있는데 바로 '자기분석'이다. 많은 사람이 아이큐검사에서부터 각종검사를 많이 해보았을 것이다. 자기분석을 위해서는 되도록 많은 검사를 해보면 좋다. 하지만 검사과정에서 한 가지 주의할 것은 검사의 목적이다. 내가 나를 알고자 하는 이유는 '나의 강점을 강화하고 나의 약점을 보완'하기 위해서이다. 그렇게 하는 이유는 소중한 인생을 낭비하지 않고 내가 원하는 삶과 사회를 이롭게 하는 의미 있는 삶을 살기 위한 것이다.

사람은 누구나 강점을 가지고 있으며 또한 약점도 가지고 있다. 어떠한 기질이든 좋고 나쁘고는 없다. 다만 성향의 차이로 그 사람이 공헌할 수 있는 게 무엇인지 아는 것이 중요하다. 필자는 여러 가지 심리검사 및 적성검사를 해보고 상담과정을 공부했다. 그중 나를 정확하게 이해하는 데 있어서 '지문'이 가장 도움이 되었기에 이 책에서는 지문으로 하는 자기분석에 대해 이야기하고자 한다.

지문은 선천적인 기질을 분석하는 도구로서 유전자 검사에도 해당이 된다고 할 수 있다. 지문에는 기본적으로 아홉 가지 유형이 있다. 하지만 잡형문이라고 하는 특수형과 두 개의 유형이 조합된 지문까지 총 15개까지도 설명이 가능하나 이 책에선 아홉 가지 유형만 다룰 것이다.

정기문　　　호형문　　　두형문　　　반기문　　　쌍기문

- 지문은 호형문과 기형문, 두형문 등 세 가지 문형으로 구분할 수 있다.
- 기형문을 다시 정기문과 반기문으로 나누고, 두형문에서 쌍기문을 추가분류하면 다섯 가지의 기본문형이 된다.
- 호형문과 두형문을 추가 세분화하면 최종적으로 아홉 가지 문형이 된다.

[지문의 분류 / 지문의 기본문형]

　자신의 기질을 분석하는 데는 아홉 가지 유형으로 설명이 가능하다. 알아둘 것은 이 아홉 가지 유형 중 한 가지 유형만 내 지문에 있는 것이 아니라 두 가지, 세 가지, 심지어 다섯 가지까지 있는 경우도 있다. 필자가 그동안 검사해본바 두세 가지 이상을 가진 사람들이 가장 많았다. 이는 사람의 기질이 어느 한 가지 기질만 있는 것이 아님을 말해준다. 필자의 경우도 다섯 가지의 유형을 가지고 있다. 나는 이 지문분석을 통해 내 자신을 제대로 알게 되었다. 협력과 조화를 추구하는 기질, 성취지향적인 기질. 또 감성적인 기질, 전략가적인 기질, 성과지향적인 기질을 모두 가지고 있다. 하지만 중요한 것은 지금의 나는 더 성장하고 변화될 수 있다는 사실이다. 지문은 선천적으로 타고난 기질을 이야기하는데 각 유형마다 타고난 기질이 다르고 강점과 약점이 서로 다르다. 그런데 지문검사를 마치 손금을 보고 운명을 이야기한다거나 혈액형을 가지고 성격을 이야기하는 것과 유사한 것으로 생각하는 경우가 많은데 지문은 태중에서 13~19주에 형성되어 평생 변하지 않는 특징을 갖고 있다. 이러한 지문의 배열 형태는 유전자염색체의 영향인 것으로 많은 연구진에 의해 밝혀졌다.

필자는 약 7년 동안 수많은 사람의 지문을 보고 상담을 해주었는데 그러한 경험을 통해 자신의 선천적 기질을 아는데 있어 지문만큼 훌륭한 분석도구는 없다고 생각한다. 이러한 자신의 '강점'을 이해하고 여기에 자신의 '기질'까지 이해할 수 있다면, 그야말로 자기분석의 균형을 이룰 수 있을 것이라 생각한다.

지문의 유형에 따르는 아홉 가지를 순서대로 살펴보자. 각각의 내용을 통해 자신이 어떤 유형인지 살펴보고, 각 기질의 특성과 강점, 약점을 이해한다면 많은 도움이 될 것이라 생각한다.

1. 전략형 리더(나선형 : 나선 모양의 문형)

이 기질의 사람은 자신의 생각과 의지가 분명하고 뚜렷한 논리를 갖고 있으며, 중요한 순간에 더욱 능력을 발휘하는 사람으로 다음과 같은 특성을 가지고 있다.

나선형문

- 정확성 성실성, 독립성을 중요하게 생각하며 책임감이 강하다.
- 분명하고 솔직한 대화방식을 좋아하며 과장하는 것을 싫어하고 상대방의 말투, 표정, 몸짓만 가지고도 솔직한지, 거짓말을 하는지 혹은 속이려고 하는지 등을 쉽게 느낄 수 있는 직관력이 있다.
- 자신의 부족한 점을 개선하기 위해 스스로 노력하며 자신의 성장을

위해 끊임없이 배우고 노력한다.

- 매사에 철저한 준비 속에서 강한 역량을 비축하고 자신의 직감을 상당히 신뢰하는 편이며 타인의 존중을 받는다.
- 날카롭고 냉철한 판단력을 갖고 있으며 일의 효율성을 추구한다.
- 뚜렷한 목표의식을 갖고 있으며 체계적으로 자신의 목표를 이루어 나간다.
- 현실적인 감각으로 일을 조직화하고 체계적으로 주도하는 능력이 있다.
- 사무적이고 실무주의적인 성향으로 무엇인가 분명한 명분이 보이고 확신이 들었을 때 진정으로 그것을 받아들인다.
- 자신이 인정할 수 없는 지도자의 명령이나 지시를 수용하기 힘들어한다.
- 어떤 일을 함에 있어 신중하게 생각하고 쉽게 경쟁에 뛰어들지 않지만 일단 결정을 하고 나면 능력을 최대한 발휘한다.
- 불공정한 일에 용감하게 맞서 문제를 해결하고 사람들의 신뢰와 존경을 받기 위해 열심히 노력한다.

전략형 리더의 강점
- 자신이 한 말이나 약속에 대한 책임감이 강하다.
- 감정조절능력이 뛰어나 협상에 능하고 문제해결 능력이 탁월하다.
- 용감하며 강한 의지를 지녔고 상황판단능력과 결단력이 있다.
- 목표달성을 위한 독립적 의지와 책임감이 강하다.
- 예의 바르고 공평하며, 상대방을 배려하고 지지해주는 능력을 가졌다.

전략형 리더의 약점

- 타인을 쉽게 신뢰하지 않는 성향으로 관계형성에 어려운 부분이 있다.
- 고집스럽고 비판적이며 약한 것을 싫어하고 불확실한 감정에 대한 강한 거부감을 가지고 있다.
- 신뢰와 존경을 얻고자 하는 마음이 강하여 주변을 의식하고 신뢰와 존경을 받지 못하는 것에 대해 안정감을 잃기도 한다.
- 성과를 중요하게 생각하는 것이 지나쳐 능력이 부족한 사람을 무시하는 경향이 있다.
- 독립성이 강하여 상호의존적인 조직생활이나 일에 약점으로 나타날 수도 있다.

2. 성과형 리더(환형문 : 원형 모양이 반복되는 문형)

이 기질의 사람은 성과지향적인 성향으로 가치 기준이 높고 목표를 향해 꾸준히 노력하며 전진하는 성실한 사람으로 다음과 같은 특성을 가지고 있다.

환형문

- 일의 핵심을 잘 파악하고 인지능력이 탁월하며 정확한 체계를 갖고 일을 진행한다.
- 무에서 유를 창조하는 창의력이 있으며 강한 의지력과 추진력을 가지고 일을 진행하며 경쟁력이 강하다.
- 자기관리능력이 우수하며 냉철한 판단력과 분석 및 기획능력을 발

휘하여 일을 추진해 나간다.

- 종합적 사고력이 우수하여 자신의 관념을 잘 통합시키며 자기관리 능력이 탁월한 책략가이다.
- 자신이 원하는 목표달성을 위해 감정을 조절하는 능력을 발휘한다.
- 중요한 임무를 맡기거나 인정을 받았을 때 더 많은 잠재 능력을 발휘하며 반드시 좋은 성과를 만들어낼 수 있는 역량을 갖고 있다.
- 다른 사람들이 노력을 하지 않고 일을 하거나 무책임한 행동을 하였을 경우, 혹은 불공평한 상황이 발생했을 때 매우 불편해하며 분노를 느끼게 된다.
- 상황을 냉철하게 파악할 줄 아는 직관력과 장기적인 지략이 탁월하다.
- 목표달성을 위해 자신의 분노를 조절할 수 있는 능력을 지녔다.
- 일을 주도적으로 하길 선호하며 잔소리를 싫어한다.

성과형 리더의 강점

- 목표를 향해 전진하며, 정직하고, 진보적인 것을 좋아하는 사람으로 일을 할 때는 열심히 책임감 있게 일한다.
- 자기관리능력이 우수하며 냉철한 판단력과 분석 및 기획능력을 발휘하여 일을 추진해 나간다.
- 장기적인 안목을 지녔으며 목표 달성을 위해 자신의 분노를 조절할 수 있는 능력을 지녔다.
- 자기가 한 말이나 약속에 대해 책임감이 강하다.
- 독립성이 강하고 문제해결능력이 우수하다.

성과형 리더의 약점

• 자기주장이 강하고 매우 적극적인 성향으로 다른 사람들로 하여금 압박감을 느끼게 할 수 있으며, 과할 경우 사람들과의 관계에 부정적인 영향을 줄 수 있으므로 주의해야 한다.

• 자신이 존경하지 않고 인정하지 않는 권위에 대한 거부감이 강하여 조직생활이 어려울 수도 있다.

• 자신의 주장이 극단적으로 치우칠 수 있으므로 경계하는 마음을 가져야 한다.

• 지나친 간섭과 억압하에서는 자제력을 잃을 수도 있으며 극단적인 선택을 하게 될 수도 있다.

3. 성취형 리더(공작눈 : 공작의 눈과 부리의 모양을 가진 문형)

성취형 리더는 미래에 대해 긍정적이고 낙관적인 태도를 지녔으며, 이해력이 좋고 창의력이 풍부하며 생각이 원대한 사람으로 다음과 같은 특성을 가지고 있다.

공작눈

• 자신의 분명한 기준을 가지고 행동을 하며, 자신의 행동 동기는 최고를 추구하는 데 있다.

• 풍부한 예술적 감성을 소유하고 있으며 이를 바탕으로 창조적인 능력을 발휘한다.

• 적극적이고 긍정적인 사고방식을 가졌으며 실행력이 우수하며 생

동감이 넘친다.

- 탁월한 기획력과 강한 추진력을 가지고 있으며 성취감을 중요하게 생각한다.
- 자부심과 긍지를 가지고 할 수 있는 일을 선택하여 최고를 향해 일을 진행해 나간다.
- 신뢰를 바탕으로 한 칭찬과 격려가 있을 때 더욱 성취동기가 높아지며 큰 성과를 낸다.
- 일을 성취하기 위해 열정을 가지고 일에 집중하며 과로를 하는 경향이 있다.
- 강한 성취동기로 인해 자신만의 휴식을 갖기가 어렵다.
- 효율적으로 시간을 활용하며 업무 지향적으로 일을 진행하므로 다른 사람들에게 부담감을 줄 수 있다.
- 열정적인 지도력으로 팀과 조직의 성과를 향상시키는 능력을 발휘한다.
- 평가에 민감하여 자기관리에도 많은 노력을 기울인다.

성취형 리더의 강점

- 풍부한 예술적 감성과 긍정적인 사고방식을 지녔다.
- 비전에 대한 통찰력과 추진력, 어려움에도 자신을 잃지 않고 일어서는 위기 대처 및 관리 능력이 탁월하다.
- 일을 효율적으로 진행하며 우수한 성과를 낸다.
- 상황 판단력이 우수하고 대인관계에 있어 서로 영향력을 발휘한다.

성취형 리더의 약점

- 지나친 성취동기로 인해 목표를 높게 설정하므로 일에 치우친 삶이 될 수 있다.
- 경쟁의식과 승부욕으로 인해 스스로를 압박할 수 있으며 삶의 소중한 부분을 놓칠 수 있다.
- 자신이 생각한 대로 일이 이루어지지 않을 경우에는 능력 부족으로 여기며 심리적으로 위축이 된다.
- 계획한 대로 성과가 나지 않을 경우 쉽게 흥미를 잃는다.
- 반복되는 일상과 도전 없는 환경에서는 지루함을 느끼며 생동감을 잃게 된다.

4. 협력형 리더(쌍기문 : 두 개고리가 얽혀 있는 모양의 문형)

협력형 리더는 다양한 관점에서 사건(사물)을 관찰하는 능력을 지녔으며 상대방이 다른 의견을 제시하였을 때에도 그 부분을 수용하고 협조하고자 하는 마음을 갖는 사람으로 다음과 같은 특성을 가지고 있다.

쌍기문

- 다양한 분야에 관심을 가지며 자료를 수집하고 분석하는 능력이 탁월하다.
- 기획능력과 장기계획 수립능력이 탁월하나 실행력은 부족한 편이다.
- 혼자서 독립적으로 행동하는 것보다 사람들과 연합하며 일하는 것

을 선호하고 그렇게 일을 진행하였을 때 안정감과 소속감을 느낀다.

- 환경에 대한 적응력이 강하고 단체활동을 선호하며 대인관계의 폭이 넓다.
- 의견 충돌을 피하기 위하여 다른 사람의 의견에 쉽게 동의하고 수용하므로 주변에 적이 없다.
- 상대방에 대한 분노의 감정이나 거절을 직접적으로 표현하는 것을 어렵게 생각한다.
- 긍정적인 면과 부정적인 면의 장단점을 모두 깊게 생각하기 때문에 결정적인 순간에 선택하는 것을 어려워한다.
- 획일적인 사고방식과 진행을 싫어하며 다양한 관심과 생각에 의해 동시에 여러 가지 일을 추구하며 우선순위 체제가 없으면 낮은 성과를 초래하게 된다.
- 타인에 대한 배려가 과하여 평소 자신의 존재에 대해서는 망각하고 미래에 대한 기대감으로 쉽게 다른 사람과 협력한다.
- 중요한 일을 진행할 때 가끔은 사소한 일에 마음을 빼앗겨 집중력을 잃기도 한다.

협력형 리더의 강점

- 다른 사람들에게 관심이 많고 상대방의 기분에 호응해주며, 남을 잘 도와준다.
- 환경과 상황에 대한 적응력과 수용력이 뛰어나며 상호의존적인 현실에서 능력을 잘 발휘한다.

- 단체 활동을 즐거워하며 친화력이 있어 대인관계의 폭이 넓다.
- 호기심과 풍부한 열정으로 여러 가지 일을 추진하는 능력이 우수하다.
- 정보를 수집하고 비교 분석하는 능력이 탁월하다.

협력형 리더의 약점
- 생각이 다양하고 관심사가 많아서 선택하는 데 어려움을 느낀다.
- 다른 사람과의 의견 충돌 및 대립을 부담스러워하여 자신의 주장을 하지 못하는 경우가 많다.
- 여러 가지 일에 참여하므로 필요 이상의 에너지를 낭비하게 된다.
- 정신적인 어려움에 처하였을 때 부딪쳐 해결하기보다 피하려는 경향이 있다.
- 다른 사람들에게 도움을 주느라 바쁘게 보내며 자신의 일에는 효율이 떨어지는 면이 있다.

5. 감성형 리더(정기문 : 고리의 모양을 하고 있으며 융선의 방향이 새끼손가락쪽을 향하고 있는 문형)

정기문

감성형 리더는 자신의 감정을 솔직하게 표현할 줄 알며, 인생의 낭만과 즐거움을 추구한다. 사람 사이의 관계나 내면에서 일어나는 역동을 섬세하게 이해하고 공감하는 능력이 매우 뛰어나며, 다른 사람의 마음을 움직일 수 있는 힘이 있는 사람으로 다음과 같은 특성을 가지고 있다.

- 감수성이 세심하게 발달해있고 창의적인 표현력이 뛰어나므로 문학·예술·광고계통의 일을 잘할 수 있다.
- 새로운 일을 받아들이는 것은 상당히 탄력적이며 융통성이 있고 상대방의 의견을 잘 경청한다.
- 풍부한 감성의 세계를 누리며 미래지향적이고 이상주의적이다.
- 자신은 남들과 조금 다르다고 생각하며 사람들이 자신의 생각에 대해 이해할 수 없다고 생각하므로 외로움과 심리적 갈등을 겪기도 한다.
- 친밀하고 섬세한 감정교류를 통한 원만한 대인관계를 선호하므로 현재의 대인관계에 대해 만족하지 못하는 경향이 있다.
- 미래에 대한 정확한 전망은 어려워하는 편이며 경쟁이 심한 환경과 구속받는 것을 싫어한다.
- 조금은 안일하고 추진력과 결단성이 부족한 편이며, 목표달성에 어려움을 느낀다.
- 어떤 특별한 상호관계 및 연대감을 잃어버린다면, 공허감과 소외감을 느끼게 되며 삶의 안정감이 흔들리게 되므로 항상 다른 사람들과 조화를 이루어야 한다고 생각한다.

감성형 리더의 강점
- 가치 지향적이고 낭만적이며 친절하고 열정적인 사람으로 영향력이 높다.
- 상대방의 의견을 잘 경청하며 주변의 분위기를 주도적으로 이끄는 능력을 가졌다.

- 자신의 감정에 솔직하고 표현에 있어 적극적이며 높은 창의력을 지녔다.
- 감수성과 상상력이 풍부하고 분위기에 잘 적응하며 사람들과의 조화를 추구한다.
- 자신의 잘못에 대하여 자기반성을 잘하는 편이며 더 나은 자신의 모습을 위해 노력한다.

감성형 리더의 약점

- 인간친화적인 성향이 강한 반면 다른 사람으로부터 거절을 당하거나 버림받는 것은 두려워한다.
- 자신과 다른 사람들의 생각과 느낌이 같을 거라고 생각하는 성향이 있다.
- 흔하고 아주 평범한 것을 싫어하고 자신이 믿는 것을 위주로 비평과 논단에 빠지기 쉽다.
- 성격이 직선적이고 세심함이 부족하여 가끔은 자기 의도와 다르게 다른 사람의 노여움을 사기도 한다.
- 조금은 안일하고 추진력과 결단성이 부족한 편이며, 목표달성에 어려움을 느낀다.

6. 창의형 리더(반기문 : 고리의 모양을 하고 있으며 융선의 흐름이 엄지손가락을 향하고 있는 문형)

창의형 리더는 자신만의 독창성과 풍부한 상상력을 기반으로 한 창조적인 예술 감각을 지녔

반기문

으며, 예민한 감각의 소유자로 대상을 비교, 분석하고, 관찰하는 능력이 탁월한 사람으로 다음과 같은 특성을 가지고 있다.

- 자신만의 독특한 개성을 추구하며 고정된 사고에 대한 거부감이 강하다.
- 어떤 의문을 가지고 연구에 몰두하기 좋아하며, 자신이 관심 있는 분야는 몇 시간이고 집중해서 파고드는 스타일이다.
- 자신만의 확실한 세계를 구축하고 있고, 이치와 이론을 꿰뚫는 직관력과 창의력을 가졌다.
- 평소에 질문이 많고 어떤 문제에 대한 비교·비평에 있어서 남다른 견해를 가지고 있다.
- 의지력이 강하고 자기주장이 분명한 성격으로 권위적인 지위에 대한 거부감이 강하다.
- 자기의 경험과 지식을 중심으로 선택하는 경향이 있고 자신의 안전을 위해 자기 자신을 보호하려고 노력한다.
- 생명의 위기와 안전을 동시에 연상하게 되고 위험한 일들이 현실에 일어날 것 같은 생각에 두려움으로 걱정을 하기도 한다.
- 쉽게 남을 신임하지 않으나 뜻이 맞는 사람이나 이성에 대하여는 몸과 마음을 바쳐 충성을 다하는 의리가 있다.
- 칭찬과 격려를 받았을 때 창의성이 크게 향상되기도 한다.
- 자기중심적이고 독립적인 사고력을 지니고 있어 단체생활에는 적응력이 약한 편이다.

창의형 리더의 강점

- 자신만의 독창성과 풍부한 상상력을 기반으로 한 창조적인 예술 감각을 지녔다.
- 예민한 감각의 소유자로 대상을 비교·분석하고, 관찰하는 능력이 탁월하다.
- 기발한 아이디어로 문제해결능력이 뛰어나며 해결방법이 남다르다.
- 자신만의 확실한 세계를 구축하고 있고, 이치와 이론을 꿰뚫는 직관력과 창의력을 가졌다.
- 대상을 분석하고 관찰하는 능력이 탁월하며 자신만의 개성을 창조해 나간다.

창의형 리더의 약점

- 자신이 관심 없는 일은 하기 싫어하며 인내력이 부족하다.
- 자기중심적이고 독립적인 경향이 강해서 단체생활에 대한 적응력이 떨어진다.
- 추상적이고 비현실적 성향으로 인해 인간관계에 어려움을 가져올 수 있다.
- 다른 사람을 돕지 못했을 때나 위기상황에 직면했을 때 걱정이 앞서고 마음의 안정감이 흔들리는 경향이 있다.

7. 안정형 리더(호형문 : 활 또는 물결과 같은 모양을 가진 문형)

안정형 리더는 원리원칙을 고수하며, 매사에 빈틈없이 정확하고 반복적인 일도 차분하게 잘 해내고, 일관되고 성실하며, 자신이 해야 하는 일은 끝까지 끈기 있게 해내는 사람으로 다음과 같은 특성을 가지고 있다.

호형문

- 혼자서도 맡은 바에 충실하며 매사에 공정하게 일을 처리한다.
- 풍부한 정신세계를 가지고 있어서 혼자 있는 시간에 자기성찰의 시간을 보낸다.
- 근검한 생활을 선호하며 여가시간에도 가치 있는 일을 추구한다.
- 자신이 원하는 것과 욕망을 억제하며 많은 지식을 쌓아 나간다.
- 스스로 부족한 부분에 대하여 보충하고자 꾸준히 배우고 노력한다.
- 확연하고 분명하게 드러나는 방식을 선호하며, 꾸준하고 성실하게 하는 것을 선호한다.
- 업무에 있어 한 번에 한 가지씩 진행하는 것을 선호하며 정보를 조직하거나 체계화하고 현실에 적용시키는 능력이 뛰어나다.
- 일을 진행함에 있어 새로운 세계에 대한 개척보다는 과거에 경험한 분야에서 자신의 능력을 발휘한다.
- 현실적이며 보수적인 성향으로 과장된 말이나 행동을 싫어한다.
- 누군가 자신에게 너무 많은 요구를 하거나 내면의 느낌에 대한 표현을 적극적으로 요구하는 것을 부담스러워한다.
- 외부로부터 자신의 사생활이 침해받는 것을 싫어하며, 자신의 독립성을 지키기 위해 노력한다.

- 내향적인 성향으로 사람들 앞에서 자신의 의견을 발표한다거나 나서는 것을 꺼려하는 경향이 있다.

안정형 리더의 강점

- 이 유형의 기질은 원리원칙을 고수하며, 매사에 빈틈없이 정확하고 반복적인 일도 차분하게 잘해낸다.
- 일관되고 성실하며, 자신이 해야 하는 일은 끝까지 끈기있게 해낸다.
- 꼼꼼하고 정확하고 체계적이며 매사에 성실하고 인내심이 강하다.
- 위기를 만났을 때 침착하게 답변할 수 있으며 예의가 바르다.
- 독립적이며 책임감이 강하고 한 번 결정된 일은 끝까지 지키는 신의가 있다.
- 정해진 원칙과 절차에 충실하고 빈틈없이 차분하게 업무를 수행한다.

안정형 리더의 약점

- 원리원칙을 고수하며 보수적인 성향이 강해 융통성이 없고 답답한 사람으로 보일 수 있다.
- 변화를 싫어하기에 새로운 일에 대한 도전정신이 약할 수 있다.
- 너무 강렬한 감정에 대하여 두려움을 가지며 돌발적 사건이나 위기를 두려워한다.
- 남에게 침범당하는 것과 같은 감정을 싫어하며 공허한 느낌이나 만족되지 못하는 것을 두려워한다.

- 내향적인 성향으로 사람들 앞에서 자신의 의견을 발표한다거나 나서는 것을 꺼려하는 경향이 있다.

8. 혁신형 리더(텐트호 : 텐트 봉우리처럼 솟아오른 모양을 가진 문형)

혁신형 기질을 가진 리더는 낙천적이며 호기심이 많아 신기하고 흥미로운 활동에 적극적이고, 자신의 관심사에 열정적으로 일을 추진하며 자신의 능력을 발휘하는 사람으로 다음과 같은 특성을 가지고 있다.

텐트호

- 사고가 혁신적이며 일반적인 견해와 다른 생각을 표현하고 서로 상관관계가 없었던 것을 쉽게 합리적으로 연관 짓는 일을 잘한다.
- 대부분의 시간과 에너지를 자신이 좋아하고 인정하는 일에 투자한다.
- 새로운 일의 초기 기획단계에 참여하여 새로운 정보들을 수집하고 알아가는 것에 흥미를 갖고 진행한다.
- 결과가 없는 일이나 반복해서 하는 것을 싫어하며 일이 원활하게 진행되지 않거나 흥미를 잃었을 때는 쉽게 목표를 전환하기도 한다.
- 긍정적이고 낙천적인 성향으로 여러 사람과 잘 어울리며 사회활동에 참여하는 것을 매우 좋아한다.
- 계획을 갖고 일을 시작하나 일 처리에 있어 충동적인 성향을 보인다.
- 주위가 신선한 것을 선호하며 호기심이 많고 흥미로운 일에 대한 경험에 큰 관심을 갖고 몰두한다.

- 또한 자신의 미래에 대하여 훌륭한 상상을 하고 적극적으로 대처하며 성장하게 한다.

혁신형 리더의 강점

- 다분히 재미있고 성격이 밝고 낙관적인 태도를 가지며 에너지가 넘치는 편이다.
- 창의력이 풍부하고 유머감각이 있어 주위 사람들을 즐겁게 한다.
- 사무적이며 실무적인 생활관을 가지고 있으며 내실이 있고 삶에 대한 애정을 깊게 가지고 있다.
- 사업적인 전망이 밝고 열정이 넘치며 즐겁게 남을 도와주고자 하며 풍부한 상상력을 가지고 있다.
- 새로운 일을 찾아 도전하고 변화를 좋아한다.

혁신형 리더의 약점

- 일에 대한 추진력은 있으나 결단력이 부족하다.
- 스스로 내면에 많은 제약을 두므로 절망의 상황에 정면으로 대처하는 것을 힘들어한다.
- 한 가지 일을 지속적으로 진행하는 것은 상대적으로 약하다.
- 인내심이 부족하여 일을 하면서 맞닥뜨리는 심리적 고통을 피해버린다.
- 너무 평범하거나 자신이 흥미를 느끼지 못하는 일에는 관심을 두지 않는다.

9. 봉사형 리더(내파쌍두문 : 원형 안에 쌍기문의 모양을 가지고 있는 문형)

봉사형 기질을 가진 리더는 헌신적이고 온정
적이며 인간에 대한 관심과 사랑이 많으며 섬세
한 성격으로 세부적인 절차를 따르는 수행능력
이 탁월한 사람으로 다음과 같은 특성을 가지고
있다.

내파쌍두문

- 자신보다 다른 사람의 감정에 민감하며 심지어 모르는 사람에 대해
  서도 걱정을 하게 된다.
- 사람들을 따뜻하게 배려하고 이해해주면서 섬세하고 온화한 말과
  행동으로 사람들을 리드하는 능력이 탁월하다.
- 양심적이며 성실하고 사려가 깊은 성향으로 자신이 옳다고 생각하
  는 일에 대해서는 인내심이 강하고 희생을 잘한다.
- 상대방의 요구를 잘 이해하고 들어주는 편이며, 상대방을 위해 어
  려움을 대신하며 헌신적이다.
- 자신의 역할에 대한 책임감이 강하고 침착하며 자기만의 조용한 시
  간과 공간을 갖고 싶어 한다.
- 대인관계를 중요하게 여기며 상대방에게 좋은 협력자가 되기 위해
  노력한다.
- 도움이 필요한 곳에 자신이 없어서는 안 될 존재라면 매우 큰 긍지
  를 느낀다. 하지만 다른 사람이 자신을 배려하지 않거나 이해해주
  지 않을 때는 심한 갈등을 겪기도 한다.

- 더욱 많은 사랑과 관심을 얻고자, 자신의 상황은 고려하지 않은 채 상대방의 무리한 요구도 들어준다.
- 남에게 관대한 스타일로 상대방의 요구나 원하는 것에 대하여 잘 지원해주지만, 자신도 상대방에게 적절한 보상을 원하므로 내면의 기대와 외면의 표현은 차이가 있다.
- 내향적인 성향으로 자신의 주장을 펼치는 것을 어렵게 느낀다.

봉사형 리더의 강점

- 이들은 헌신적이고 온정적이며 인간에 대한 관심과 사랑이 많다. 섬세한 성격으로 세부적인 절차를 따르는 수행능력이 탁월하다.
- 자신보다 다른 사람의 감정에 민감하며 심지어 모르는 사람에 대해서도 걱정을 하게 된다.
- 사람들을 따뜻하게 배려하고 이해해주면서 섬세하고 온화한 말과 행동으로 사람들을 리드하는 능력이 탁월하다.
- 낭만과 평화를 좋아하며, 남을 돕는 것을 좋아한다.
- 일할 때는 열정적이고 실행력이 강하며 신의적으로 상대를 지지해주고 싶어 한다.

봉사형 리더의 약점

- 자신감이 부족한 편이어서 많은 기회가 있음에도 불구하고 용감하게 도전하지 못하는 편이다.
- 강한 소유욕을 보이며 상대에 대한 배려가 지나칠 우려가 있다.

• 기질에 따른 인재의 유형 중에 나는 어떤 유형에 속하는가?

• 자신의 유형에서 강점과 약점은 무엇인가?

• 최근 6개월에서 1년 정도의 기간 동안 내가 추구했던 목표는 무엇인가?

• 그 목표를 달성하거나 미달성했다면 그 이유는 무엇인가?

• 긍정적인 자신의 모습과 부정적인 자신의 특성은 무엇인가?

• 앞으로 1년을 살아갈 때에 개선할 점은 무엇인가?

- 남에게 거절당하거나 자신이 평가절하되는 것을 두려워하며 위축되기도 한다.
- 헌신에 대한 감사와 보답을 원하나 그렇지 않을 때는 피해의식에 사로잡히기도 한다.
- 내향적인 성향으로 자신의 주장을 펼치는 것을 어렵게 느낀다.

자신을 정확하게 아는 것은 자신이 무엇에 기여하고 공헌할 것인가를 아는 것에 꼭 필요하다. 자신을 아는 것의 핵심은 강점을 파악하는 것이다. 강점이 곧 성과를 만들어내기 때문이다. 그런데 이러한 강점은 더 강화되고 개선될 수 있을까. 피터 드러커는 그 방법을 이미 제안하였다.

피드백을 통해 강점을 강화하라

☺ ☺ ☺

'왜 일하는가?'라는 질문에서 출발하여 공헌이라는 목적과 이유를 발견했다면, 질문은 곧 '무엇에 공헌할 것인가?'로 바뀐다. 이것을 알기 위해서는 '나는 누구인가?'를 찾아야 하고, 그것을 알기 위해서 가장 우선적인 것은 '나의 강점은 무엇인가?'이다.

이를 파악하기 위해 강점을 가진 여러 유형의 기질을 살펴보았다. 그렇다면 구체적으로 자신의 강점을 스스로 파악하는 방법은 무엇일까. 피터 드러커는 그 방법으로 '피드백'의 원리를 제안하였다. 14세기 독일의 무명 성직자가 시작했다는 피드백 분석은 강점을 파악하기 위한 최적의 과정으로 볼 수 있다.

[피드백 시스템]

　피드백은 피터 드러커가 언급한 지식근로자를 위한 다섯 가지 질문 "나는 누구인가? 나의 강점은 무엇인가? 나는 어떻게 일하는가? 나는 어디에 속해 있는가? 나는 무엇에 기여하는가?"에서 이 중 앞부분 세 개를 해결하는 데에 최적의 도구이다. 피드백의 방법에 대해 피터 드러커는 이렇게 이야기했다.

　"중요한 결정을 내리고 중요한 행동을 실천할 때에는 항상 예상되는 바를 종이에 기록한다. 그리고 9개월 내지 12개월이 지난 후 실제 결과로부터 예측으로 되돌아가서(feedback) 이를 비교분석한다. 나는 그때마다 놀라움을 금치 못한다. 이 방법을 실행해본 사람들은 모두 마찬가지이다."

　이렇게 피드백을 진행하여 본 결과, 어떤 일을 달성했다면 그것은 강점 덕분이다. 피터 드러커는 이를 위해 처음 9개월 정도를 피드백해 볼 것을 권하였다. 이후 2~3년 정도 이러한 습관을 반복하면 자신의 강점을 알 수 있다고 설명한다. 물론 피드백을 통한 강점을 파악하기 위해서는 근본적으로 처음 결심, 처음 목표를 간단하게라도 '메모'한 흔적이 있어야 한다.

Drucker Time 피드백(Feedback)

중요한 일을 시작할 때 먼저 예상되는 결과를 적어두고 일정 기간이 지난 뒤에 실제 결과와 비교하는 것을 말한다. 일을 시작하기 전에 예측하고 기대한 목표가 최종적으로 달성되었다면, 그 분야는 자신의 강점 가능성으로 확인되는 것이다. 피터 드러커는 피드백을 통해 자신의 강점을 확인하고 개선하며 강화하는 것이 가능하다고 강조한다.

피터 드러커의 방식을 넘어서서 피드백의 상호작용을 확장해보면 어떨까? 즉 자기 스스로 자신의 목표에 대한 달성여부를 피드백하는 것을 넘어, 자신의 과정과 결과에 대해 타인의 눈으로 피드백을 받아보는 것이다. 물론 이 과정에서 꼭 조심해야 할 것이 있다. 『하버드 피드백의 기술』에는 상호 피드백의 자극 특성유형이 기술되어 있다. 진실자극, 관계자극, 그리고 정체성 자극이다.

만약 누군가에게서 자신이 "편견이 있는 것 같다."라는 지적을 받았다고 가정했을 때, "당신이 그런 말 할 자격이 있어?"라고 받아치면 안 된다. 중요한 건 '누가'가 아니라 '내용'이기 때문이다. 여기서 '누가'에 집중하는 게 '관계자극'의 오류이고 이때 피드백은 차단된다. 오히려 '구체적으로 설명해달라'는 요청이 필요하다. 우리는 자신의 실수는 보지 못한다. 자신의 사각지대를 찾아 '진실자극'의 왜곡을 막는 일이 중요하다고 책은 소개하고 있다. 이 경우의 피드백은 강점을 찾는 것뿐 아니라 약점을 보완하는 방법으로 쓰이기도 한다.

피드백의 방법으로 자신의 강점을 파악했다면 이미 한 가지는 확실해졌다. 자신이 어떤 분야에서 성과를 내고 있는지 확인이 된 것이다. 그것도 일관되게 결과를 만들어내고 있을 수도 있다. 이렇게 찾아낸 강점을 통해 우리는 자신이 무엇에 기여하고 있는지, 왜 일하는지 등의 가치를 찾아갈 수 있다. 그러나 혹시 자신이 이미 품고 있는 가치, 혹은 공헌의 방향과 강점의 분야나 방식이 다를 경우는 없을까?

가치는 강점을 넘어선다

☺ ☺ ☺

아이러니하게도 우리는 강점을 통해 공헌의 가치를 찾아내지만, 때로는 자신이 잘하는 그것이 자신이 추구하는 가치와 맞지 않을 수도 있다. 다시 말하면 자신이 잘하는 그 무엇의 강점이 타인과 사회에 기여하지 못할 수도 있다는 것이다. 때로는 자신이 잘하는 그것이 자신의 인생 전체를 던질 만한 일로 여겨지지 않을 수도 있다. 피터 드러커는 그런 사람들에게 스스로 이런 질문을 하라고 권한다.

"내가 잘하고 있는 이 일을 계속 해야 할까?"

이 부분에 대해 피터 드러커는 자신의 경험을 소개한 적이 있다.

"나는 내가 잘하고 있고, 그리고 그것도 성공적으로 하고 있는 것과
나의 가치 중에서 어느 것 하나를 선택해야만 했다. 1930년대 중반

런던에서, 나는 젊은 투자은행가로서 자타가 공인할 정도로 훌륭한 성과를 올리고 있었고, 그것은 분명 나의 강점과 부합했다. 그렇지만 나는 나 자신의 가치를, 다른 사람의 재산관리자로서 사회에 공헌하는 것으로 보지 않았다. 나는 돈이 아니라 사람이 나의 가치라고 생각했다. 나는 가장 부유한 사람으로서 땅에 묻히는 것에서 아무런 보람을 느끼지 못했다. 대공황 시대에 나는 돈도 없었고, 직업도 없었고, 전망도 밝지 않았다. 그러나 나는 은행에서 물러났다. 그리고 그것은 옳은 일이었다."

피터 드러커는 자신의 강점을 정확히 알고 있었다. 하지만 그 강점이 가치와 맞지 않을 때는 강점보다 가치를 선택하였다. 인생의 사명을 가지고 살아가는 사람들은 이러한 가치 중심의 사람들이다. 그리고 가치 중심의 사람들은 공통적으로 일관된다. 일관된다는 것은 아무 유혹, 아무런 갈등도 없기 때문은 아닐 것이다. 오히려 가치 중심으로 살아가기 때문에 더 많은 내적 충돌을 경험하게 된다. 그럴 때마다 사명의 사람들은 어떻게 자신의 가치를 지켜나가는지, 남모르는 자신만의 방법은 없는지, 피터 드러커는 이를 '거울테스트'라는 방식으로 설명하고 있다.

Drucker Time 거울테스트(Mirror Test)

자신의 가치와 조직 또는 상황의 요구가 충돌할 때 내면적 윤리판단의 기준으로 사용하는 질문의 도구이다. 아침에 면도할 때 또는 아침에 립스틱을 바를 때 거울 속 내 얼굴이 어떤 사람으로 보이기를 원하는가. 이런 질문으로 자신의 윤리의식과 가치기준을 확인하고 점검하며 상황 앞에서 결정을 꺼내는 것이다. 피터 드러커는 소비에스키의 일화를 듣고, 자신만의 방식으로 재해석하여 '거울테스트'로 명명하였다.

20세기 초, 세계열강의 외교관들 중 가장 존경받았던 인물은 영국 런던 주재 독일대사 '소비에스키'였다. 그는 분명 더 높은 자리로, 비록 독일연방의 총리는 아니더라도 적어도 독일의 외무장관까지는 승진할 것으로 예상됐다. 그런데 1906년 그는 갑자기 대사직을 사직하고 말았다. 왜 그랬을까? 그 당시 런던 외교사절단은 재위 5년째를 맞은 영국 국왕 에드워드 7세를 위해 만찬을 준비하고 있었다. 거의 15년간 런던에 주재했던 소비에스키는 외교사절단 단장으로서 그날 만찬의 의장 노릇을 하게 돼 있었다. 에드워드 7세는 유명한 난봉꾼이었고, 자신이 원하는 만찬의 종류를 분명하게 지시했다. 만찬이 끝날 무렵 거대한 케이크가 등장하는 순간 등불을 희미하게 밝히고 뒤따라 12명 또는 그 이상의 나체 창녀가 뛰어 들어오도록 하라는 게 국왕의 주문이었다.

소비에스키는 그러한 만찬을 주재하지 않고 대사직을 물러나고 만 것이다. 그는 "아침에 면도를 할 때 거울 속 내 얼굴이 난봉꾼의 모습으로 보이는 것을 거부한다."라고 말했다.

이것이 바로 피터 드러커가 지식근로자의 '윤리'에 관한 측정 도구를 제시하는 '거울테스트'이다. 윤리는 하나의 분명한 가치 시스템이다. 그리고 가치 시스템인 윤리는 서로 많이 다르지 않다. 어떤 조직 또는 어떤 상황에서의 윤리적인 행동은 그와는 다른 조직 또는 다른 상황에서도 윤리적 행동이라고 피터 드러커는 강조한다. "아침에 거울을 볼 때 거울 속 내 얼굴이 어떤 종류의 사람으로 보이길 원하는가!"라는 질문은 모든 사람에게 동일하게 적용될 수 있는 간단한 윤리 테스트이다. 거울 테스트는 직업인이 정체성을 측정할 수 있는 유용한 도구다. 자신의 가치관과 조직 또는 상황의 요구가 충돌할 때 판단의 기준으로 적합하다. 때로 거울테스트를 '모든 사람이 나처럼 행동하는 세상에 사는 것은 어떨까?'라고 보편화시켜 생각해보는 방법도 있다.

세상을 바꾸는 사명자들

⊕ ⊕ ⊕

피터 드러커의 '공헌'과 무궁화의 '사명'을 이 시대의 직장인, 관리자, 그리고 경영자들에게 설명하기 가장 적절한 예화가 있다. 바로 '3인의 석공'이야기이다. 두 권의 책에 소개된 같은 이야기를 약간 다른 느낌으로 살펴보자.

어느 나그네가 길을 가던 중 세 명의 석공이 일하고 있는 것을 보았다. 그들은 각자 땀을 뻘뻘 흘리며 큰 돌들을 다듬고 있는 중이었다. 나그네가 물었다. "지금 뭘 하고 있는 중입니까?" 첫 번째 석공이 답했다. "보면 몰라요? 돌을 다듬고 있지 않습니까?" 두 번째 석공이 답했다. "성당 짓는 데 쓰일 석재를 다듬는 중입니다." 그렇다면 세 번째 석공은 어떻게 답했을까? 그는 이렇게 말했다. "신을 모실 성스러운 공간을 짓고 있는 중입니다."

『오리진이 되라』 중에서

중세 시대 성당을 건설하는 공사 현장을 지나가던 신부가 열심히 일하는 세 명의 석공에게 "지금 무엇을 하고 있느냐?"고 물었다. 첫 번째 사람은 고개를 푹 숙이고 이렇게 대답했다. "나는 이 일을 해서 먹고 삽니다." 두 번째 사람은 열심히 망치질을 계속하면서 말했다. "나는 세상에서 가장 훌륭한 석공이 되기 위해 노력하고 있습니다." 세 번째 사람은 비전이 가득한 눈빛으로 신부를 쳐다보면서 말했다. "나는 사원을 짓습니다."

『무엇이 당신을 만드는가』 중에서

두 인용 모두 같은 이야기이고, 세 번째 석공을 강조하고 있다. 첫 번째 인용에서는 세 번째 석공의 태도를 창조적 관점의 초월적 인식, 즉 책의 표현을 빌리자면 'High Soul'을 표현한 것이다. 『무엇이 당신을 만드는가』는 피터 드러커 일생의 질문을 재조명하는 책이다. 여기에 소개된 세 번째 석공은 사실 경영자의 태도를 강조한 것이다.

나는 이 예화가 단순히 경영자에게 해당하는 것으로 여기지는 않는다. 『오리진이 되라』에서 표현된 인용을 자세히 보면, 세 번째 석공은 자신의 노력으로 만들어질 공간이 무엇을 위해 지어지는지 알고 있다. 쓰임, 의미 그리고 가치 즉, 자신이 무엇에 기여하는지 정확히 알고 있다는 느낌을 준다. 『무엇이 당신을 만드는가』에 인용된 세 번째 석공은 일의 방향을 정확히 알고 있는 경영자적 초점이 돋보인다. 물론 각각의 저자가 그런 의도로 인용구를 사용하였을 것이다.

중요한 것은 이러한 태도, 이러한 안목이 경영자뿐 아니라, 관리자, 지식근로자 그리고 이 시대 모든 직장인에게 필요하다는 것이다. 그래서 결과적으로 우리 각 사람이 이러한 선명한 가치를 품고, 무엇에 기여할지를 알고 있는, 그래서 사명을 이루어가는 개인이 가득한 사회를 만들 수 있다면, 이보다 더 아름다운 변화가 어디 있을까.

우리는 누구나 사명을 가지고 태어난다. 그것을 발견하느냐, 발견하지 못하느냐의 차이가 있을 뿐이다. 때로는 자신에게 주어진 환경, 다가온 시련 등도 모두 사명을 위한 부르심일 수 있다. 오프라 윈프리의 네 가지 사명은 그것을 잘 설명해주고 있다.

> 첫째, 남보다 더 가졌다는 것은 축복이 아니라 사명이다. 자기보다 못한 사람을 도와주어야 할 책임이 있기 때문이다.
> 둘째, 남보다 아파하는 것이 있다면 그것은 고통이 아니라 사명이다. 자기보다 못한 사람을 도와주어야 할 책임이 있기 때문이다.
> 셋째, 남보다 설레는 꿈이 있다면 그것은 망상이 아니라 사명이다. 그 꿈을 이룸으로써 사회와 이웃을 위하여 봉사할 수 있기 때문이다.
> 넷째, 남보다 부담되는 어떤 것이 있다면 그것은 사명이다. 해야 할 사명을 다하지 못해서 오는 부담이기 때문에, 그것을 피하지 말고 기꺼이 그 부담을 사명으로 여기고 감당해야 할 것이다.

총체적인 비전 안에서 교류하라

⚅ ⚅ ⚅

피터 드러커는 자신의 삶에 만족하고 흡족해하는 사람이라고 말해도 될 사람들 중에는 한 가지 이상의 세계에서 삶을 살아가는 사람들이 많다고 강조하였다. 한 곳에만 몰두하는 사람들은 결국 매우 불행한 사람들이라는 것이다. 우리는 가족, 친구, 그리고 자신이 속한 여러 조직을 살펴볼 필요가 있으며 일에만 지나치게 집중하는 것은 바람직하지 않다. 정상의 자리는 공간이 많지 않기 때문에, 오랫동안 정상에 머물러 있기가 어렵다. 따라서 자신의 시간과 재능을 한 가지 이상의 활동으로 넓혀 다른 집단의 사람들과 일하고 생활하는 것이 안정적인 삶에 도움이 될 수 있으며, 또 일에만 의존하는 것보다 더 여유 있고 행복한 삶을 살아갈 수 있다. 한 분야에서 실패하거나 좌절하는 일이 생기더라도 그 일이 결코 자신을 파괴하지는 못할 것이다.

자신의 인생을 풍부하게 해줄 수 있는 사람들과의 지속적인 교류를 통해 자신의 시각을 넓히고 더 많은 것을 배우고 경험하게 된다. 이러한 경험을 통해 배우는 것은 창의성과 지혜를 발달시켜주고 통찰을 얻을 수 있어 자신이 속한 모든 곳에 긍정적인 영향을 줄 확률이 높다. 한 집단 안에만 머물러 있으면 안목이 좁아지고 한쪽으로 기울어진 사고가 형성될 수 있다. 인생이란 소중한 것이다. 한 번뿐인 인생을 멋진 명작으로 만들어가고자 한다면, 다양한 경험을 통해 참된 지혜와 의미를 추구할 필요가 있다. 이러한 삶은 나의 인생을 더욱 풍요롭게 하고 책임감이 강한 성숙한 리더로 성장하도록 도와줄 것이다.

사람은 함께 살고, 함께 사랑하고, 함께 배우는 존재이다. 사람은 자신만을 생각해서는 안 되며 반드시 타인을 배려하고 함께 아름다운 사회를 만들고자 하는 건강하고 아름다운 생각이 필요하다. 그래서 개인의 사명은 개인을 위한 것이 아닌 조직과 사회를 위한 것이어야 한다. 즉 내가 존재하는 이유는 나 홀로 잘 먹고 잘살고 잘 배우기 위한 것이 아니라, 내가 속한 조직과 사회에 내가 어떠한 공헌을 해서, 어떠한 조직이나 사회를 만드는 데 기여하는 것이 돼야 한다. 혼자서는 결코 참된 행복감을 누릴 수 없는 게 사람이다. 함께하는 이들이 모두 즐겁고 행복할 때 우리는 진정한 행복을 누릴 수 있게 되는 것이다. 따라서 자신의 잠재력을 검토하고 강점을 기반으로 다양한 시너지가 나는 멋진 인생을 설계해보기 바란다.

비전과 사명 그리고 목표

☺ ☺ ☺

"왜 이 직장에 들어오고 싶은가요?"

"성장하고 싶습니다."

"어디까지 성장하고 싶은가요? 성장의 최종 목표는 무엇인가요?"

"한 분야를 책임지는 최고경영자가 되고 싶습니다."

"왜 최고경영자가 되고 싶은가요?"

"대한민국에 올바른 기업가정신을 심고 이를 확산하고 싶습니다."

"어떻게 그 목표에 도달할 계획인가요?"

"10년을 목표로 하고 있습니다. 이를 위해 5년 내에 해외 신규시장을 개척하는 담당자로 파견되는 것을 목표로 하고, 올해는 맡겨진 프로젝트를 성사시키는 것이 목표입니다."

이 내용은 한 신입사원과 선임자가 나눈 대화이다. 내용 속에는 구체적인 비전, 그리고 사명, 또한 장기목표, 중기목표, 단기목표가 들어 있다. 자신이 궁극적으로 도달하고 싶은 목표와 꿈을 비전이라고 한다면,

사명은 그 목표를 이루어서 궁극적으로 세상에 기여하고 싶은 것이 무엇인지를 밝히는 것이다. 이를 위해 장기적, 중기적, 단기적 목표를 구체화할 수 있다.

어떤 기업은 직원들 명함 뒷면에 개개인의 사명을 적어 가지고 다니도록 했다. 직원 한 사람 한 사람이 각기 자신의 사명을 위해 일하는 조직은 역동적이다. 그리고 그러한 개인의 사명은 기업의 사명이라는 큰 틀 안에서 시너지를 만들어낸다. 따라서 기업은 개인의 비전과 사명을 무시한 채, 기업의 사명만을 강조해서는 안 된다. 각 직원들이 이 직장을 통해 이루고 싶은 꿈들을 지지해주어야 한다. 직원들 개개인의 비전이 사회에 기여하는 사명으로 승화되고, 이러한 지식근로자 개인의 사명이 기업의 사명 안에서 시너지를 만든다면 그 기업은 사회적 문제를 해결하고 긍정적인 역할을 감당하게 될 것이다. 이런 기업은 모든 개인이 살아 역동하는 움직임을 보여줄 것이다. 또한 기업은 이런 개개인의 비전과 사명을 존중해주고, 충분히 꿈을 이룰 수 있도록 지원해줄 때, 오히려 직원들은 그 기업에 뿌리를 내리게 된다.

한편, 지식근로자 개인의 입장에서 기업에 입사하고 그 기업을 통해 세상에 기여하기 위해서는 기업이 가진 '사명선언'을 충분히 이해할 필요가 있다. 기업의 사명선언문이란, 기업의 존재의미와 목적에 대하여 조직구성원의 중지를 집약하여 표현된 선언문이다. 예를 들어, 유한킴벌리의 사명선언문은 다음과 같다.

'초일류 생활혁신 기업'이라는 경영 목표와 더 나은 생활을 향한 믿음을 바탕으로 우수한 제품, 서비스, 환경을 제공함으로써 고객에게 가치있는 기업으로 기억되는 것.

이러한 사명선언을 정확하게 이해한 구성원들의 집합체로서 기업이 존재할 때, 그 기업은 세상에 충분히 기여할 가능성이 높다. 이러한 사명이 그 기업의 고객 가치로, 업무문화와 환경으로, 성과목표로, 업무방식으로 연결될 때 그 기업은 사명을 이루어낼 수 있다. 요즘은 기업면접에서 사명을 확인하는 곳이 늘고 있다. 또한 신입사원교육장에서 사명선언을 적게 하는 기업도 늘고 있다. 그저 글자로만 명문화된 사명이 아니라, 실제 기업의 문화로 정착되기 위한 기업 사명선언인 것이다. 사명은 무궁화정신이 보여준 첫 번째 핵심가치이면서, 이 땅의 기업 그리고 그 기업에 속한 지식근로자 개인들이 갖추어야 할 필수조건이 되었다.

• 세 명의 석공 이야기를 통해 가장 마음에 와 닿는 것은 무엇인가?

• 내가 석공이라면 어떤 대답을 했을까?
  (이미 나온 답변 중에 고르거나 새로운 생각을 꺼내도 됨.)

• 결국 나는 일을 할 때 경영자적인 관점으로 일의 큰 그림을 보는 편인가,
  아니면 단순히 지금 업무로 주어진 그 일에 몰입하는 편인가?

• 직장에 다니는 이유는 무엇인가?

• 직업을 통해 궁극적으로 도달하고 싶은 목표는 무엇인가?

• 목표를 통해 세상에 기여하고 싶은 것은 무엇인가?

• 목표를 이루기 위한 장기적·중기적·단기적 계획은 무엇인가?

제 3 장

두 번째 핵심가치 :
성실

성과를 올리기 위한 실천 능력에는 다섯 가지가 있다.
첫째, 무엇에 시간이 사용되고 있는가를 파악하고 시간을 체계적으로 관리한다.
둘째, 조직과 외부에 대한 공헌에 초점을 맞춘다. 셋째, 강점에 주력한다.
넷째, 우선순위를 결정하여 남다른 성과를 올리는 영역에 역량을 집중한다.
다섯째, 성과를 내는 효율적인 의사결정을 행한다.
「목표를 달성하는 경영자(The Effective Executive)」

진지함이 성실의 출발이다

⊕ ⊕ ⊕

성실하다는 것은 무엇을 말하는 것일까. 사전적 의미는 '정성스럽고 참되다'라는 뜻이다. 여기에는 근면, 지속성, 정직, 윤리적 도덕성 등도 내포하고 있다. 피터 드러커는 성실에 대해 종종 언급하였다. 그가 말한 성실에는 일반적인 의미 이외에 두 가지 특별한 점이 포함되어 있다. '진지함'과 '완전함'이다. 피터 드러커는 '매니지먼트'를 체계화하는 과정에서 '매니저'의 자질에 대해 말하면서 '진지함'을 언급하였다.

사람을 관리하는 능력과 함께 의장 역할이나 면접 능력을 배울 수 있다. 관리시스템, 승진과 포상제도를 통해 인재개발에 효과적인 방법을 강구할 수도 있다. 하지만 그것만으로는 충분하지 않다. 근본적인 자질이 필요하다. 그것은 바로 '진지함'이다.

진지함은 성실의 출발점이다. 진지함은 능력의 언어가 아니라, 태도의 언어이다. 삶을 대하는 태도이다. 업무를 받아들이는 자세이다. 변화를 수용하는 눈이다. 그러기에 진지함이 결여되면 성실로 나아가기는 어렵다. 성실의 출발이 진지함이라면 성실의 마무리는 무엇일까. 피터 드러커에서 찾은 답은 '완전함'이다. 가장 높은 수준으로 마무리하려는 자기 기준이다. 진지함과 완전함의 사이는 다양한 단어들이 채워질 수 있는데 일단 '근면함'이 필요하다. 근면함은 지속성을 포함한다. 그러

책임감
사이클을 반복하면서
스스로 강화되는 힘

근면함
지속하는 힘

진지함
시작하는 힘

완전함
완성하는 힘

진실함
집중하는 힘

신뢰감
이런 과정이
타인에게 주는 힘

성실함은 진지함으로 받아들이고, 근면함으로 행동하고 진실함의 개인기준과, 도덕성의 사회기준을 유지한 채, 완전함의 수준까지 일을 마무리하는 것이다.

나 기계적인 반복을 통해 억지로 지속하여 끝까지 가는 것은 진정한 성실이 아닐 것이다. 그래서 필요한 것이 진실함이다. 개인적 차원의 진실함이 관계와 사회 측면으로 확장되면 건전함 즉 도덕성으로 확장될 것이다. 정리해보면 하나의 순서가 형성된다. 성실함은 진지함으로 받아들이고, 근면함으로 행동하고 진실함의 개인기준과, 도덕성의 사회기준을 유지한 채, 완전함의 수준까지 일을 마무리하는 것이다.

성실함의 대가들은 이러한 사이클을 반복하면서 특정한 성품을 지속적으로 강화시키는 데 그것이 바로 '책임감'이다. 이렇게 성실함을 통해 책임감을 학습해가는 사람을 만나면 상대는 한 가지 느낌을 받게 된다. 우리는 그것을 '신뢰감'이라고 여긴다.

Drucker Time 성실(Integrity)

성격이나 인격을 표현하는 말이다. 이 단어에는 완전함, 진가, 진실, 초지일관, 근면, 건전, 고결, 윤리, 진지함, 도덕엄수 등이 들어 있다. 피터 드러커가 매니지먼트를 말할 때 쓰는 인테그리티는 '목적과 사명과 언행이 일치되어 있다'는 점을 강조한다. 자신의 말과 자신의 일하는 모습이 일치해야 한다는 것이다.

이 모든 것의 출발이 진지함에서 나온다고 했는데 바로 이런 특성을 무궁화는 어떻게 담아내고 있을까. 무궁화가 가진 성실함은 어떤 모습일까.

기다림과 인내가 빚어낸 성실함

☺ ☺ ☺

일반적인 꽃들은 4월과 5월에 만개한다. 그 화려함은 이루 말할 수 없다. 벚꽃, 진달래, 개나리 등 우리나라 사람들이 가장 좋아하는 꽃들은 봄에 화려하다. 봄이라는 계절과 맞물려 흐드러지게 모여서 피어낸 꽃들이 산과 들, 특히 도로 곳곳 그리고 담장까지 가득하다. 그러기에 사랑을 받는다. 그리고 각 지역마다 특색에 따라 봄꽃 축제의 명소도 생겨났다. 기상청은 매년 이러한 봄꽃들의 개화시기를 지역별로 정리하여 일반에게 공개한다. 이런 서비스까지 해주어야 할 정도로 봄이라는 시기의, 꽃이라는 소재는 사람들에게 중요하다.

그런데 무궁화는 좀 다르다. 피어야 할 시기에 요지부동이다. 무슨 꽃을 피워도 사람들이 꽃을 좋아할 만한 시점은 바로 봄이다. 겨울 동안 추위에 움츠러들어 있던 몸과 마음을 펴고 만물이 움트는 기운을 기다리는 시기이다. 무릇 시점과 기회는 누구에게나 중요한 요소이다.

진달래와 개나리가 피고, 앵두꽃이 피고 또 피었던 살구꽃과 복숭아꽃이 져도 무궁화는 아직 메마른 가지인 상태 그대로 있다. 라일락이

겨울 – 봄
봄꽃이 모두
지도록 기다림

여름
오랜 기다림 끝에
꽃 피우기 시작

여름 – 가을
100여 일 기간 동안 매일 꽃 피우고 지기를 반복,
한 그루의 무궁화나무가 10,000송이 꽃을 피움

피고, 장미가 피고 나서야 비로소 잎 모양을 갖춘다. 일단 잎이 피고나면 무궁화나무는 푸른 옷으로 갈아입는다. 무궁화는 보편적 기대감에 부응하기보다는 자신만의 시간을 기회로 만드는 특징이 있다. 봄을 지나고도 한참 지난 7월 여름이 되어서야 서서히 꽃을 피우기 시작한다. 그리고 8월에 그 절정을 이룬다. 그리고 그 꽃 피움을 10월까지 이어간다. 흔하지 않은 길을 가는 무궁화는 그야말로 '대기만성형'이다. 조급하지가 않다.

무궁화는 성실함을 갖춘 사람들이 보이는 특별한 장점을 모두 지니고 있다. 일단 자신만의 완벽함을 지향하는 기준이 있다. 그리고 기준을 향해가는 과정을 오롯이 인내한다. 인내한다는 것은 결과에 대한 확신이 있기 때문에 가능하다. 그러다 보니 때로는 주위의 시선이 따갑고, 비교가 되거나, 초조함이 일어날 만하다. 그럼에도 이러한 조급함을 잘 이겨내고 인내하며 기다린다. 무궁화의 꽃 피움이 보여주는 생태학적 특징은 이 시대 인재들이 지녀야 할 성실함의 내면적 특성을 잘 보여주고 있는 것이다.

이는 결국 임계상황에 대한 이론이 뒷받침되는 방식이다. 일반적인 성장곡선을 그리는 사람, 반짝하며 화려함을 보이다가 금세 시들어버리는 사람이 있는가 하면, 무궁화처럼 묵묵히 인내하며 준비하였다가 임계상황에 이르러 그 진면목을 입증하는 사람이 있다. 심지어 성공하는 사람들은 그 자신이 성실할 뿐 아니라, 그 배우자 또한 성실하다는 연구결과가 있다.

미국 세인트루이스 워싱턴대학(WUSTL) 심리학과 연구팀이 19~89세 기

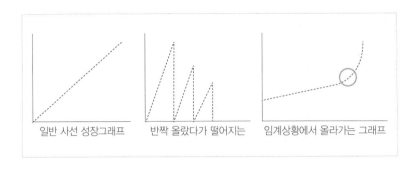

| 일반 사선 성장그래프 | 반짝 올랐다가 떨어지는 | 임계상황에서 올라가는 그래프 |

혼자(맞벌이 75%) 약 5000명을 대상으로, 5년간 추적 조사한 결과, 위와 같은 결론을 도출했다. 이런 영향은 남녀 불문 똑같이 적용된다고 한다.

연구팀은 이번 연구를 위해 조사 대상자들의 개방성(openness), 외향성(extraversion), 우호성(agreeableness), 신경증(neuroticism), 성실성(conscientiousness)을 측정하기 위한 다양한 심리검사를 시행했다. 연구를 이끈 조슈아 잭슨 박사는 "이번 결과는 더 큰 직업적 성공을 이끌기 위해서는 당신뿐만 아니라 배우자의 성격도 크게 영향을 미친다는 것을 보여준다."라고 말했다. 또 그는 이런 영향으로 아내나 남편에게 자신이 출세하지 못하는 것을 탓하라는 의미가 아니라 '배우자의 사람됨이 상대에게 매일 다양한 영향을 미치며 이런 것이 쌓여 출세에 필요한 행동을 촉구하는 것'이라고 설명했다. 즉 자신은 물론 배우자가 성실하다면 일하는 데 별다른 걱정이 없는 것은 어찌 보면 당연한 일이라고 할 수 있다. 게다가 자신의 배우자가 성실하다면 직장에서의 정진과 신뢰를 형성하는 습관을 붙이기 쉽다고 연구팀은 지적한다. 또한 스트레스도 적어 일과 생활의 균형을 잡아 풍요롭게 생활할 수 있다는 것이다.

(서울신문. 2014. 9. 25.)

- 책임감, 신뢰감, 진지함, 근면함, 진실함, 완전함 등 성실을 이루는 여러 특징들 중에 내가 갖추고 있는 것은 무엇인가?

- 나에게 부족한 점은 무엇인가?

- 갖추고 있는 것은 강화하고, 부족한 특징은 보완하기 위해 어떤 노력을 하고 있는가?

- 자신의 삶에서 오랜 시간 인내하면서 준비해 본 경험이 있는가?

- 현재 오랜 시간 준비하면서 때가 이르기를 기다리는 것은 무엇인가?

- 그 긴 시간들을 인내하게 하는 힘은 무엇인가?

성실함은 가까운 사람에게 전이되는 특징이 있고, 서로 함께 성실함을 추구할 때 시너지를 만들어내기도 한다.

성실한 사람들은 '완벽함'을 추구한다

⊕ ⊕ ⊕

피터 드러커의 매니지먼트 이론에는 그가 초등학교 때부터 40대에 걸쳐 겪었던 일곱 가지 중요한 인생 체험이 바탕에 깔려 있다. 피터 드러커가 본인의 인생을 회고하며 밝힌 일곱 가지 경험은 다음과 같다.

1. 여든 살이라는 나이에도 완벽한 음악을 만들고자 노력했던 작곡가 베르디의 태도에 깊은 감동을 받음.
2. 고대 그리스 조각가 페이디아스의 이야기로 하늘이 보고 있다며 조각품의 뒷면까지 소홀히 다루지 않았던 페이디아스 이야기에 또한 감명을 받음.
3. 3~4년마다 주제를 바꾸는 공부법. 프랑크푸르트에서 신문기자로 일하던 시절에 이 공부 방법을 터득했음.
4. 상사와의 면담. 신문기자 시절, 편집장에게 업무 상황을 정기적으로 재점검하는 지도를 받음.
5. 조직이 원하는 일을 제공. 이직 후에도 전 직장과 똑같은 방식으로 일을 하던 그는 상사로부터 '지금 이 자리에서 요구하는 일을 하라'는 지적을 받음.
6. 사전 예측과 사후 성과를 비교하는 피드백 활동. 15, 16세기의 유

럽을 연구하던 그는 유럽의 지배적인 두 조직이 바로 이러한 피드백 활동을 사용해 발전했음을 발견함.

7. 경제학자 슘페터와의 만남. 아버지 아돌프와 함께 경제학자 슘페터를 방문했을 때, 피터 드러커는 '어떤 사람으로 기억되기 바라는가'라는 말의 의미를 깨달음.

피터 드러커가 말하는 성실함에 '완전함'의 가치를 더해 준 경험은 바로 주세페 베르디에 관한 것이다. 1927년 어느 날, 함부르크에서 그는 19세기 이탈리아의 위대한 작곡가 주세페 베르디의 오페라를 관람했다. 그것은 베르디가 80세 되던 해인 1893년에 작곡한 최후의 희가극 오페라 '팔스타프'였다. 그는 그날 밤 받은 감동을 오랫동안 잊을 수가 없었다. 나중에 집에 돌아와 자료를 찾아본 그는 그 놀라운 오페라를 만든 작곡가가 80세 노인이었다는 것을 발견하였다. 18세의 피터 드러커로서는 그 사실이 놀라울 따름이었다. 자료를 찾던 피터 드러커는 베르디의 인터뷰 내용을 찾아내었다.

"19세기 최고의 오페라 작곡가로 인정받고 있고, 이미 유명인이 된 선생님께서 고령의 나이에 힘들게 왜 또 오페라를 작곡하시는 겁니까? 그것도 매번 어려운 주제로 만드시는 것 같습니다."
"음악가로서 나는 일생 동안 완벽을 추구해왔네. 완벽하게 작곡하려 했지만 작곡을 마칠 때면 늘 아쉬움이 남았지. 분명 나는 완벽을 향해 한 번 더 도전해볼 의무가 있다고 생각하네."

이때 베르디가 말한 '완벽을 향해 한 번 더 도전해볼 의무가 있다'는 말이 인터뷰 내용을 보던 피터 드러커의 마음에 평생 새겨지게 된 것이다.

Drucker Time 완벽(Perfection)
부족한 점이 없다는 것을 의미한다. 피터 드러커의 일곱 가지 경험 중 음악가 베르디 이야기와 조각가 페이디아스의 이야기를 통해 감명을 받은 것이다. 피터 드러커가 그들로부터 배운 것은 '완벽을 추구하는 자세'이다. 여기에는 '도전', '반복', 그리고 '높은 목표', '기준과 수준'이 반영되어 있다. 피터 드러커는 이 가치를 일평생 추구하였다.

완벽함을 향한 도전은 그 자체로 완전한 현재의 성실을 만들어내는 것이다. 그의 두 번째 경험에 등장하는 인물은 그리스의 조각가 페이디아스이다. 페이디아스는 기원전 440년경 여러 가지 조각작품을 제작하였다. 그의 작품은 2400년이 지난 지금도 아테네 파르테논 신전의 지붕 위에 여전히 서 있다. 페이디아스의 작품은 오늘날까지도 서구 미술 역사상 최고의 걸작으로 손꼽히고 있다.

그가 신전 지붕 위의 조각해 놓은 조각품에 대한 대금 청구서를 재무관에게 제출했을 때 재무관은 지불을 거절하였다. 파르테논 신전은 아테네에서 가장 높은 언덕 위에 있었고, 조각들은 신전의 지붕 위에 세워져 있어 사람들은 신전의 앞면 밖에 볼 수 없었다. 그래서 사람들이 볼 수 없는 곳의 조각품이 무슨 소용이 있냐는 것이었다. 시간과 재능과 돈을 낭비했다는 취지였다.

"페이디아스, 당신은 아무도 볼 수 없는 조각의 뒷면 작업에 들어간 비용을 청구했소. 어떻게 생각하오?"

"아무도 볼 수 없다고요? 당신이 틀렸소. 하늘의 신들이 볼 수 있소!"

완벽함에 대한 페이디아스의 기준은 일반적이지가 않았다. 바로 그러한 기준과 수준이 완벽함을 이끌었고, 그 완벽함에 대한 몰입이 현재의 열정과 성실을 만들어주었다. 그렇게 해서 탄생한 작품은 2400년을 지속하여 여전히 최고의 작품으로 남게 되었다.

미켈란젤로의 가장 위대한 작품 중 하나는 단연 시스티나성당의 천장 벽화이다. 그는 받침대 위에 올라가 거의 누운 상태로 천장 구석에 인물 하나하나를 섬세하게 그렸다. 무려 4년이라는 시간 동안 일반 화가들과는 달리 조수도 두지 않고 홀로 천장 높이 올라가 그림을 그렸다. 어느 날, 구석진 곳에서 그림을 그리고 있는 미켈란젤로에게 친구가 다가와 걱정 어린 표정으로 물었다.

"여보게, 구석진 곳의 잘 보이지 않는 인물 하나에 그토록 정성을 쏟아야겠는가. 그게 완벽하게 그려졌는지 누가 알 수 있겠나?"

그 말을 들은 미켈란젤로가 짧게 말했다.

"내가 알지."

누가 보든 말든 자신이 지금 무슨 일을 하는지, 왜 하는지, 어떤 수준까지 해야 하는지 정확히 알고 있는 한 사람의 집념을 보여주는 부분이다. 미켈란젤로는 대충대충 사람들의 눈에 그럴싸하게 보일 정도로만 일을 하는 이 시대의 사람들에게 여전히 깊은 교훈을 던진다. 미켈란젤로가 이 시대의 인재를 꿈꾸는 사람들에게 아마도 이런 당부를 하고 있는 것인지도 모른다.

"목표를 너무 높게 잡고 그것을 달성하지 못하는 것이 위험한 게 아니라, 목표를 너무 낮게 잡고 거기에 쉽게 도달하는 것이 위험한 것이다."

끊임없는 자기계발로 성장과 변화를 추구하라

⊕ ⊕ ⊕

자기계발이란 스킬을 연마하는 것만이 아니라 더 성숙한 인간이 되는 것을 의미한다. 자기 자신이 스스로 부과하는 책임의식에 초점을 맞출 때 우리는 스스로를 보다 크고 중요한 존재로 인식한다. 그것은 허영이나 자만이 아니다. 그것은 자아 존중감이고 자신감이다. 그것은 한번 몸에 배면 그 사람으로부터 빼앗아갈 수 없다. 우리가 지향해야 하는 것은 외적인 성장이자 내적인 성장이다.

자기계발에는 두 가지 종류가 있다. 하나는 업무에 관한 지식이나 스킬을 익히고 성과를 올리는 능력과 관리능력 등을 습득하는 '외적인 성장'이다. 또 하나는 인간으로서 성숙해지는 '내적인 성장'이다. 이른바 인간적 그릇의 크기를 말한다. 어떤 상황에서도 동요하지 않는 신념, 사람과 사물을 수용하는 도량, 균형감각 등이 여기에 해당한다. '외적인 성장'과 '내적인 성장'은 모두 일을 통해 습득할 수 있다. 그리고 자기성장에 있어서 가장 중요한 요소는 책임감이다. 그러므로 업무상 책임을 회피해서는 안 된다. 고객에 대한 책임, 함께 일하는 동료에 대한 책임, 자신이 맡고 있는 자금에 대한 책임……

이러한 책임들은 모두 내적인 성숙을 가져오고 인간적으로 한층 성장시켜준다. 책임은 자기 기준으로 측정하는 것이 아니다. 미션, 즉 조직의 사회적 역할에 의해 도출된 기준을 만족시켜야 주위로부터 인정을 받고, 스스로 자부심과 자신감을 얻는다. 처음부터 책임을 회피하려는 것은 논외로 치더라도, 노력을 게을리하거나 눈앞의 이익에 급급해 작은 것에 만족하면 시간이 흘러도 결국 큰 성과를 얻지 못한다. 뛰어넘어야 할 벽이 높을수록 만족감과 성과도 큰 법이다.

고생의 끝에는 거기에 상응하는 커다란 '무엇인가'가 기다리고 있다. '내가 몸담고 있는 조직은 무엇을 위해 존재하는가?'라는 질문을 하고 그 답에 담긴 의미를 확인하면 그림을 펼친 듯 자신이 해야 할 일이나 부족한 부분이 한눈에 들어올 것이다. 그 다음은 실행으로 옮기면 된다. 일이 뜻대로 풀리지 않는다고 환경이나 남을 탓한다면 더 이상 성장할 수 없다. 반면 자신의 부족한 점을 간파하고, 시련을 기회라고 긍정적으로 받아들이면 계속해서 성장할 수 있다. 성장에는 끝이 없다. 당신이 원한다면 더 높은 단계로 끝없이 성장할 수 있다.

자기계발이란 스킬을 연마하는 것만이 아니라 더 성숙한 인간이 되는 것을 의미한다. 자기 자신이 스스로 부과하는 책임의식에 초점을 맞출 때 우리는 스스로를 보다 크고 중요한 존재로 인식한다. 그것은 허영이나 자만이 아니다. 그것은 자아 존중감이고 자신감이다. 그것은 한 번 몸에 배면 그 사람으로부터 빼앗아갈 수 없다. 우리가 지향해야 하는 것은 외적인 성장이자 내적인 성장이다.

성장의 수준은 '탁월함'이다

❄ ❄ ❄

전문가로서 그리고 개인으로서 성장하려면 무엇보다 탁월성을 발휘하려고 노력해야 한다. 탁월성을 갖추면 만족감과 성취감을 느낄 수 있다. 탁월한 능력은 업무 수준을 높일 뿐 아니라 업무를 수행하는 개인의 성장에도 중요한 의미를 지닌다. 전문 직업인으로서 탁월한 능력을 갖추지 못하면 업무를 잘 수행하지 못하는 것은 물론, 자기 자신의 성장도 이루지 못한다.

피터 드러커는『이미 일어난 미래』에서 달마대사를 언급했다. 오랜 수행을 하며 심신을 갈고 닦아 선의 시조가 된 달마대사를 두고 '지식이 아니라 예지, 힘이 아니라 자기규율, 성공이 아니라 탁월성에 초점을 맞춘 삶'이라고 표현했다. 탁월성은 의식적으로 만드는 것이다. 필요하다면 누군가와 상의해도 좋지만 최종적으로 결정을 내리는 사람은 자기 자신이다.

탁월성을 추구하는 과정은 다음과 같다.

첫째, 탁월성을 얻을 수 있는 분야와 능력을 결정한다. 둘째, 그것을 얻기 위해 시간과 에너지, 자금 등을 집중시킨다. 셋째, 탁월성을 심화하기 위해 자신의 강점을 최대한 이용한다.

누구나 인정하는 탁월성을 획득하기 위해 몇 개월 혹은 몇 년에 걸쳐 집중적으로 노력한다면 반드시 성과도 오르고 자신감도 붙는다. 그렇게 되면 상사나 동료들도 "저 사람은 뭔가 다르다."라고 인정하기 시작하는데, 이때가 탁월성이 탄생되는 순간이다. 탁월성은 당신을 성공으로 이끄는 강력한 무기가 된다. 남들이 인정하기 시작하면 경쟁자가 나타난다. 이기고 지고, 기뻐하고 고뇌하는 경험들은 성장을 위한 중요한 양식이다. 라이벌은 언젠가 사라질지 모르지만 자신과의 싸움은 계속된다. 탁월성을 추구할 때는 항상 더 높은 곳을 목표로 실천을 계속해 나가야 한다.

성장하기 위해 넘어야 할 것 '변화'

۞ ۞ ۞

일을 하면서 자극을 받는 순간은 스스로 혁신하기 위해 노력할 때이다. 성장을 추구하며 열정적으로 도전과 변화를 시도할 때이다. 이것은 자기 자신과 업무 두 가지 모두를 새로운 차원에서 바라볼 때 가능해진다. 인간은 싫증을 잘 낸다. 자극 없이 편안하게 지내면 슬럼프에 빠져 일을 제대로 끝맺지 못할 수도 있다. 싫증 내지 않는 법 그리고 매너리즘에 빠지지 않는 방법을 찾는 것은 자기관리에서 의외로 중요하다.

피터 드러커가 소개했던 유명한 일화가 있다.

어느 클라리넷 연주자가 지휘자의 권유로 객석에 앉아서 교향악단의 연주를 들었다. 연주를 들은 그는 "처음으로 음악을 들었다!"라며 감탄과 놀라움을 금치 못했다. 그때까지는 자기 파트를 연주하는데 급급해서 놓쳤던 음악 전체를 객석에 앉아서 생전 처음 들었던 것이다. 클라리넷 연주자는 그 후에도 이전과 변함없이 연주를 계속했지만 시점을 바꾸어 본 계기를 통해 자신과 일의 의미를 새롭게 발견했다. 그것이 바로 스스로 거듭나는 것이다. '스스로 거듭난다는 것'은 지금까지 하던 일을 다른 방식으로 하는 것이 아니라 지금까지 하던 일에 '새로운 의미를 부여하는 것'을 의미한다. 성장의 기회를 얻으려면 우선 성장하고 싶다는 마음을 가져야 하고, 자신의 일을 다른 각도에서 바라보아야 한다. 세계 최정상에 오른 선수라도 그 후에 반드시 성공하리라는 보장은 없다. 금메달을 따는 것이 목표였다면 시상대에 오르는 순간 모든 에너지는 소진되었을 것이다. 금메달에 만족하지 않고 다시 분발하기 위해서는 새로운 목표를 세워야 한다. 이를테면 아이들에게 메달의 의미와 도전이 얼마나 멋진 일인지 알려주는 코치로 거듭나는 등, 목표를 새롭게 세울 필요가 있다. 그래도 잘 되지 않는다면 행동에 변화를 주어라. 큰 변화든 작은 변화든, 변화는 스스로를 재충전하기 위해 반드시 필요하다. 제대로 대화할 기회가 없었던 선배나 고객을 만나 이야기를 나누는 것도 변화의 일종이다. 장기 휴가를 얻어 평소와 다른 환경에서 지내는 것도 시도해볼 만한 변화다. 일을 하다 보면 누구나 싫증이 나고 기운이 빠질 때가 있다. 중요한 것은 그때 무엇을 변화시킬 수 있는가 하는 점이다.

성실한 인재는 스스로 질문하고 답한다

⊕ ⊕ ⊕

"당신은 죽은 이후 어떤 사람으로 기억되기를 원하는가?"

피터 드러커의 인생을 바꾼 질문이다. 피터 드러커가 죽은 이후, 그를 기념하는 행사의 주제 역시 '질문'이었다.

"만약 피터 드러커가 살아 있었다면 어떻게 했을까?"

성실한 인재는 자신이 성실해야 하는 이유를 정확히 알고 있는 경우가 많다. 이유를 알기 위해서는 질문을 던져야 한다. 피터 드러커는 끊임없이 질문하는 인생을 살았다. 사람들을 가르치려 하기보다는 스스로의 질문에 답을 하게 만들었다. 그 중 가장 유명한 질문이 바로 CEO 잭 웰치에게 했던 질문이다. 잭 웰치로부터 GE의 구조조정에 대해 조언을 해줄 것을 부탁받은 피터 드러커는 간단한 질문을 던져 GE의 역사를 바꾸어 놓았다.

"만약 당신이 옛날부터 이 사업을 안 하고 있었다고 합시다. 그래도 지금 이 사업을 새로 시작하겠습니까?"

GE의 구조조정은 이 질문에 대한 잭 웰치의 반응으로부터 시작되었다.

Drucker Time 질문(Question)

질문이란 답을 찾기 위한 것이 아니라, 문제를 찾아내고 그것을 명확하게 하는 도구이다. 피터 드러커는 의사결정의 과정에서 성급하게 '답'을 찾으려 하기보다는 '질문'하라고 강조한다. 특히 문제가 무엇인지 명확하게 찾을 수 있는 질문을 해야 한다. 질문이 훌륭해야 정답을 찾을 수 있기 때문이다. 중요한 것은 정답을 찾는 것이 아니라, 올바른 질문을 찾는 것이다.

피터 드러커의 질문은 상황에 따라 구분된다. 우리는 스스로 질문을 만들기 전에 피터 드러커의 질문방식을 충분히 이해하고 연습하기를 권하고 싶다. 엄선된 피터 드러커의 질문은 이 시대 우리가 어떤 질문을 던져야 하는지 좋은 샘플이 되어준다.

먼저 우리의 시간과 능력이 적절한 일에, 적절한 곳에 사용되고 있는가의 문제를 정확하게 관통하는 세 가지 질문이 있다.

"내가 지금 불필요한 일을 하고 있다면 그것은 무엇인가?"

"내가 지금 다른 사람이 할 수 있는 일을 하고 있다면 그것은 무엇인가?"

"내가 지금 오직 나만이 할 수 있는 일을 하고 있다면 그것은 무엇인가?"

이 질문 전체를 함께 고민하거나, 혹은 각각의 질문을 순차적으로 답변해 나가다 보면, 자원배분, 인력배치, 개인의 강점발견과 차별화 포인트 등 수많은 적용의 가짓수가 나오게 된다. 피터 드러커의 질문은 대상에게 최적화되어 있다. 어느 기업이 목표를 달성하지 못했을 때 피터 드러커는 경영자 스스로 몇 가지 질문을 하고 스스로 답변할 수 있도록 돕는다.

"그것을 도입했을 때 유망해 보였는데 왜 실패하였는가?"

"우리가 실수를 했기 때문인가. 우리가 잘못된 일을 했기 때문인가. 아니면 옳은 일이 실패했기 때문인가?"

만약 관리자 입장에서 직원의 업무를 배치하는 의사결정을 해야 한다면 피터 드러커의 친절하면서도 명확한 질문을 떠올려야 할 것이다.

"그는 지금까지 어떤 일을 잘 해왔는가?"

"그는 어떤 일을 잘할 수 있는가?"

"그는 자신의 장점을 최대한 활용하기 위해 무엇을 배워야 하는가?"

"만약 내 자녀가 그의 밑에서 일을 한다면 나는 기꺼이 찬성하겠는가?"

이러한 질문들은 주체를 바꿔서 입력하면 얼마든지 다양한 대상에게 적용이 가능하다. 예를 들어, 피터 드러커가 지식근로자들로 하여금 스스로 질문하도록 만들어준 샘플을 보자.

"나는 누구인가. 내 장점은 무엇인가. 나는 어떻게 일하는가, 나는 어디에 속해 있는가. 나는 무엇에 기여하는가?"

이를 우리가 속한 부서로 확장해서 적용해볼 수도 있다.

"우리 부서의 역할은 무엇인가. 우리 부서에는 어떤 자원이 있는가.

우리 부서는 어떻게 일하고 있는가. 그 속에서 내 역할은 무엇인가. 다른 사람들의 역할은 무엇인가?" 등이다.

질문을 하다 보면 적어도 '이유'에 대해서 확인할 수 있을 것이다. 그 이유는 '방향'을 잡아준다. 사명을 가진 인재는 자신이 현재 어디로 가고 있으며, 왜 일하고 있는지 설명이 가능하다. 그래서 스스로 세상에 기여하고 있다는 확신이 있다. 다만, 그러한 자기인식 속에 한 가지 두려움과 날마다 맞서야 할 것이다. 그것은 바로 자신의 성장에 대한 딜레마이다. 특히 성과를 내는 부분에 있어서는 더욱 민감하다. 성실한 사람이 맞서야 할 큰 산은 바로 '성과'이다. 그렇다면 어떻게 해야 성과를 올리는 능력을 갖출 수 있는가.

성과를 내는 능력

❀ ❀ ❀

지식이 있고 이해력도 있고 열심히 일한다고 해서 그것으로 충분하지는 않다. 성과를 올리기 위해서는 다른 무언가가 필요하다. 일단 이 책을 순서대로 읽어왔다면 그 다른 무언가의 기본은 해결되었다. 피터 드러커가 성과를 높이기 위해 제안한 대전제는 '자신의 공헌 알기, 집중하기, 그리고 시각을 통찰의 수준으로 높이기, 마지막으로 진지함을 유지하기' 등이다. 때로는 이 부분을 다 소화했음에도 불구하고 성과를 내지 못할 때도 분명 있다. 이미 다 소화했다고 생각하지만 착각이 있을 수도 있다. 적어도 '집중하기'는 더더욱 그렇다. 제대로 집중하고 있는지 확인해볼 필요가 있는 것이다. 피터 드러커는 직접 이 경험을 하였다.

• 피터 드러커의 완전함은 마지막까지 최선을 다해 탁월함에 도달하고자 하는 자세이다.
나는 완전함에 이르기 위해 노력했던 경험이 있는가?
(그 경험을 통해 느낀 점과 그 과정에서 보여준 자신의 태도를 담아, 완전함의 성실을 이루기 위한 다짐문을 적어보자.)

• 나는 성장하고 있는가? 외적인 성장과 내적인 성장이 모두 이루어지고 있는가?

• 지금 자신의 삶이 올바른 방향으로 가고 있는지, 진심으로 행복한 삶을 살고 있는지 스스로 피드백할 수 있도록 자기 자신에게 세 가지 질문을 한다면 어떤 질문을 하겠는가?

바로 그가 말한 일곱 가지 경험 중 다섯 번째 경험이다.

그는 히틀러가 권력을 잡은 독일에서는 교단에 서는 것도, 문필가로 살아가는 것도 가능하지 않다는 것을 알고 영국으로 갔다. 영국에서 그는 보험회사 증권 애널리스트로 근무하다가 머천트뱅크에서 파트너 보조 일을 맡았다. 그런데 그 일을 시작한 지 3개월 후쯤 파트너 중 한 사람으로부터 "언제까지 애널리스트 일을 할 것이냐?"며 크게 혼이 난 적이 있었다. "파트너 보조로서 성과를 올리기 위해서는 무엇을 해야 한다고 생각하는가?" 하고 책망을 들은 것이다. 그제서야 피터 드러커는 업무 내용과 방식을 모두 바꿨다. 그 후 일을 할 때마다 먼저 스스로에게 이렇게 질문했다.

"이 일에서 성과를 내려면 무엇을 해야 할까?"

과거에 유능했던 많은 사람이 자신의 실력을 제대로 발휘하지 못하는 것은 능력이 떨어져서가 아니다. 예전에 일하던 방식 그대로 하기 때문이다. 새로운 임무에 성공하기 위해서 필요한 것은 탁월한 지식이나 탁월한 재능이 아니다. 그 일이 무엇을 요구하는지, 그 일에 적합한 방식이 무엇인지를 알아야 한다. 새로운 임무가 요구하는 것, 즉 새로운 과제에서 중요한 부분에 집중하라. 어떤 방식으로 일해야 목표를 달성할 수 있는지 고민하라. 일을 바꿀 때마다 '새로운 일로 성과를 올리기 위해서는 무엇을 해야 하나?' 하고 자문하라. 혹시 일이 바뀌었는데도 과거의 방식에만 매달려 있지는 않은가.

이처럼 피터 드러커는 집중에 대한 새로운 시각을 심어주었다.

"무엇에 집중해야 하는가?"

이것은 자신의 성장과 조직의 성장을 만들어주는 핵심요소이다. 집중을 위한 질문을 해보았다면 정말 집중할 곳, 집중할 것을 찾는 것이 중요하다. 피터 드러커는 무엇에 집중해야 하는가에 대한 답으로 먼저 '우선순위'를 찾아야 한다고 강조한다.

한 가지에 집중해야 성과를 만든다

목표를 달성하는 사람은 업무에 집중을 잘 하는 사람들이다. 이들은 두 가지 공통패턴을 갖추고 있다. 중요한 일부터 먼저 한다는 것과 한 번에 한 가지씩 집중한다는 것. 출간하자마자 아마존과 뉴욕타임스에서 판매 1위를 기록한 책 『원씽(One Thing)』 공동 저자인 게리 켈러(Gary Keller) 켈러윌리엄스 투자개발회사 최고경영자(CEO)와 제이 파파산(Jay Papasan) 렐릭출판사 대표는 빌 게이츠의 성공에서 가장 주목해야 할 포인트는 '단 하나'의 원칙과 목표를 세우고 그에 매진한 것이라고 분석했다. 이는 몇 년 전부터 애플의 스티브 잡스가 주장한 '심플함(Simplicity)'을 넘어서는 개념이다. 단순함을 넘어 다른 모든 것을 다 버리고 '딱 한 가지'만 하라는 다소 극단적인 주장이다. 저자는 빌 게이츠를『원씽』의 대표 성공사례로 말하고 있다. 인터뷰 원문을 살펴보자.

'원씽'은 누구나 어렵지 않게 실행할 수 있는 전략이면서도 가장 효율적이다. 세상 모든 사람에겐 하루 24시간이 주어지지만 어떤 사람은 위대한 일을 해내고, 어떤 사람은 실패하고 뒤처진다. 왜 그럴까. 개인별로 차이는 있지만, 우리가 쓸 수 있는 에너지가 한정돼 있기 때문이다. 그 에너지를 넓고 얇게 펴면 사소하고 작은 성공밖에 얻지 못한다. '원씽' 전략은 이 에너지를 하나로 응축하는 것이다. 같은 에너지라 해도 그 크기를 엄청나게 키울 수 있게 된다. 대신 '하나'여야 한다. 똑같은 10이라는 에너지도 두 개로 나누면 그 크기가 줄어든다. 10이라는 에너지를 하나에 쏟아 부으면 그대로 10이다. 아주 쉽고 단순하다. 하지만 사람들은 에너지 크기만 늘리려고 할 뿐 그 에너지를 어떻게 투입해야 하는지에 대한 고민은 하지 않는다. 빌 게이츠는 한 번에 딱 한 가지 일에만 집중해 세계 최고의 성공을 거둔 사람이다.

매일경제. 2014. 09

중요한 것은 어떻게 그 '원씽'을 찾는가이다. 저자는 이 부분에 대해서도 심플하게 조언한다. 일단 원씽을 찾는 것을 자신의 원씽으로 만들라고 제안한다. 그 원씽을 찾기 위한 핵심은 '나머지 모든 것들을 하기 쉽게 만드는' 그리고 '나머지 모든 일들을 할 필요조차 없게 만드는' 그 하나가 무엇인지를 스스로에게 묻는 데서부터 시작한다. 물론 이처럼 자신만의 원씽을 규정하는 것은 갑자기 자신의 마음 깊숙한 곳에서 튀어나오는 것일 수도 있고, 몇 가지 유혹들을 뿌리쳐야 하는 어려운 작업일 수도 있다. 하지만 자기 삶을 의미 있게 만드는 단 하나, 인생 전체를 행복하게 만들 수 있는 단 하나라는 본질적인 부분은 자신이 이미 알고 있을 것이다. 다만 그 주변 곁가지들과 각종 유혹, 멀티태스킹을 하고 싶은 욕심 때문에 온전히 집중하지 못할 뿐이다. 이 부분의 논리는 피터 드러커의 시간과 집중개념에 너무나도 근접해 있다. 실제로 책에서 언급한 예와 피터 드러커가 사용한 예를 비교해보자.

> 저글링을 생각해보라. 곡예사가 한 번에 공 세 개를 자유자재로 다루는 것을 '멀티태스킹'이라고 생각하는가. 그렇지 않다. 저글링은 빠른 속도로 한 번에 한 개의 공을 잡았다가 위로 던지는 작업에 몰두하는 것일 뿐이다. 운전에 아무리 능숙한 사람이라도 휴대전화를 사용하면 음주운전을 한 것만큼 집중력이 흐트러진다. 멀티태스킹은 가장 큰 성공의 적이다. 멀티태스킹은 허상이다.
>
> 『원씽(One Thing)』 중에서

> 서커스 묘기에는 많은 공을 공중에 띄우는 것이 있다. 그러나 묘기는 10분 정도에 그친다. 더 오래 하려고 시도해도 공은 떨어진다.
>
> 『자기경영노트』 중에서

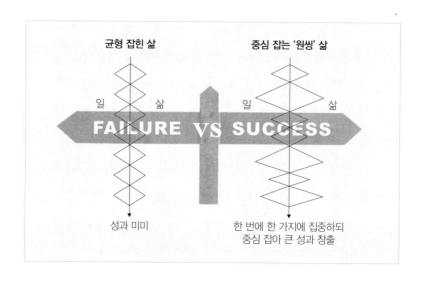

이것을 증명하는 과정에서 저자들은 '원씽'을 방해하는 적을 공개하였다. 이름 하여 '진리처럼 보이는 거짓말 여섯 가지'이다. 첫 번째는 모든 일이 다 중요하다, 두 번째는 멀티태스킹이 곧 능력이다, 세 번째는 성공은 철저한 자기관리에서 나온다, 네 번째는 의지만 있다면 못할 일이 없다, 다섯 번째는 일과 삶의 '균형'을 추구해야 한다, 여섯 번째는 크게 벌이는 일은 위험하다는 것이다. 이 중 가장 신비로운 것은 '균형'에 대한 부분이다.

책에서는 삶에서 중요한 가치가 일곱 가지 정도 있다고 말한다. 정신적 행복, 육체적 건강, 개인적 삶, 핵심 인간관계, 일, 비즈니스, 그리고 재정(돈)이다. 나열된 순서대로 보면 처음 네 가지는 '인생(Life)' 자체에 대한 부분이고, 나머지 세 가지는 일에 대한 부분들이다. 이 일곱 가지를 아주 동일하게 나눠서 균형을 잡기는 쉽지 않다. '불균형'은 필연적이다.

156

인생에서는 일(직업) 부분이 중요해지는 시점이 있다. 그때는 일에 바짝 매진하고, 나머지 것들은 완전히 놓지 않도록 중심을 잡아야 한다. 한쪽으로 기울어졌지만, 쓰러지지 않는 것이다. 언제나 기적은 극단에서 일어난다. 큰 성공은 극단적인 한 가지, '원씽'을 추구했을 때 나온다고 한다. 그렇기 때문에 우리는 현재 자신의 삶의 최우선 순위를 정하고, 불균형을 기꺼이 인정하고 받아들여야 한다. 다만 한쪽으로 너무 심하게 쏠려 쓰러지지 않도록 중심을 잘 잡으면 된다.

우선순위, 무엇에 집중할 것인가

⊛ ⊛ ⊛

우리에게는 기업과 세상에 공헌하기 위해 사용할 수 있는 가용 시간보다는 정말 이루고 싶은 공헌의 분량이 훨씬 더 많다. 지식근로자가 해야 할 공헌을 분석해보면 중요한 과업들이 언제나 예상을 넘어선다. 반면 지식근로자의 시간을 분석하면 공헌에 할애해야 하는 시간이 당혹스러울 정도로 적다. 따라서 피터 드러커는 항상 우리의 시간이 본질적으로 필요에 비해 공급이 적은 존재라는 것을 강조하였다.

우리가 강점을 발견하고, 그 강점을 활용하려고 노력할수록 우리는 자신의 강점을 더욱 중요한 기회에 집중해야 한다는 필요성을 느끼게 된다. 이것이 바로 성과를 만들어내는 유일한 방법이다. 강점을 가지고 중요한 일과 기회에 집중하기에는 인간의 관심, 인간의 능력이 다양하다. 그것을 인정해야 한다. 그렇기 때문에 더더욱 그 능력을 성과로 연결시키기 위해서라도 한 가지 과업에 집중시키는 것이 필요하다. 물론 어떤 사람은 한꺼번에 두 가지 일을 동시에 처리할 때 높은 성과를 내기도 한다.

그러나 엄밀하게 살피면 그런 사람일지라도 속도를 조절하거나, 일의 순서를 정해서 집중한다. 피터 드러커는 이 부분에 대해 모차르트의 예를 종종 사용했다. 모차르트 같은 사람은 예외적인 경우이다. 그는 몇 개의 작곡을 동시에 진행했던 것으로 보인다. 하지만 그 곡들이 대부분 걸작이었다. 그러나 피터 드러커가 보기에 모차르트는 거의 유일한 예외이다. 다작을 했던 다른 위대한 작곡가들, 예를 들어 바흐, 헨델, 하이든, 베르디는 한 번에 한 작품만 작곡했다. 그들은 자신이 작곡하고 있는 작품을 완성하기 전에는 다른 작품의 작곡을 시작하지 않았다. 또는 하던 일을 중단하고 그것을 서랍 속에 넣고서야 비로소 새 작품을 시작했다. 지식근로자들은 모차르트 방식이 될 수 없음을 인정해야 한다.

> **Drucker Time 우선순위(order of priority)**
> 높은 수준의 공헌에 초점을 맞추면 맞출수록 다른 일로 방해받지 않는 상당히 긴 연속적인 시간이 필요하다. 이때 높은 수준의 공헌을 위해 과업을 선택하는 중요도의 순서가 우선순위이다. 피터 드러커는 우선순위를 말하면서 실제로는 중요한 것을 선택하는 힘과 더불어, 하나씩 순서대로 하겠다는 '용기'가 더 중요함을 강조했다. 여기에는 '안 돼'라고 말하는 거절의 용기도 포함된다. 즉 우선순위는 '분석'이 아니라 '용기'의 차원이다.

그렇다면 과연 우리는 어떤 것을 우선순위로 정해야 할 것인가. 이에 대해 피터 드러커는 네 가지 기준을 제시했다. 첫째, 과거가 아닌 미래를 선택하라. 둘째, 문제가 아닌 기회에 초점을 맞춰라. 셋째, 동일함이 아닌 독자성을 가져라. 넷째, 무난하고 쉬운 것이 아닌 혁신을 불러일으키는 것을 선택하라.

역시 명쾌하다. 미래, 기회, 독자성, 혁신을 선택하려면 그야말로 용기가 필요하다. 그런데 피터 드러커의 우선순위 선택은 일반적인 우선순위와는 약간 강조점이 다르다. 무엇이 다를까.

지금 손대지 않을 것을 결정하라

◉ ◉ ◉

일반적으로 우선순위 결정은 '무엇을 먼저 해야 하는가'를 생각한다. 그런데 피터 드러커의 경우는 강조점이 약간 다르다. 우선순위는 '무엇을 다음에 할 것인가'를 결정하는 것이라고 말한다. 뒤로 미뤄야 할, 가장 우선순위가 낮은 일의 대표가 'Yesterday'이다. 정기적으로, 체계적으로 과거를 떨어내는 것이 새로운 것을 도입하는 유일한 방법이다. 멀리 경영의 영역까지 갈 필요도 없다. 우리의 하루가 얼마나 많은 '과거'들로 채워져 있는지 생각해보면 이 말의 중요성을 실감할 수 있다. 지나치게 많은 '과거'로 인해 우리는 장기적으로 이익이 되고 좋은 변화를 가져다줄 '새것'을 시도할 겨를이 없다. 새로운 일을 시작하는 것은 불필요한 과거를 떨어내는 것에서 시작해야 한다.

이 경우 피터 드러커는 듀폰사의 사례를 들었다. 듀폰은 어떤 제품이나 프로세스가 내리막에 접어들기 전에 그만둔다. 과거를 방어하기 위해 인력과 돈을 투자하지 않는 것이다. 다른 회사들은 어떤 제품이 그동안 회사를 유지해주었다는 생각에 안주하기 쉽다. 과거를 방어하는

데 계속해서 희소한 자원을 투여하는 것이다. 더 이상 '결과'를 만들어 내지 못하는 과거를 조직적으로 제거하는 것이 우선이다.

그래서 피터 드러커는 우선순위 결정의 문제가 결국 용기의 문제라고 단언한 것이다. 과거를 방어하는 일이 아니라 미래를 열어줄 일, 문제점 해결이 아니라 새로운 기회들, 다른 사람에게 휩쓸려가기보다 자신만의 목표를 높게 잡는 것에 우선순위를 둬야 한다. 과학자들은 연구주제를 정할 때 쉽게 성공할 수 있는 것을 택하려 하는 경향이 있다. 논문주제를 잡는 경우를 생각해보자. 두드러진 성취를 가져다줄 문제에 도전하는 사람은 극소수이다.

그러나 의미 있는 성취는 용기 있게 새로운 기회를 좇는 사람에게 돌아간다. 자신의 이름을 딴 법칙이나 개념은 다른 사람과 달리 안정보다 기회에 우선순위를 둔 사람들 차지가 되는 경우가 많다. 도전하는 사람이 반드시 큰 성취를 하는 것은 아니지만 큰 성취를 한 사람 중에 도전하지 않은 사람은 아무도 없다는 것을 명심해야 한다. 문제 해결에 허덕이는 것은 기껏해야 어제의 상황을 되돌리는 것에 불과하다. 시간과 자원은 새로운 기회에 집중해야 한다. 오직 새로운 기회만이 '결과'와 '성취'로 이어지기 때문이다. 과거를 방어하는 일을 용기 있게 포기하자. 미래를 여는 쪽으로 용기 있게 나아가자. 그것이 바로 우선순위이다.

우선순위를 설명하는 과정에서 꼭 덧붙이고 싶은 피터 드러커의 조언이 있다. 일은 매우 열심히 하는데 실제 이루는 것은 거의 없는 사람들의 특징이다. 그들에게는 세 가지 특징이 있다.

첫째, 어떤 작업에 소요될 시간을 낮춰 잡는다. 모든 일은 진행 중에 예상 못했던(좋지 않은) 일이 생길 수 있다. 처음 계획 그대로 진행되는 일은 거의 없다고 해도 과언이 아니다. 우선순위를 알고 효과적으로 결과를 만드는 인재들은 실제 필요로 하는 시간보다 훨씬 더 많은 시간을 할당한다.

일은 열심히 하는데 성과는 별로 없는 사람의 두 번째 특징은 서두른다는 점이다. 효과적인 지식근로자는 절대 서두르지 않는다. 편안하게 해나갈 수 있는 속도를 설정하고 대신 꾸준하게 한다. 일은 열심히 하는데 성과가 없는 사람들의 마지막 특징은 동시에 많은 일을 하려고 덤빈다는 점이다. 그래서 개별 업무당 최소한 요구되는 시간 소요량을 확보하는 데 실패한다. 이 경우 한 번에 많은 것을 추구하고자 했으나 결국 그 많은 것 전체가 허물어진다. 효과적인 사람은 서두르지 않는다. 편안하게 해나갈 수 있을 정도의 속도를 설정하고, 대신 꾸준히 한다는 점을 기억하자. 조급해하지 않고 꾸준히 해나가면서도 부분적인 시간의 집중도가 높아지는 사람에게는 몰입 자체에 대한 '다른 차원의 시간관리'가 있다는 점을 기억하자. 어떤 방식의 시간관리가 성실과 성과를 만들어내는 것일까.

성실을 성과로 연결하는 시간관리

※ ※ ※

피터 드러커는 많은 사람에게 컨설팅을 해주었는데 그 중에 한 은행장이 있다. 피터 드러커는 2년 동안 한 달에 한 번씩 그 은행장을 만났는데, 한 번 만나면 1시간 30분 동안 이야기했다. 은행장은 늘 토의할 주제를 준비하고 있었다. 상담주제는 한 가지로 한정했고, 1시간 20분이 지나면 항상 "이제 이야기를 요약 정리해주시고 다음 달에 우리가 이야기할 것이 무엇인지 설명해주시겠습니까?"라고 말했다. 늘 궁금했던 피터 드러커는 1년 뒤 그 은행장에게 물었다.

"왜 항상 1시간 30분인가요?"

"간단합니다. 제 주의력의 한계가 1시간 30분쯤인 것을 알고 있기 때문입니다. 만약에 한 가지 문제로 그 이상의 시간을 보내면 제 스스로 같은 말을 되풀이하기 시작합니다. 또한 시간이 1시간 30분보다 짧으면 중요한 문제에 실제로 몰입할 수가 없다는 것을 알았습니다. 그것은 시간이 너무 짧으면 다른 사람이 말하는 주제에 대해 이해했다고 할 만큼 충분히 파악하지 못하기 때문입니다."

한 달에 한 번씩 1시간 30분가량 면담하는 동안 외부 전화가 걸려온

- 현재 자신의 업무영역에서 성과를 내고 있는가?

- 그 성과는 조직에 충분히 의미 있는 기여를 하고 있는가.
  아니면 성과가 나지 않고 있는가?

- 자신이 일하는 방식이 성과를 내는 방식에 최적화되어 있다고 확신하는가.
  아니면 어떤 변화가 필요할까?

- 내가 지금 동시에 가지고 있는 역할은 어떤 것들인가?

- 그 역할의 무게중심은 어디에 있는가?

- 지금 동시에 추구하고 있는 일은 무엇인가?

- 그 일들의 우선순위 랭킹은 어떤가?

- 내가 버려야 할 '과거'는 무엇인가?
  (열매를 맺지 못하는 일과 그 일을 하는 방식, 발목을 잡는 습관은 당연히 버려야 할 것.)

- 뭔가 문제가 없음에도 관성에 젖어 있는 영역, 머무르고 고여 있는 영역, 혹은 문제가 되지
  는 않지만 서서히 커다란 문제가 되어 폭발할 날을 기다리는 사소한 영역은 무엇인가?

적도 없었고, 비서가 얼굴을 들이밀고 중요한 사람이 급히 만나기를 원한다고 전하는 경우 또한 한 번도 없었다. 어느 날 그 일에 대해서도 피터 드러커는 물어보았다. 은행장은 또 친절하게 설명하였다.

"비서에게 미국 대통령과 제 아내 이외에는 외부 전화를 연결시키지 말라고 엄격하게 당부를 해놓았거든요. 대통령이 저에게 전화할 일은 없을 것이고, 아내는 제가 하는 일을 더 잘 알고 있고요. 그 밖에 다른 일들은 비서가 막아주지요. 그 다음 회의가 끝난 뒤 30분 동안은 걸려온 모든 전화에 답을 하고, 또 그들이 남긴 메시지를 빠짐없이 확인합니다. 지금까지 저는 90분을 기다리지 못할 정도로 급한 위기에 부딪힌 적은 없습니다."

현실에서 만나는 수많은 사람은 이 은행장과는 다르다. 심지어 자신의 원칙에 충실한 사람조차 자기 시간의 절반 정도를 그다지 중요하지 않은, 그리고 별로 가치도 없는, 그렇다고 해서 하지 않을 도리도 없는 일에 시간을 빼앗기는 게 일반적이다.

'어디에서부터 차이가 나는 것일까?'

피터 드러커는 아예 시작부터 차이가 있다고 공언한다. 목표를 달성하는 지식근로자는 자신이 맡은 일부터 먼저 검토하지 않는다. 대신 사용할 수 있는 시간을 먼저 고려한다. 그리고 계획을 수립하는 것에서 출발하지 않는다. 자기가 사용할 수 있는 시간이 실제로 어느 정도인지 파악하는 일부터 출발한다. 그런 다음에 시간관리를 시도하는데, 우선 자기가 사용할 수 있는 시간에 있어 비생산적인 것들을 제외시킨다. 마지막으로 그렇게 해서 얻어진 활용 가능한 시간을 가능한 한 큰 연속적인 단위로 통합한다. 이 과정은 3단계로 이어지는데 시간을 기록하고, 시간을 관리하며, 시간을 통합하는 것이다.

> **Drucker Time** 시간(Time)
>
> 단 하나의 참다운 보편적인 조건이며 대체불가능한 자원이다. 자본이나 노동 등의 탄력성과는 달리 시간의 공급은 완전히 비탄력적이다. 철저히 소멸되는 것으로 저장도 불가능하다. 그러므로 시간은 언제나 심각한 공급부족 상태이다. 목표를 달성하는 사람들은 이러한 시간을 관리하는 힘을 가지고 있다.

시간을 기록하고 관리하고 통합하라

⊙ ⊙ ⊙

피터 드러커는 시간관리를 위해 세 가지 구체적인 원칙을 제시한다. 첫 번째는 시간을 기록하라는 것이다. 기억만으로는 결코 충분하지 않다. 피터 드러커는 기억력이 좋다고 자랑하는 지식근로자들에게 그들이 자신의 시간을 어떻게 사용하는지 물어보았다. 그리고 실제로 사용한 시간을 몇 주일 또는 몇 달 동안 기록해두라고 요청했다. 그런데 나중에 그 사람이 생각하고 있는 사용 시간과 실제 사용하고 기록한 시간을 비교해보면 일치하는 일이 거의 없었다.

어느 기업의 회장은 자신의 시간을 크게 세 부분으로 나누어 사용한다고 확신하고 있었다. 자신의 시간 중 3분의 1은 회사 간부들과, 3분의 1은 중요한 고객을 만나는데, 나머지 3분의 1은 지역사회 활동을 위해 사용한다고 생각했다. 그러나 6주 동안 실제 사용시간을 기록하게 한 뒤 비교해봤더니, 이 세 가지 활동에는 시간이 거의 사용되지 않고 있었다. 실제로는 대부분의 시간을, 이미 지시한 과업에 관해 아래 사람들을 독촉하는 데 사용한 것으로 나타났다. 세 가지 일에 대한 시간 배분은 '그래야 한다'고 생각하고 있을 뿐, 실행에 옮기지는 못하고 있었다는 결론이다.

시간을 기록해야 하는 것은 이런 이유 때문이다. 그래서 시간 운용표를 만드는 것은 중요하다. 자신이 수행하고 있는 몇 가지 주요 과업을 적어놓고, 각각에 대한 매일 실제 사용시간을 기록하라. 엑셀 파일에 기록해두면 더욱 관리하기 좋을 것이다. 그리고 일주일 간격이든 한 달 간격이든, 주기적으로 시간 사용분을 체크하고 자신이 어느 방향으로 가고 있는지를 짚어보는 것이 필요하다.

두 번째는 기록된 시간을 들여다보면서 시간을 관리해야 한다는 것이다. 실제 시간을 기록해보면, 필요 없어 보이는 일에 사용된 시간이 눈에 띄게 마련이다. 때로는 그렇게 사용된 시간이 가용 시간의 대부분인 경우도 있다. 그럴 때는 체계적인 시간관리를 위한 자기진단 질문이 필요하다. 질문을 던져보고, 그 대답에 따라 그 시간의 사용을 중지할 것인지 이어갈 것인지를 결정하면서 시간을 관리하는 것이다. 우선 '이 일을 시작하지 않았다면 어떤 일이 일어났을까?'라고 스스로 물어본다. '별일 없어.'라는 대답이라면 그 일은 중지하라. 그리고 '다른 사람이 최소한 나만큼 잘할 수 있었던 일은 어떤 것인가?'라고 물어본다. 그런 일이 있다면 다른 사람에게 위임하고, 자기 자신이 해야만 하는 일에 집중하라. 마지막으로 '내가 하는 일 가운데 나의 목표달성에 아무런 도움도 되지 않으면서 내 시간만 낭비하게 하는 일은 없는가?'라고 주변 사람들에게 물어본다. 솔직한 대답을 두려워하지 마라. 그런 일이 있다면 즉시 중지하거나 효율화한다. 시간을 절약하다가 뭔가 중요한 일을 놓치는 게 있을까 불안해하지 마라. 이런 불안이야말로 당신의 일을 망친다.

미국 대통령의 경우, 취임 초기에는 지나치게 많은 초대에 응한다. 그러다 어느 순간 대부분의 초대가 직무수행에 도움이 안 된다는 사실을 깨닫고 초대 일정을 대폭 줄인다. 그러면 어느 순간 신문이나 텔레비전에 '대통령이 대중과의 접촉을 기피한다'는 기사가 나오고 다시 대통령은 사회활동을 시작한다. 그런 과정에서 균형을 찾게 된다. '시간관리'야말로 말단 사원부터 미국 대통령까지 비슷한 고민을 하고 있는 이슈인 것이다.

세 번째는 시간을 통합하라는 것이다. 중요한 것은 관리를 통해 확보한 시간을 어떻게 사용하느냐 하는 것이다. 확보된 시간은 최대한 통합해서, 한 가지 일에 한꺼번에 집중할 수 있는 시간을 활용하는 데 사용해야 한다. 그래야 시간관리의 보람이 극대화된다.

무궁화는 성실하게 '혁신'을 준비한다

◉ ◉ ◉

무궁화의 성실함은 하루 동안의 시간관리를 통해 알 수 있다. 무궁화는 아침에 피었다가 저녁에 지는 꽃이다. 무궁화의 하루살이 생태를 자세히 분석한 자료를 보면 놀랍게도 6시간 단위로 꽃의 모양이 거의 일정하게 바뀌는 것을 알 수 있다. 일정한 시간단위로 꽃의 개화가 진행되고, 또 일정한 시간단위로 꽃이 진다. 그것이 정확하게 하루에 이루어진다는 것은 신비로울 따름이다.

여느 생물과 마찬가지로 사람 역시 '생물학적 시계'가 있다. 그러나 심리학적인 실험 결과에서 밝혀졌듯이, 사람의 시간 감각은 객관적으로 신뢰할 만한 것은 못 된다. 빛과 어둠을 인지할 수 없는 방에 갇힌 사람은 시간 감각을 급속히 잃고 만다. 대부분의 사람은 전혀 보이지 않는 상태에서도 공간 감각을 유지한다. 그러나 전등이 켜져 있는 상태라도, 몇 시간 동안 밀폐된 방 안에 있게 되면 사람들은 시간이 얼마나 지났는지 알 수 없게 된다. 경과한 시간을 과대평가하거나 과소평가하는 것이다. 그러므로 기억만으로는 시간이 얼마나 경과했는지 알 수 없게 되는 것이다.

반면, 무궁화는 자신에게 주어진 하루라는 한정 자원을 정확하게 알고 있다. 그래서 그 한정 자원 안에서 자신의 역할을 정확하게 수행한다. 매일 피운 꽃을 정확히 매일 져버리게 하고, 새로운 꽃을 다음 날 또 피운다. 이 같은 과정을 반복하기 위해 무궁화꽃이 모양을 변형시키는 6시간 단위의 기준은 피터 드러커가 흔히 사용하는 제로 드레프트(Zero Draft) 작성의 시간과 유사하다. 연속적이면서도 최소한의 초안을 설계할 수 있는 독립된 시간을 말한다. 하루라는 짧은 꽃의 생애에서, 그 시간을 6시간 단위로 쪼개서 형태를 달리하는 것은 참으로 신비롭다. 피터 드러커는 보고서의 초안 작성에도 6~8시간이 소요된다고 하였다. 이를 한 번에 15분씩, 하루 두 번, 3주 동안 일곱 시간을 들이는 것은 의미가 없다는 논리이다. 그렇게 쪼개서 진행하였을 경우 매번 얻는 것은 낙서만 가득한 메모지일 뿐이다.

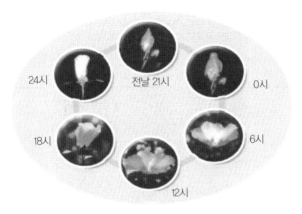

전날 21시

24시

18시

12시

0시

6시

　그러나 문을 걸어 잠그고 전화선을 빼놓은 채, 방해받지 않고 연속으로 5~6시간 동안 보고서 작성에 집중하면, 피터 드러커가 이름 붙인 제로 드레프트를 완성할 수 있다. 초안을 작성하기 직전의 원고상태를 완성할 수 있는 것이다. 그 다음부터는 매우 쉬워진다. 비교적 짧은 시간단위로 나누어 살을 붙이고 장, 절, 문장을 다시 쓰고 교정과 편집작업을 할 수 있다. 실험도 마찬가지이다. 실험 장비를 갖추고 적어도 한 가지를 마무리하면 한 번에 5~12시간을 연속으로 사용해야 한다. 그렇지 않고 도중에 다른 일이 생겨 흐름이 끊기게 되면 처음부터 다시 시작해야 한다.

　무궁화는 바로 그런 독립적이고 연속적인 시간을 6시간 단위로 형태를 달리하며, 짧은 하루 24시간의 생애를 가장 효과적으로 배분하여 집중한다. 이 모든 것은 다음 날 아침 새로운 꽃을 피우기 위한 목적이 있기 때문이다. 그런 의미에서 볼 때 무궁화의 성실한 시간관리는 새로운 꽃을 매일 아침 피울 수 있는 '혁신'의 핵심 조건이 되는 것이다.

- 가장 최근 일주일 시간사용을 기록해보자. 그 중에 원하지 않은 시간사용, 반복적으로 자신의 시간을 갉아먹고 있는 습관은 무엇인지 찾아보자. 너무나 중요한 우선순위이면서도 단지 긴급하지 않다는 이유로 일상에 포함되지 않은 것은 무엇인가?

- 의미 있는 삶을 가꾸고 미래를 창조하기 위해서는 일상 속에 '독립적이고 연속적인 시간'이 필요하다. 일주일 중에 방해받지 않고 몰입할 수 있는 시간은 언제인가? (이전에 없었다면 바로 지금 그 시간을 선포해보자.)

제 4 장

세 번째 핵심가치: 혁신

혁신에 성공하는 사람은 우뇌와 좌뇌 양쪽 모드를 사용한다.
숫자를 보는 동시에 사람들을 보듯이,
기회를 잡으려면 무엇이 필요한지 분석을 통해 이해하는 한편으로는,
나중에 외부로 나가 고객과 이용자를 관찰하며
그들의 기대, 가치, 니즈를 지각을 통해 이해한다.
『혁신과 기업가 정신(Innovation and Entrepreneurship)』

무궁화는 혁신의 아이콘

무궁화는 자신의 존재 이유를 명확히 알고 있다. 무궁화는 수많은 꽃 중의 꽃으로 진정한 섬김을 알고 있으며 자신을 보는 이에게 평화와 행복, 기쁨을 선사하기 위해 매일 새로운 마음으로 아침마다 새로운 꽃을 피운다. 자신의 아름답고 찬란한 순간 100일을 위해 265일을 준비한다. 무궁화는 단 하나도 버릴 데가 없는 식물이다. 잎, 씨, 꽃 몽우리 등이 식용과 약재로 쓰인다. 늘 새로운 마음으로 아름다움, 즐거움, 평화와 행복을 선사하고 또 자신의 모든 것을 다 바치는 유익한 꽃이요, 헌

171

신하는 꽃이다. 무궁화는 자기의 모든 것을 바쳐 사람들에게 공헌하는 꽃이다.

무궁화의 일생은 단 하루이다. 이 하루의 살이를 바라보는 시각은 두 가지 생각을 낳는다. 오래 전 중국 송나라의 두 사람은 무궁화의 하루를 보며 인생의 허무함, 인생의 덧없음을 이렇게 노래하였다.

새벽해가 주렴을 비추면서 돌아 오르니
흐르는 빛에 곱고 밝은 모습 드러나네.
인생의 젊음이 쉽게 가고 마는 것이
이 꽃의 영화와 다를 바가 없구나.

　　　　　　　　　　　　송나라 구양수

새벽엔 손무가 진을 펴듯 아름답게 피어나고
저녁바람 일면 녹주(綠珠)와 다투듯 떨어지네.
가는 길 번개처럼 바빠 머물 틈도 없고
놀란 기러기 날듯하니 잡을 길 가이 없네.

　　　　　　　　　　　송나라 양만리의『목근』

구양수와 양만리의 무궁화에 대한 생각을 노래한 시이다. 무궁화는 새벽에 피었다가 오후가 되면서 오므라들기 시작하여 해가 질 무렵에는 땅에 떨어진다. 이와 같은 무궁화의 짧은 생명을 인생의 허무함 또는 인간의 세속적인 행복과 부귀영화의 덧없음으로 표현하고 있다.『목근』

이라는 시에는 오나라의 손무가 등장한다. 아침에 무궁화가 피는 모습을, 병법에 정통했던 춘추전국시대 오나라의 손무가 천군만마로 진을 펴듯 그 기상이 의젓하고 당당한데 저녁에 질 때는 진나라 석숭의 아내 녹주가 정조를 지키기 위해 누각 위에서 몸을 날려 떨어지듯 급히 지고 있다고 묘사한다. 무궁화가 지기 전에 잠시나마 머물기라도 하면 좋으련만 가는 길을 바삐 재촉하니 날아가는 기러기가 죽기를 각오하고 달아나듯 날아가 버려 잡을 수 없는 것처럼 그 떨어지는 운명을 막을 수가 없음을 한탄하고 있다. 우리 인생도 부귀영화가 손무의 진세처럼 기세가 드높았다가도 누각에서 떨어지는 녹주의 운명처럼 허무함을 일깨워 주는 글이기도 하다

반면 당나라의 백거이가 쓴 '방언'이라는 시에서는 무궁화에 대해 다른 느낌을 표현하고 있다.

천년을 사는 소나무도 마침내 이즈러지고 松樹千年終是朽

하루뿐인 무궁화는 스스로 영화를 이룬다 槿花一日自爲榮

백거이의 『방언』

백거이의 이 시는 일반적으로 무궁화의 덧없음을 뜻하는 '근화일조(槿花一朝)의 꿈'이라고 하는 것과는 조금 다른 뜻을 말하고 있다. 즉 이 시인은 무궁화의 하루 삶을 소나무의 천년의 삶에 대비시킴으로써 단 하루를 살면서도 그 천분을 지켜 스스로 영화롭게 살아가는 삶이야말로 부귀영화가 영원히 지속될 것으로 믿고, 우둔하게 살아가는 삶보다 더

가치 있는 삶이 될 수 있음을 가르쳐주고 있다.

　무궁화꽃의 생명이 아침에서 저녁까지 불과 하루에 불과하다는 것을 억겁의 세월 속에서 일순간에 사라져 버리는 인생에 비유하여 순간순간에 최선을 다하고 행복의 절정에서 자만하지 않고 겸손해야 함을 일깨워주고 있다. 무궁화는 오늘의 꽃은 오늘로 끝내고 내일의 꽃은 내일 다시 새롭게 피운다. 그리고 질 때는 뒤를 어지럽히지 않고 깨끗하게 끝맺는다. 이것은 진인사(盡人事)하는 미덕으로 볼 수 있다. 또 "아침에 도를 깨달으면 저녁에 죽어도 좋다."라는 성현의 길을 가리키고 있는 듯도 하다. 무궁화는 오늘의 꽃이 최선을 다하여 피었다가 지면 다음 날 또 새로운 꽃들이 대를 잇는다. 이것은 진정한 혁신이다.

'자강불식' 무궁화의 쉼 없는 혁신

✤ ✤ ✤

　무궁화를 시적 표현으로 형상화한 작품은 많으나, 수필로 표현한 작품은 그리 많지 않다. 그 중 문일평의 '목근화'라는 수필에는 무궁화의 '자강불식'하는 특성을 표현하고 있다.

　　목근화(木槿花)는 무궁화니 동방을 대표하는 이상적 명화이다. 이 꽃
　　이 조개모락(朝開暮落)이라고 하나 그 실은 떨어지는 것이 아니라 시
　　드는 것이니 조개모위(朝開暮萎)라 함이 차라리 가할 것이며, 따라서
　　낙화 없는 것이 이 꽃의 특징의 하나로 볼 수 있거니와, 어쨌든 아침
　　에 피었다가 저녁에 시들어지는 것은 영고 무상한 인생의 원리를 보

여주는 동시에 여름에 피기 시작하여 가을까지 계속적으로 피는 것은, 자강불식(自强不息)하는 군자의 이상을 보여주는 바다. 그 화기의 장구한 것은 화품의 청아한 것과 아울러 이 꽃의 두드러진 특징이라 할 것인 바 조선인의 최고 예찬을 받는 이유도 주로 여기 있다……

문일평의 『목근화』

그런데 이 작품에는 무궁화가 꽃이 떨어지는 것이 아니라, 시드는 것이라고 표현되어 있는데 이는 정확한 사실이 아니다. 무궁화꽃은 일반 여느 꽃과는 달리 시들지 않는다. 즉 초라하게 땅에 떨어지고 시들어 말라서 사라지는 것이 아니라, 깨끗한 꽃잎 그대로 떨어져 사라진다. 따라서 무궁화꽃 아래에는 시들어버린 꽃잎이 보이는 것이 아니라, 깨끗한 무궁화꽃잎이 통째 얌전하게 오므린 모습으로 떨어져 있는 것을 볼 수 있다.

'박수칠 때 떠나라'라는 말이 있다. 자신이 가장 아름다운 모습일 때 무대에서 내려오는 것을 말한다. 그래서 자신을 사랑하는 사람들에게 가장 아름다운 모습을 그 마음에 심어주고 떠나는 것이다. 무궁화는 자신의 하루뿐인 인생에서 천년 소나무도 할 수 없는 특별한 메시지를 우리 인생에게 주고 있다. 이는 피터 드러커가 언급한 '어제를 버린다(Abandon Yesterday)'와 일맥상통한 것이다. 피터 드러커는 우리가 내일을 만들어내고, 오늘의 과제를 수행하기 위해서는 어제를 버려야 한다고 강조한다. 기존의 사건이나 과거의 성과에 매여 있으면 앞으로 나아갈 수 없다는 것이다.

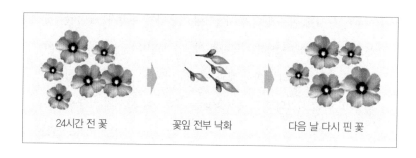

| 24시간 전 꽃 | 꽃잎 전부 낙화 | 다음 날 다시 핀 꽃 |

일본의 전설적인 소기업 '오카노 공업사'는 그 좋은 예이다.

'밖은 초라한 미니기업, 안은 최첨단 기술의 보고' 일본 도쿄 스미다 구에 있는 오카노공업은 금형 및 프레스 기술자 6명이 일하는 가내수공업형 초미니기업이다. 하지만 50평 남짓한 허름한 공장에서는 누구도 흉내 낼 수 없는 '작품'을 만들어낸다.

오카노공업의 한 기술자가 무통주사기를 현미경으로 들여다보고 있다. 오카노공업이 만들고 있는 '모기 침'만큼이나 가늘다는 '무통(無痛)주사기'다. 지름이 0.2mm로 병원에서 주로 쓰이는 일반 주삿바늘(지름 0.3mm) 굵기보다 가늘다. 당뇨병 환자의 인슐린 투약에 주로 쓰인다. 오카노공업은 이 주사기를 2005년 7월부터 세계적인 의료기기 제조사인 일본 텔모사에 납품하고 있다. 놀라운 사실은 독보적인 기술을 가진 이 회사의 종업원 수가 오카노 대표를 포함해 단 6명뿐이라는 점이다. 하지만 연간 매출은 약 60억 원으로 직원 1명당 매출이 10억 원에 이른다.

오카노공업은 회사 인원과 매출 같은 외형적 실적에 연연하지 않는다. 오카노 대표는 "당장이라도 종업원을 수백 명으로 늘리고 매출도 키울 수 있지만 공장이 커지는 것은 전혀 도움이 되지 않는다."라고 잘라 말했다. 고정밀, 고품질 제품은 실패를 두려워하지 않는 장인정신에서 나오는데 대기업처럼 이윤 내기에 급급한 조직으로는 불가능하다는 게 그 이유이다. 이렇게 해서 만든 제품은 세계에서 유일무이하기 때문에 가격은 부르는 게 값이다. 그 대신 오카노공업은 3년 이상 사용한 기술은 과감히 팔아버리는 '치고 빠지기식' 전략을 쓴다. 경쟁업체들이 비슷하게라도 제품을 모방하기 시작하면 고가전략에 차질이 생기기 때문이다. 이것은 무슨 말인가. 최고의 기술력으로 얻어낸 기술을 과감하게 개방해 버린다는 것이다. 그러고 나면 오카노는 다시 새로운 기술을 연구하는 것이다. 과거의 성과에 매이지 않고 끊임없이 새로움을 추구하는 무궁화의 메시지가 실제로 구현된 좋은 예라고 하겠다. 무궁화의 이러한 특징은 피터 드러커가 그토록 강조한, 기업가정신 바로 '혁신'을 표상하는 것으로 볼 수 있다.

조금 다른 것이 아니라 완전한 '새로움'

❀ ❀ ❀

무궁화는 적당히 개선하는 것을 추구하지 않는다. 오늘의 꽃 전체를 완전히 떨어뜨리고 그리고 새로운 해가 뜨면, 전체가 새로운 꽃, 어제 없던 새로운 꽃을 통으로 피운다. 이는 피터 드러커가 말한 혁신의 내용과 조금도 다르지 않다.

"전혀 다른 것이 아니라 완전히 새로운 것을 목표로 삼아라!"

이것이 바로 피터 드러커가 말한 '혁신'의 핵심이다. 많은 사람이 기존에 있는 것을 개선할 때보다 새로운 것을 만드는 데 훨씬 더 많은 에너지

177

가 든다고 생각한다. 하지만 그렇지 않다. 두 가지 경우에 사용되는 수고의 양은 결론적으로 같다. 그러기에 우리는 더 큰 성장을 꿈꿔야 한다.

Drucker Time 혁신(Innovation)

개혁 또는 변혁을 말한다. 변화는 기존의 흐름을 가공하여 발전시키는 것이지만 혁신은 완전히 새로운 흐름을 만들어내는 것이다. 피터 드러커가 말하는 혁신은 변화보다 능동적이며 개혁보다는 역동적이다. 또한 부분적인 개선의 느낌인 리모델링이 아니라, 완전히 허물고 다시 짓는 재건축에 가깝다.

이 부분에 대해 피터 드러커가 말한 "세상을 바꾸는 연구를 하라."라는 말이 떠오를 수밖에 없다. 혁신은 인간에 대한 시각을 근본적으로 바꾸고, 위험을 무릅쓰면서 새로운 질서를 만들어가는 것이다. 따라서 혁신은 인간의 능력을 과시하는 것이 아니라, 인간이 미래의 위험에 대해 책임이 있다는 것을 의미한다.

피터 드러커는 일류 과학자와 보통 과학자를 나누는 차이가 '재능'이 아니라고 한다. 물론 지식이나 노력도 아니다. 그 차이는 바로 '가치 있는 것'을 추구하느냐, 그렇지 않느냐에 있다고 한다. 뉴턴이나 패러데이 같은 일류 과학자들은 처음부터 가치 있는 것을 추구하였다. 자신의 지식, 지능, 에너지를 가치 있는 것에 집중했다. 이미 있는 것의 연장이나 개량이 아니라, 새로운 가치를 만들어내려 했다. 그래서 그들은 일류가 되었다.

피터 드러커는 과학자와 혁신을 연결 지어 이렇게 설명했다.

"나는 매년 노벨상 수상자의 기념 연설문을 읽는다. 그들 중 많은 사

• 삶과 업무 속에서 '변화와 혁신'을 어떤 방법으로 경험하고 있는가? 즉 기존의 것을 개선하고 발전시키는 변화와 완전히 새로운 것을 추구하는 혁신을 삶에서 그리고 업무에서 이뤄내기 위해 어떤 노력을 해왔고, 앞으로 어떤 다짐을 하겠는가?

람이 '세상을 바꾸는 연구를 하라'는 선생님의 한마디에서 연구가 시작되었다."

일리 있는 말이다. 혁신은 기존 사업의 문제점을 개선하는 정도로 만족하는 것이 아니다. 완전히 새로운 것을 추구하겠다는 의지가 필요한 것이다. 이러한 의지를 갖추기 위해 피터 드러커는 우리가 꼭 가져야 할 것과 버려야 할 것이 있다고 강조한다.

품어야 할 마음가짐과 버려야 할 금기

⊛ ⊛ ⊛

혁신에 성공하기 위해 피터 드러커는 세 가지 마음가짐을 품어야 한다고 강조하였다.

첫째, 목표하는 것에 집중해야 한다. 다양한 분야에서 동시에 혁신을 성공시키는 것은 어렵다. 에디슨도 발명왕으로 불리며 발명의 방법론에 통달했지만, 전기 분야에서만 혁신을 이루었다. 둘째, 강점을 활용해야 한다. 모든 개인, 모든 조직에는 우수한 것과 그렇지 않은 것이 분명 존재한다. 혁신에 사용해야 할 것은 우수한 능력이다. 셋째, 세상을 크게 변화시킬 선택을 해야 한다. 여기서 크게 변화시킨다는 것은 모두가 이해하고 사용 가능한 것, 즉 시장에서 꽃을 피우고 시장에서 열매를 맺어 성과를 내는 혁신을 하라는 것이다. 혁신을 위한 혁신은 놀라움을 줄 수 있을지는 몰라도 세상을 위한 진정한 혁신은 아니다.

이어서 세 가지 금기를 피해야 한다.

첫째, 과도한 힘을 쏟지는 마라. 생산자의 자기만족을 경계하라는 것이다. 거추장스러운 재화와 서비스에 소중한 시간과 돈을 쓰는 사람은 없다. 오히려 큰 사업을 하고 싶다면 가볍게 사고 가볍게 써줄 것을 생각하는 게 낫다. 둘째, 과도하게 다각화하지 마라. 이는 집중력에 초점을 둔 것이다. 핵심이 없는 혁신은 그저 사라지는 아이디어에 불과하다. 셋째, 내일을 위해 혁신하지 말고 오늘을 위해 혁신하라. 20년 후 많은 환자가 이것을 필요로 할 것이라는 접근보다는 '이것을 필요로 하는 환자는 이미 많다. 20년 후에는 더 많은 사람이 이것을 필요로 할 것이다'로 접근을 바꿔야 한다.

우리는 어깨에 힘을 빼고 오늘에 집중해야 한다. 세 가지 마음가짐과 세 가지 금기사항을 언급한 피터 드러커는 이제 한 가지에 집중할 것을 권한다. 그것은 바로 '단순함'이다. 피터 드러커가 말하는 혁신은 놀라울 정도로 '단순'하다. 혁신은 '하나'에 집중해야 한다. 그렇지 않으면 초점이 흐려진다. 단순함에 대한 예로 애플과 잡스를 살펴보자.

최근 현대카드에는 눈에 띄는 변화가 하나 생겼다고 한다. 사장의 지시로 회사 업무보고 시 불필요한 파워포인트(PPT) 프레젠테이션을 없애고 e메일이나 워드로 보고하는 형식이다. 직원들은 프레젠테이션을 화려하게 만드는 데 쏟았던 시간이 줄어 본업에 더 집중할 수 있게 됐다며 반기고 있다. 디자인에 대한 집착으로 유명한 현대카드에서 화려한 PPT를 걷어냈다니 의아하다.

이런 회사의 대표주자는 역시 애플이다. 고인이 된 스티브 잡스의 청중을 사로잡는 프레젠테이션 기술은 여러 권의 책으로도 나왔지만 정작 그는 일을 할 때 불필요한 프레젠테이션을 가장 싫어했다고 한다.

"말 한두 마디로 전할 수 있는 아이디어를 20개짜리 슬라이드로 만드는 것은 낭비다."라는 것이 잡스의 일관된 생각이다. 애플과 잡스의 원칙은 '단순화(simplicity)'이다. 회사의 제품, 광고, 내부조직, 고객과의 관계 등 애플 내부에서는 단순함이 목표고, 업무 프로세스이며, 평가의 척도이다. 애플에 복귀한 잡스가 가장 먼저 한 일은 복잡한 제품군을 네 가지로 단순화하는 것이었다. 단순함에 대한 종교에 가까운 믿음은 애플의 조직 운영이나 업무 프로세스에서도 확연히 드러난다. 프로젝트를 실행할 때도 철저히 작은 집단을 추구했으며, 대기업이나 기관에 수십, 수백 개씩 있는 위원회는 단 하나도 없다. 이런 단순함을 위한 노력이 오늘날의 애플을 만들었다.

"복잡해지는 것은 한순간이다. 반면에 단순해지기 위해서는 상당한 노력이 필요하다."

잡스의 이러한 단순함에 대한 마인드가 지금의 애플을 일궈냈다. 그리고 이러한 단순함이 바로 혁신의 핵심이다. 그런 차원에서 피터 드러커는 '절차'라는 도구를 혁신의 걸림돌로 규정하였다. 단순함을 막는 요인이기 때문이다. 보고와 절차는 도구일 뿐이다. 그것도 잘못 사용하면 큰 해로움을 주는 도구이다. 잘못된 방법으로 절차와 도구를 사용하면 그것은 도구가 아니라 지배자가 된다.

우리는 종종 절차를 '판단' 대체제로 여기는 오류를 범한다. 분명히 말하지만 절차는 판단이 불필요할 때에만 유효하다. 절차란, 이미 판단을 끝내고 올바름이 검증되어 있는 반복적인 상황에서만 사용할 수 있는 것이다. 피터 드러커는 한때 어느 공익사업에 제안하여 모든 보고와 절차를 2개월간 폐지하고 현장이 필요로 하는 것만을 부활시켰다. 그 결과, 보고와 절차의 3/4이 줄었다. 단순함을 가로막는 장벽을 재거해야 한다는 메시지이다.

변화를 혁신으로 승화시키는 '기업가정신'

◉ ◉ ◉

기업가란 프랑스어인 'Entrepreneur(수행하다, 시도하다, 모험하다)'에서 유래됐다. 18세기 경제학자들은 기업가를 사업에 자본을 공급하는 사람이 아니라 실패할 위험을 밀고 나아가는 사람이라고 정의했다. 이후 슘페터는 기업가를 경제 변화의 원동력인 기술혁신을 주도하는 자라고 말했다.

슘페터 이후 피터 드러커는 기업가를 경영자 역할을 하거나 또한 혁신을 주도하는 사람으로 여겼다. 여기서 피터 드러커는 경영자를 오케스트라의 지휘자에 비유했다. 즉, 경영자란 조직 구성원이 각자의 일을 최상의 상태로 수행할 수 있도록 하는 임무를 맡은 리더를 뜻한다. 혁신을 주도한다는 것은 본래 존재하는 자원을 영리하게 이용하는 것이 아닌 '새로움'을 첨가할 줄 안다는 것으로 이해할 수 있다. 또 피터 드러커는 '기업가는 시장, 외부에 끼치는 영향력으로 평가된다'고 말하며 일반기업, 공공서비스기관, 벤처기업의 대표자들을 모두 기업가에 포함시켰다. 기업가정신이 기업가에게만 필요한 것이 아니라, 모든 조직 구성원에게도 적용된다는 사실이다. 피터 드러커는 조직 구성원들이 기업가정신을 발휘한다면 작업에 대한 자발성을 불러일으키고, 생산력 향상의 원동력이 된다고 보았다.

말 그대로 CEO처럼 일하는 정신이다. 이는 새로운 사업에서 야기될 수 있는 위험을 부담하고, 어려운 환경을 헤쳐 나가면서 기업을 키우려는 의지이다. 이는 변화를 당연시하고 건전하게 여기는 마음이다. 다시 말해 변화를 탐지하고 그것을 기회로 삼아 혁신을 일으키는 것이 기업가정신이다.

기업가정신에 대한 개념은 기업이 처해 있는 국가의 상황이나 시대에 따라 바뀌어 왔다. 따라서 기업가정신을 한 마디로 정의하기는 어렵다. 그러나 어느 시대, 어떤 상황에서든 기업가가 갖추어야 할 본질적 정신은 예나 지금이나 별로 다르지 않다.

기업은 이윤의 획득을 목적으로 운용하는 자본의 조직단위이기 때문에 생존을 위해서는 먼저 이윤을 창출해야 한다. 동시에 기업은 이윤을 사회에 환원한다는 점에서 사회적 책임도 가지고 있다. 따라서 기업을 이끌어가는 기업가는 이윤을 창출하면서도 사회적 책임을 잊지 않는 정신을 가지고 있어야 한다. 다시 말해 올바른 기업가정신을 가지기 위해서는 언제나 이 두 가지가 전제되어야 한다.

기업가정신과 관련된 대표적 학자로는 미국의 경제학자 슘페터(Joseph Alois Schumpeter)를 들 수 있다. 그는 새로운 생산방법과 새로운 상품 개발을 기술혁신으로 규정하고, 기술혁신을 통해 창조적 파괴(creative destruction)에 앞장서는 기업가를 혁신자로 보았다. 그는 혁신자가 갖추어야 할 요소로 신제품 개발, 새로운 생산방법의 도입, 신시장 개척, 새로운 원료나 부품의 공급, 새로운 조직의 형성, 노동생산성 향상 등을 꼽았다. 전통적인 의미의 기업가정신 역시 슘페터의 정의와 크게 다르지 않다. 미래를 예측할 수 있는 통찰력과 새로운 것에 과감히 도전하는 혁신적이고 창의적인 정신이 전통적 개념의 기업가정신이다.

현대에는 이러한 전통적 의미의 기업가정신에 고객제일주의, 산업보국, 인재 양성, 공정한 경쟁, 근로자 후생복지, 사회적 책임의식까지 겸비한 기업가를 진정한 기업가로 보는 견해가 지배적이다. 어린 시절부터 아버지의 친구인 슘페터를 만나 대화를 했던 피터 드러커가 그의 기업가정신에 영향을 받았음을 짐작할 수 있다.

피터 드러커는 경영자뿐 아니라 모든 개인이 기업가정신을 가져야 한다고 강조하였다. 이는 조직 전체의 행동양식을 바꾸는 것을 말한다. 조직 전체가 변화를 위협이 아닌 기회로 받아들이는 것이다. 피터 드러커는 우리 개인이 스스로 변화를 만들어야 한다고 말했다. 그러기 위한 다섯 가지 방법을 제안하였다. 이 다섯 가지 변화를 만들어내는 방법은 매일 꽃을 피우고 매일 그 꽃을 떨어뜨리며 또 매일 다시 다섯 개의 꽃잎을 피우는 혁신의 모형인 무궁화의 다섯 잎으로 연결될 수 있다.

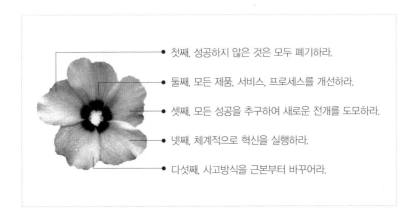

첫째, 성공하지 않은 것은 모두 폐기하라.

둘째, 모든 제품, 서비스, 프로세스를 개선하라.

셋째, 모든 성공을 추구하여 새로운 전개를 도모하라.

넷째, 체계적으로 혁신을 실행하라.

다섯째, 사고방식을 근본부터 바꾸어라.

• 현재 자신의 삶과 업무영역에서 단순함을 가로막는 불필요함의 장벽은 무엇인가?

• 형식과 절차 때문에 속도감이 떨어지고 의사결정의 시기를 놓치는 것은 무엇인가?

• 자신의 삶을 스스로 결정하지 못하고, 미루게 되고, 결국 기회를 놓치게 만드는 근본적인 요소는 무엇인가?

• 진정한 기업가정신이란 조직의 경영자 혼자 갖고 있는 것이 아니라, 조직의 구성원 각자가 모두 동일하게 품고 있어야 하는 것이다. 자신이 속한 조직은 어떤가?

• 모든 개인이 기업가정신을 갖추고 있는가. 그렇지 않다면 그 이유는 무엇인가. 어떤 점을 개선해야 하는가?

피터 드러커는 이것을 수행하는 주체를 '체인지 에이전트(Change Agent)' 즉 변화와 혁신을 위한 기관이라고 명명하였다. 그런 의미에서 본다면 무궁화는 그 자체가 체인지 에이전트이다. 이러한 피터 드러커의 기업가정신 그리고 체인지 에이전트와 같은 무궁화정신을 실천한 기업가는 우리 주변에 분명 존재한다.

기업가정신을 실천한 기업가들

피터 드러커에게 기업가정신이란 일종의 과학(Science)도 아니고, 한 특별한 기예(Art)도 아니다. 그것은 하나의 실천(Practice)이다. 모든 분야의 실천이 그렇듯이 기업가정신과 관련된 지식은 목적을 달성하기 위한 수단이다. 실천적인 측면에서 '무엇이 지식을 구성하는가?' 하는 것은 대체로 그 목적 달성 가능성, 즉 실천 가능성을 통해 결정된다. 이러한 피터 드러커의 정신을 충분히 학습하지 않았을 것 같은 사람들 중에도 실천적 기업가정신을 세상에 보여준 인물들이 있다.

나는 기업가정신을 실천한 사람들을 찾는 과정에서 흐뭇한 경험을 한 적이 있다. 대학생들이 직접 피터 드러커의 책을 읽고 피터 드러커의 기업가정신을 이해한 뒤에 다양한 사회 속에서 기업가정신을 실천한 인물들을 찾아 분석한 기사를 만난 것이다. 『바이트』라는 시사교양지의 기사 내용을 소개해 보고자 한다. 세 명의 인물 이병철, 강우현, 그리고 헨리 포드에 관한 이야기다.

피터 드러커가 말하는 기업가적 경영은 기업인이 새로운 것을 갈망하는 존재가 돼야 한다는 것이다. 이병철은 끊임없이 새로운 분야를 탐구했던 기업인이었다. 그는 해방 후 150만~200만 명의 사람들이 한국으로 귀환하면서 일시적인 인구 급증이 발생한 시장구조의 변화를 알아채고 산업 불모지인 한국에서 각종 새로운 사업에 뛰어들었다. 그는 광복 이후 국민들의 일상생활에 필요한 생필품의 수입이 가장 시급하다고 생각해 삼성물산공사를 설립했다. 연간 200만 달러가 설탕 수입에 의해 사라지고 있다는 사실을 알아챈 후 제당업을 선택해 제일제당을 설립했다. 또한 식량증산을 위해 빼놓을 수 없는 비료가 불안정적으로 수입되고 있는 상황에서, 농민들의 불안감을 해소하기 위해 비료의 국산화를 시도하기도 했다.

이병철은 호텔사업도 시도했는데, 이는 세계 귀빈들을 접대할 수 있는 호텔을 한국 최초로 만들겠다는 의지에서 시작됐다. 그의 이러한 사업시도들은 피터 드러커가 말한 인식의 변화와 지각상의 변화를 받아들여 고객이 필요로 하는 가치를 제공하고 효용을 창조하는 전략이었다고 할 수 있다. 또 피터 드러커가 중요시한 피드백의 실천에도 이병철은 남달랐다. 삼성 사장단 10명 정도가 참석하는 '마의 오찬'을 통해 피드백이 이루어졌다. 오찬모임에서 사장단은 차례로 나와 계열사의 문제점 등의 내용을 브리핑하고, 이 회장은 중간에 질문을 던졌다. 그런데 질문의 수준이 높고 날카로워, 사장단들은 부하직원들이 준비해준 모범답안만으로는 대답할 수가 없었다. 이병철의 이러한 경영실천이 있었기에 지금의 삼성그룹이 가능했을 것이다.

『남이섬 CEO 강우현의 상상망치』라는 책을 쓴 강우현도 기업가정신을 보여준다. 강우현이 남이섬을 맡은 후, 남이섬이 세간의 화제가 된 것은 피터 드러커가 첫 번째 원천기회로 꼽은 '예기치 않은 일' 때문이었다. 남이섬의 관리를 맡게 된 강우현은 겨울연가의 촬영지로 남이섬을 허락해주는 대신 겨울연가 제작발표회를 남이섬에서 할 것을 요구했다. 이를 계기로 남이섬은 기성세대에게 잊혔던 섬에서 추억이 깃든 섬으로 바뀌게 되었다. 물론 관심 받게 된 기회를 놓치지 않은 것은 강우현의 혁신이 있었기 때문이었다. 강우현은 새로운 혁신이 소개되면 세상 사람들의 흥미를 유발한다는 피터 드러커의 조언에 가장 적절한 예일 것이다. 강우현은 남이섬을 '나미나라공화국'으로 개국선포를 하는 멋진 아이디어를 혁신 기회의 원천으로 삼았다. 남이섬으로 들어오는 손님들에게 여권을 발급하는 등, 문화독립 주권을 실천했다. 남이섬만의 애국가도 있고, 선착장은 입국관리소로, 남이섬 직원은 국가 공무원으로 불렀다. 또 남이섬의 인사규칙은 나이, 학력, 경력을 묻지 않았고 입사적격자의 최우선조건으로는 정직과 부지런함을 보았다. 또 신입 나이는 60세 이상이며, 정년퇴직 나이는 80세라고 한다.

헨리 포드는 실용적인 자동차를 만들기 위해 다양한 수많은 시도를 하여, 끝내 아무도 관심을 가지지 않았던 실용주의 자동차를 만들어 대성공을 거두었다. 그는 사업이 확대되는 과정에서 효율적인 조립라인과 고도의 표준화와 분업화를 이루고 이를 통해 대량생산이 가능하게 했던 입지전적인 인물이다. 피터 드러커는 인구구조의 변화와 인식의 변화를 알아채고 그 기회를 포착하는 기업가를 제시했다. 하지만 포드는 기회포착에 머무르지 않고 변화를 촉진시켰다. 100여 년 전, 자동차는 교통수단이라기보다는 사치품으로 인식되었다. 하지만 포드는 대중에게 차를 교통수단으로 인식시켰다. 포드는 사람들의 편의를 도모하였고, 대중들도 생각하지 못한 대중들의 욕구를 창조한 것이다. 또 피터 드러커가 노동자는 비용이 아니라 자산이자 자원이라고 언급한 부분은 헨리포드에게서도 잘 나타난다. 헨리포드는 자신뿐만 아니라 일하는 직원 하나하나가 자신이 맡은 분야에서 최고로 일을 해야 한다고 주장하며, 그에 맞는 높은 임금과 성과급은 직원 스스로 일을 잘 해내게 만드는 원천이라고 했다.

성장과 변화를 지속하는 무궁화의 자세

๑ ๑ ๑

피터 드러커는 우리에게 변화를 당연시하라고 말한다. 자신이 지각하든 지각하지 못하든 상관없이 모든 일은 원리에 바탕을 두고 있다. 기업가정신도 원리에 바탕을 두고 있는데 이것은 바로 변화를 당연하게 여기는 것이다. 흔히들 기업가정신이라고 하면 특별한 한 명이 가진 재능일 것이라 여긴다. 하지만 그는 이것이 착각이라고 단호하게 선을 그었다. 기업가정신은 기질도 재능도 아니다. 행동인 동시에 자세이며 누구나 학습하면 배울 수 있다.

한편, 기업가정신은 영감과는 관련이 없는 것으로 기업경영은 매우 체계적인 작업이다. 피터 드러커가 60년 이상 다양한 기업가와 일해 오면서 깨달은 점은 그들이 매우 부지런하다는 것이었다. 물론 특별히 천재적인 영감에 의지하는 기업가도 있다. 그런데 그들은 그 반짝이는 영감처럼 스스로가 이내 사라지고 만다. 우리는 변화를 이용함으로써 혁신에 성공하는 것이지, 변화를 일으키려고 해서 성공하는 것은 아니다. 결과적으로 성공의 열쇠는 변화를 당연하게 받아들이는 것이다.

변화를 당연시한 존재가 바로 무궁화다. 무궁화는 시대의 변화를 직면하였다. 민족이 당면한 현실도 온몸으로 받아들였다. 그리고 그 속에서 자신의 꽃으로서의 생태주기를 매일 혁신하면서 마지막까지 '새로움'을 추구한다. 결국 그 새로움은 우리 민족에게 변화를 넘어설 만한 거대한 '민족성'을 선물로 안겨주었다. 무궁화는 변화를 당연하게 받아들여 지속적으로 성장하고 혁신하는 아이콘이다. 무궁화가 그런 혁신을 지속할 수 있었던 힘은 어디서 오는 것일까? 또한 그러한 무궁화의 특성이 이 시대 우리에게 주는 혁신의 마인드는 무엇일까? 크게 다섯 가지를 이야기하고자 한다.

첫째, 늘 새로운 마음이다. 마음을 새롭게 한다는 것은 자신을 돌아보는 것이며 자신에게 보이는 과오를 발견하고 개선해 나가는 것이다. 자신을 돌아보지 않는 사람은 자칫 자만과 편견에 사로잡혀 안목이 좁아지고 잘못된 선택을 하고도 무감각해지고 늘 어쩔 수 없는 선택이었다고 스스로를 위로하며, 실패할 수밖에 없는 삶을 살아갈 수밖에 없다.

둘째, 늘 겸손한 마음이다. 다른 사람을 존중하며 자신을 내세우지 않는 사람은 날마다 덕이 쌓여 많은 이웃을 얻게 되고, 스스로를 부족하다 여기는 마음은 늘 배움을 추구하고 성장하기 위해 노력한다. 자만하여 남을 무시하고 가볍게 여기는 사람은 배우기는 하되 껍데기만을 알고도 다 아는 척하며, 말과 행동에 신뢰가 점점 없어짐으로 마음까지 가까이 하는 이웃이 없어져 궁핍하고 어려운 상황에 처했을 때는 고독한 생활을 하게 될 수 있다.

셋째, 늘 공헌하는 마음이다. 사람은 누구나 강점과 재능을 가지고 있는데 그것은 남을 위해, 국가를 위해 공헌하겠다는 마음을 가질 때 더 큰 성장을 하게 된다. 그리고 더욱 능력을 발휘하여 위대한 삶을 살아가게 되는 것이니 사명을 완수하고자 하는 자, 나 이외의 이웃과 사회 더 나아가 국가와 세계평화를 위해 공헌하고자 하는 마음을 가져야 할 것이다.

넷째, 늘 힘든 순간에도 참고 인내하는 마음이다. 삶은 늘 순탄하기보다는 때로 어려움과 시련이 오는데 그것은 더 큰사람으로 성장하는 기회인 것이다. 성장의 기회를 알지 못하고 또 힘들다고 주저앉게 되면 성장을 못하고 오히려 자존감이 무너지게 되어 힘없고 초라한 삶을 살게 되는 것이니 성장을 위해서는 어떠한 순간이 오더라도 참고 이겨내는 강인함이 있어야 한다.

다섯째, 늘 완벽을 추구하는 마음이다. 피터 드러커는 늘 완벽을 추구하기 위해 학습하고 스스로를 갈고 닦아 세계평화를 위한 위대한 유산을 남겼다. 우리도 아침마다 새롭고 늘 새로운 무궁화를 바라보며 스스로를 버리고 더욱 새로운 모습으로 태어나고자 하는 무궁화의 완벽을 추구하는 자세를 배워야 한다.

마지막에 언급한 무궁화의 자세는 혁신을 이루고자 하는 사람들이 꼭 기억해야 할 태도이다. 바로 학습하고 스스로 갈고 닦아 자신을 성장시키는 힘이 있어야 한다는 것이다. 이러한 학습의 태도는 혁신을 가르쳤던 피터 드러커조차 일생 추구했던 자세이다.

학습자의 자세로 혁신하라

⊕ ⊕ ⊕

피터 드러커는 일평생 학생이었다. 끊임없이 새로움을 추구하고 배우며 자신을 혁신시켜 나갔다. 그는 스스로 자신을 교사이자 학생이라고 생각하였다. 본질은 같으나 지속적으로 학습하면서 성장하는 것이다. 과거의 성과에 안주하지 않고, 새로운 기회로 자신을 내어던지는 것이다.

우리가 어떤 일을 끊임없이 반복함으로 해서 그 일에 능숙하고 익숙해진다면 우리는 다른 것을 더 추구할 시간을 얻게 된다. 중요한 것은 다양한 일을 하는 것처럼 보이지만 사실 한 가지로써 일관성을 추구한다는 것이다.

경영학의 아버지, 경영의 대가로 불리는 피터 드러커의 위대함은 경영학과 관련이 없어 보이는 영역에서조차 해박한 지식을 가지고 있다는 것이다. 하지만 그 모든 지식은 인간과 인간이 만나 예술처럼 조화를 이루어 고객을 창조하는 경영, 나는 이것을 '인문예술경영'이라고 부르고자 한다. 피터 드러커의 경영철학은 예술에 가깝다. 단순히 경영학이라고 표현하기에는 너무도 아름다움이 담겨져 있기 때문이다. 피터 드러커의 모든 지식은 인문예술경영으로 통한다. 나는 그가 교수로, 컨설턴트로 저술가로 활동하였고 또 그가 자신을 사회생태학자로 불리기를 바랐다고 하지만 그 목적은 하나 '인문예술경영'이라고 생각한다.

우리도 다양성을 추구하지만 궁극적인 목적은 하나여야 한다. 그 하나를 자신의 강점으로 하여 더욱 강화시키고 끊임없이 성장하고 변화시켜야 한다. 그리고 다양함 속에서 조화를 이루어 자신의 사명을 완수하라.

국화   축제   울타리   화폐   약재(동의보감)

이것이 피터 드러커의 삶속에서 묻어나오는 교훈이자 무궁화의 특성에
서 묻어나오는 일맥상통한 가치이다. "인생은 경영이다. 경영은 예술이
다. 고로 인생을 경영하는 자 예술 같은 인생을 살 것이다." 이는 피터
드러커를 통해 얻은 필자의 생각이다. 같은 본질이면서 다양하게 자신
의 쓰임을 혁신시키는 것은 무궁화에도 동일한 특징으로 찾아볼 수 있
다. 무궁화는 나라꽃 즉 국화이다. 당연히 화폐에 쓰인다. 장원급제 어
사모에도 꽂히고, 특별히 약재로도 사용된다. 양지라면 어디에서나 잘
자라는 무궁화는 자강불식하는 나무가(무궁화를 울타리로 알고 있는 사람
이 많은데 그것은 잘못된 정보이다.) 되어 공기를 청정하게 하는 역할도 한
다. 혁신의 아이콘들은 뭔가 통하는 게 있다. 이렇게 변화를 당연시하
고 자신을 혁신시키는 원동력을 학습이라고 하였는데, 과연 무엇을 어
떻게 학습할 것인가. 이 부분에 대해 피터 드러커의 경험에서 지혜를
찾아보고자 한다.

　피터 드러커는 매년 자신이 잘 모르는 특정한 새로운 주제를 설정하
고 스스로 배웠다. 스스로 평생학습자의 삶을 먼저 살아간 것이다. 지
식근로자의 개념을 전파시킨 자신 스스로 지식근로자의 삶 깊숙이 들어
와 있었던 것이다. 학습에 대한 그의 의견을 경청해보자.

내가 신문사에 근무할 때 우리는 오전 6시부터 일했고 오후 2시 반 그러니까 최종 편집이 인쇄에 들어가면 퇴근했다. 따라서 나는 오후와 저녁에는 혼자 억지로 공부를 시작했다. 국제관계와 국제법, 사회제도와 법률제도의 역사, 일반 역사, 재무 등을 공부했다. 차츰 나는 내 방식대로 공부방법을 개발하게 되었다. 나는 지금도 그대로 하고 있다. 매 3년 또는 4년마다 다른 주제를 선택한다. 그것은 통계학, 중세 역사, 일본 미술, 그리고 경제학이 될 수도 있다. 3년 정도 공부한다고 해서 그 주제를 완전히 터득할 수는 없지만, 그 주제를 이해하는 데는 충분하다. 그런 식으로 나는 60여 년 이상 동안, 한 시기에 한 주제씩 공부하고 있다.

피터 드러커가 이렇게 학습자의 삶을 지속적으로 유지할 수 있었던 배경에는 그의 글쓰기 습관이 한몫을 하였다. 다양한 주제에 대해 학습한 것들을 통합하는 글쓰기를 계속해왔기 때문에 가능한 것이었다. 또한 그 자신의 말대로 이미 배운 것을 버리는 태도를 갖추고 있는 것이다. 여기서 버린다는 것의 의미는 기존의 기술이나 방법론을 버리고 늘 새로운 대책과 새로운 기술을 배워야 한다는 것을 의미한다. 다시 말해, 새로운 기술을 학습하기 위해 '탈학습'이 필요하다는 것이다. 탈학습은 '인식의 틀을 깨다', 혹은 '고정관념을 깨다'라는 의미로 통한다.

한국 피터 드러커 소사이어티를 주도하는 인물 중 문국현 한솔섬유 대표가 있다. 그는 실제 과거 대통령 선거에 나올 당시 피터 드러커 정신을 대한민국의 경제와 정치에 접목하는 꿈을 꾸었다. 정치에서 뜻을 이루지 못했으나 그는 자신의 전문분야인 경제 일선에서 상당 부분 피터 드러커정신을 구현하는 데에 성과를 내었다. 과거 유한킴벌리를 경영하던 시절이나 지금 한솔섬유를 경영하는 상황에서 그의 마음속에 동일하게 새겨진 정신은 지식근로자의 평생학습체제이다.

창조력을 갖춘 사람은 기업이 지속 발전할 수 있는 원천이다. 기계는 새로운 것을 생산하지 못하고, 사람이 시키는 일만 한다. 기업은 사람에 투자해야 한다. 이는 유한킴벌리의 경영철학이자 가치이고 발전전략이었다. 근로자들에게 주인의식을 심어주고, 전사적 학습체제 도입을 통해 고객의 변화를 빨리 알아내고 생산혁신을 이룸으로써 세계적인 대기업과 국내 재벌기업과의 경쟁에서 이길 수 있었다.

한솔섬유는 전 세계 이십여 개 공장에서 4만 명의 근로자들이 일하고 있다. 이들에 딸린 가족을 포함하면 20만 명의 생계를 회사가 책임지고 있는 셈이다. 한솔은 평생학습체제 도입으로 혁신을 이뤄 향후

5~10년 안에 일자리를 십만 개로 늘려서, 50만 명의 가족들에게 희망을 줄 계획이다. 선진국 중산층에게는 아름다운 옷을 만들어주고, 개도국 국민들에게는 아름다운 일자리를 만들어주는 게 목표다. 섬유산업의 시장규모는 1조 5천억 달러(1500조 원)로 전 세계 산업 중 2위다. 세계에서 제일 큰 섬유회사의 매출액이 300억 달러(30조 원)에 불과하다. 한솔의 성장 기회는 많다

한거레 2014. 9.

이는 한국 피터 드러커 소사이어티 리더십으로서 손색이 없는 가치와 실천적 삶이다. 국가경제가 어려워 구제금융을 받을 시기에도 문 대표는 자신이 경영하는 회사의 지식근로자들과 대타협을 이뤄냈으며, 지식근로자 전체가 학습하는 시스템을 만들어 그야말로 피터 드러커식 '자율성'과 '자발성'을 심어주었다. 이것이 생산성으로 연결되어 성과를 내었다. 여기에서 멈추지 않고, '왜 일하는가'를 지식근로자들에게 심어주어 사회와 국가, 그리고 인류에 기여하는 사명들을 모든 직원이 공유하게 만들었다. 개인적으로 이런 기업이 대한민국에 많아지기를 희망한다. 혁신을 다루는 과정에서 반복적으로 등장하는 개념이 있으니 그것은 바로 지식근로자이다.

혁신의 주인공, 지식근로자

◎ ◎ ◎

지식근로자들은 누구인가? 지식근로자는 끊임없는 학습과 지식습득

을 통해 자신의 일하는 방식을 개선, 개발, 혁신하고 이를 다른 사람들과 공유, 활용함으로써 부가가치를 높여가는 사람을 의미한다. 정보를 나름대로 해석하고 이를 활용해 부가가치를 창출해낼 수 있는 노동자를 가리킨다. 기본적으로 자신의 부가가치를 높이기 위해 끊임없이 지식을 쌓고 개선하며 개발하고 혁신하는 인간으로, 1968년 피터 드러커가 저술한 『단절의 시대』에서 지식사회를 다루며 처음으로 사용한 말이다.

그에 따르면 풍부한 지적 재산, 투철한 기업가정신, 평생학습 정신, 강한 창의성, 비관료적인 유연성 등을 갖추고 있는 사람이며, 평생직장인보다는 평생직업인이라는 신념을 지닌다는 특징을 갖고 있다. 오늘날 지식근로자는 자신의 지식을 가장 비싼 값으로 구입해줄 곳을 찾아 국내외를 떠도는 새로운 유목민이 되고 있다. 프랑스의 자크 아탈리는 지식근로자를 뉴 노마드(New Nomad)라고 명명했고, 시계와 휴대폰, 휴대용 컴퓨터와 휴대용 건강진단기 등을 유목물품(Nomadic Objects)이라고 표현했다.

> **Drucker Time** 지식근로자(Knowledge Worker)
> 학교 또는 기관에서 학습한 지식을 적극적으로 자신의 일에 활용하여 성과를 내는 사람을 말한다. 지식을 통해 자신의 부가가치를 높이기 위해 노력하며, 그 지식의 변동성 때문에 끊임없이 이전의 방식을 폐기하고 새로운 방식을 추구해야 하는 혁신의 운명이다.

지식근로자는 자산 그 자체가 지식이기 때문에 각 분야에 대한 전문성의 정도가 높으면 높을수록 자기 성과를 타인에게 객관적이고 정당하게 평가받기가 어렵다. 따라서 피터 드러커는 지식근로자에게는 '평가'라는 기존 목적이 아니라, 지식근로자 스스로가 세운 완벽함에 대한 기준과 스스로가 지닌 책임을 완수하는 것을 목적으로 삼아야 한다고 강조하였다. 이러한 자기기준은 공헌 또는 사명의 수준인 경우가 많다.

지식근로자가 자기기준을 향해 끊임없이 지식을 탐구할 때 매우 중요한, 한 가지를 점검해보아야 한다. 바로 '배우는 방식'이다. 중요한 것은 사람마다 배우는 방식이 다르다는 것이다. 피터 드러커는 모든 지식근로자가 스스로에게 질문을 할 것을 권하고 있다.

'나 자신은 어떤 식으로 배우는가?'라는 일반적인 여섯 가지 방법을 살펴보고자 한다.

첫째, 강의를 듣거나 생각나는 것을 '즉각 기록하는 방식'이다. 둘째, 회의 혹은 강의 도중 아무런 기록도 하지 않고 먼저 듣고 '나중에 생각하고 정리하는 방식'이다. 셋째, 자신이 말을 하고 '말하면서 그것을 스스로 정리하는 방식'이다. 넷째, '다른 사람을 가르치며 자신도 배우는 방식'이다. 다섯째, 소설가와 같이 '직접 글을 쓰면서 스스로 정리하는 방식'이다. 여섯째, 예술가들처럼 '실제로 작업을 하면서' 배운다.

피터 드러커는 어떻게 배울까? 그가 배우는 방식에 대한 일화가 있다. 서던 캘리포니아대학의 워렌 베니스 교수와 나눈 대화는 그가 배우는 방식의 단면을 보여준다.

"피터 드러커 박사, 어떻게 그런 많은 독창적인 생각을 할 수 있습니까?"

"나는 오직 듣기를 통해서 배웠소."

"누구한테서 듣습니까?"

"그야 나 자신이 하는 말을 듣지요."

피터 드러커는 농담처럼 이야기했지만 실제로 그렇게 배운다는 것을 자신은 알고 있었다. 자신이 내뱉은 말에서 배우는 최고경영자들이 종종 있다. 그들은 아무런 원고 없이 이미 머리에 들어 있는 여러 아이디어를 조합하여 내용을 이어간다. 때로는 말을 마친 후 자신이 생각하지 못했던 말을 하고는 스스로 놀라는 경우도 종종 있다. 이후에 자신이 했던 말을 급히 메모하기도 한다.

피터 드러커가 인정한 기업가 중 알프레드 슬론 회장이 있다. 그는 GM을 세계 최대의 기업이자 60여 년 동안 세계 최고의 성공적인 제조업체로 만들었다. 그는 경영활동의 대부분을 소규모의 활기찬 회의를 통해 수행하였다. 회의가 끝나면 바로 슬론은 자기 사무실로 달려가서는 회의 참석자에게 몇 시간 동안 편지를 썼다. 편지에는 회의 때 논의되었던 핵심 질문과 제시된 문제점들, 그리고 회의에서 얻은 결론, 회의에서 다루지 않았지만 해결되지 않은 문제들을 언급했다. 이것은 슬론 회장이 배우는 방식이다. 이렇게 지식근로자는 각각 자신에게 맞는 학습 방식이 존재한다.

지식사회에 맞는 기업환경 속에서 구성원들은 그에 적합한 사고를 가져야 한다. 바로 자신이 하는 일을 노동이 아닌 사명완수를 위한 공헌으로 생각하고 끊임없는 개선과 목표달성을 위한 책임의식이 필요하다. 지식사회가 도래하고, 지식경영자와 지식근로자가 등장했다. 어떻게 하면 일한 주체들이 잘 조화를 이룰 수 있을까. 지식변동성 앞에, 모든 것이 과거가 되어버리는 시대 앞에서 어떤 방식으로 서로 이해하고 성과를 만들어내며 최종적인 공헌을 할 수 있을까. 그 답은 역시 무궁화에서 찾아볼 수 있을 것이다.

- 어떤 공부를 해왔고, 현재 무엇을 공부하고 있으며, 앞으로 어떤 공부 계획이 있는가?

- 자신의 지식을 업무와 인생에 어떤 방식으로 사용하는가?

- 평생 학습자로서 내게 '공부'란 무엇인가?

- 어떠한 방식으로 배우고 있는가?

제 5 장

네 번째 핵심가치 :
협력

성과를 올리려면 자신의 강점을 살려야 한다.
약점에서는 아무것도 생겨나지 않는다. 결과를 낳기 위해서는 동료, 상사,
자신을 가리지 않고 모든 이의 강점을 총동원하지 않으면 안 된다.
『목표를 달성하는 경영자(The Effective Executive)』

협력은 최고의 핵심가치

❀ ❀ ❀

대한민국의 가장 큰 자원은 우수한 두뇌이다. 하지만 일제시대 이후 교육은 우리에게 협력을 가르쳐주지 못했다. 협력은 가장 큰 위력을 발휘할 수 있게 해주는 가치이다. 우수한 두뇌를 가진 우리가 협력을 제대로 배울 수만 있다면 조직과 사회는 머지않은 미래에 초일류를 자랑하게 될 것이다.

우리가 개인으로서 할 수 있는 일은 그렇게 많지가 않다. 물건을 옮기는 단순노동에서부터 지식을 활용하는 지식작업에 이르기까지 함께

했을 때 개인과 개인의 합이 아닌 그 이상의 결과를 만들어낼 수 있다. 그 결과란 것은 최소 2배 이상을 이야기하는데 많게는 100배 이상이 될 수도 있다. 지식정보화 사회인 오늘날에는 상상할 수 없는 결과를 가져오기도 한다.

무궁화는 다섯 개의 꽃잎이 하나의 통꽃으로 되어 있다. 나는 무궁화의 이와 같은 특성에서 다음과 같은 가치를 생각해보았다. 조직이란 하나의 원대한 목적을 가지고 그 목적을 달성하기 위해 한마음으로 협력해야 한다는 것이다.

우리 민족의 역사는 오랜 세월 동안 강산을 지키고, 사람을 지키고 마지막 절개와 정신을 지키기 위한 역사였다. 그 모든 과정을 오롯이 우리 민족과 함께 동행했던 무궁화는 진심으로 민족을 품어주고 연결해주고 하나로 만들어준다. 무궁화가 '하나됨'을 실천할 수 있는 것은 무궁화꽃 그 자체가 '하나됨'의 생태적 특징을 갖고 있기 때문이다. 무궁화는 그 자체가 우리 민족을 하나로 묶어주는 '끈'의 역할을 하였다. 홀로 싸우기에는 버거우나 우리가 함께 할 때는 충분히 가능하다는 마음을 무궁화로 대변하고 있다. 무궁화는 우리로 하여금 '관계'를 형성하게 하고 '연대'하게 하며 '협력'하게 만든다.

저녁 무렵, 무궁화나무 근처에 가면 떨어진 무궁화꽃을 볼 수 있다. 땅에 떨어진 그 모습이 한 시절을 다 피우고 말라서 한 잎 두 잎 떨어진 여느 꽃잎과는 확연히 다르다. 방금 떨어진 꽃은 각각의 꽃잎이 따로 떨어지지 않고, 하나의 통으로 떨어진다. 무궁화는 하나의 통꽃잎이다. 보기에는 분명 다섯 개의 꽃잎이 있지만 그 다섯 잎이 하나로 연결되어 있는 것이다. 바로 이러한 특징이 무궁화를 '협력'과 '관계', 그리고 '연대'를 설명하기에 유익하게 한다. 무궁화의 '협력'정신은 이미 피터 드러커가 언급한 '협력'과 일맥상통한다. 피터 드러커의 협력은 지식 시대에 꼭 필요한 지식경영자와 지식근로자들이 각기 자신의 역할을 수행하고, 함께 연대하여 성과를 만들어낼 수 있도록 도와주는 것이다.

협력이란 위대한 가치이며 반드시 배우고 익혀야 할 핵심가치이다. 이번 장에서는 그러한 협력의 가치를 실현시키는 역량을 개발하는 방법을 알아보고자 한다.

협력의 출발은 자신의 '역할'을 아는 것

✿ ✿ ✿

지식사회에서 가장 중요한 두 부류는 지식경영자와 지식근로자이다. 그리고 이 두 집단은 철저히 고객을 위해 존재한다. 지식사회에서는 지식근로자의 분명한 역할이 규정되어야 한다. 지식을 지식에 적용하여 고성과를 창출하고 뿐만 아니라 고객이 원하는 것, 고객이 가치 있게 여기는 것을 창조해내야만 살아남는다. 지식사회는 더 이상 대량생산 대중화의 전략이 아닌 바로 고객에게 맞추는 생산을 해야 한다. 고객이 원하는 것을 생산해내기 위해서는 반드시 창의성과 자발성 그리고 책임감이 있어야 하며, 무엇보다 회사에 대한 애착과 자긍심이 있어야 가능하다. '나는 구성원의 한 사람으로서 나의 강점을 어떻게 공헌할 것인가?' 이런 생각으로 행동해야 한다. 더 나아가 나의 강점과 팀의 강점을 통한 시너지를 창출해내야 한다. 그것은 진정으로 주도성을 갖고 스스로 목표에 도전하는 성실함과 책임감 없이는 어려운 일이다. 더 짧은 시간에 성과를 낼 수 있는 방법을 끊임없이 개발하고, 늘 도전하는 정신을 가져야 한다. 스스로 변화와 혁신을 책임지는 혁신주도형 인재가 돼야 하며, 늘 겸허한 자세로 일의 중요성에 나를 낮추는 겸손한 마음을 가져야만 한다.

> **Drucker Time 협력(Cooperation)**
> 피터 드러커가 말한 협력이란, 자신이 아는 것과 모르는 것이 무엇인지 아는 것이다. 이는 행동하면서 배우는 것 그리고 자신이 아는 것을 혁신하는 것과 같다. 우리가 고객들에게 그들이 필요로 하는 것을 제공하려면 자신의 강점을 활용할 뿐 아니라, 반드시 다른 사람과 협력해야 한다.

해야 할 일, 할 수 있는 일, 그리고 하고 싶은 일

✿ ✿ ✿

협력을 위해 우리가 가장 먼저 몸에 익혀야 할 습관은 '조직 속에서 해야 할 일'을 떠올리는 것이다. 자신이 하고 싶은 일이 아니라는 점에 유의한다. 조직에 속한 지식근로자는 성과향상과 목표달성을 통해 조직에 공헌하고, 궁극적으로 지역사회를 비롯한 사회 전체에 공헌한다. 이러한 사회적 역할을 무시하고 자기가 하고 싶은 일을 우선한다면 그건 본질이 전도된 것이다. 여기서 성과를 올리기 위한 우선순위를 'Must-Can-Will'이라는 기준으로 생각해보자.

'Must는 해야 할 일', 'Can은 할 수 있는 일', 'Will은 하고 싶은 일'을 묻는 것이다. '해야 할 일'은 '할 수 있는 일'의 제약을 받는다. 따라서 '할 수 있는 일'을 착실히 늘려서 '해야 할 일'의 범위를 넓혀야 한다. 앞으로 자신이 수행하게 될 '해야 할 일'에 초점을 맞추면 현재 자신의 부족한 능력이 보인다. 한 계단 올라서면 다시 부족한 부분을 찾아서 보완하고, 그런 일련의 과정을 반복하면서 자신과 조직을 성장시킨다. 조직에서 일하는 사람은 절대로 이 순서를 다르게 해서는 안 된다. 자신과 조직의 '하고 싶은 일'이 일치되면 최고의 성과를 기대할 수 있다.

반면 '해야 할 일', '할 수 있는 일', '하고 싶은 일'이 전혀 다르다면 취할 행동은 오직 하나, 그 조직을 떠나는 것이다. 능력이나 의욕의 문제가 아니라 그 조직에서 요구하는 공헌의 형태와 맞지 않다. 시간을 낭비하지 않기 위해서라도 매일매일 'Must-Can-Will'을 염두에 두고 일하면서, 동시에 거기에 어떤 부조화가 있는지를 생각하라.

실제로 현대의 직장에서 직장인들은 자신이 하고 싶은 일을 정말 하면서 살까? 직장인의 절반 이상은 자신이 원하지 않은 일을 하고 있으며, 이들 대부분이 하는 일에 만족하지 못하는 것으로 나타났다. 취업·인사포털 인크루트는 직장인 1069명에게 "현재 직업이 처음으로 사회에 진출할 때 희망했던 업무인가?"라고 설문한 결과, 53.5%가 "그렇지 않다."고 답했다고 밝혔다. 이같은 답변은 남성(51.1%)보다 여성(57.3%)이, 연령대별로는 20대(57.6%)가 상대적으로 많았다. 또한 직무별로는 서비스(67.5%), 영업/판매(64.8%), 생산/기능(64.3%) 분야가 전문직(40.6%), IT/전자(42.5%), 건설/공학(43.0%)보다 이같은 응답이 많았다.

원하지 않은 일을 하고 있는 이유에 대해 '지원한 여러 분야 중 일단 합격한 분야여서'(35.5%)라는 응답이 가장 많았다. 특히 이같은 응답은 20대(39.2%)와 30대(43.3%)가 40대(27.9%)와 50대 이상(24.1%)보다 높아 최근 문제가 되고 있는 청년 취업난의 심각성을 엿볼 수 있다. 현재 업무에 만족하고 있다는 답변은 자신이 원하는 일을 하고 있다는 직장인의 경우 70.8%에 달한 반면, 원치 않은 일을 하고 있는 직장인은 그 응답률이 41.4%로 떨어져, 희망직종 종사 여부에 따라 업무 만족도의 차이가 컸다. 이에 따라 원치 않은 일을 하고 있다는 직장인 가운데 58.6%는 "자신이 하고 싶은 분야로의 이직 계획을 갖고 있다."고 답했다. 이것이 이 시대 직장인의 단면이다. must-can-will을 충분히 이해하지 못한 상태에서 일어날 수 있는 자연스러운 결과라 하겠다. 그러고 보면 피터 드러커 철학을 이 시대 직장인의 치열한 현실에 적용하는 것은 여전히 남겨진 우리의 과제라고 볼 수 있을 것이다.

효율성과 효과성 구분으로 협력에 기여

❀ ❀ ❀

진정한 협력은 성과를 올리는 일에 집중하는 것이다. 매순간 성과를 의식하며 협력하는 것이 바로 피터 드러커의 가르침이다. 성과를 내기 위해 지식근로자가 가장 집중해야 할 현장의 요구는 생산성이다. 지식근로자에게 생산성이 얼마나 중요한지는 아무리 강조해도 지나치지 않다. 왜냐하면 지식근로자가 성과를 올리는 수단은 '노동력'이 아니라 '자본'이기 때문이다. 그리고 자본이 성과를 올리는 데 결정적으로 중요한 요소는 비용의 많고 적음 또는 그 양이 아니다. 자본에는 제품을 생산하는 힘이 있다. 또한 자본은 사용해도 줄지 않는다. 오히려 잘 사용하면 할수록 그 힘은 더 커진다. 이런 의미에서 지식근로자는 비용(Cost)이 아니라 자본이라고 할 수 있다. 피터 드러커는 '지식은 정보화 사회에서 의미 있는 유일한 자원'이라고 강조했다. 물론 전통적인 생산요소들(토지, 노동, 자본)이 사라진 것은 아니지만 오늘날에는 부차적인 것이 되어 버렸다.

이처럼 정보화 사회에서 최고의 생산성을 가지고 있는 지식근로자는 지식이라는 '생산수단'을 소유하고 있으며, 이것은 항상 휴대할 수 있는 막대한 자산이다. 지식근로자는 '물건'을 생산하지 않지만 아이디어, 정보 그리고 개념을 창출한다. 지식근로자가 창출한 이런 '생산물'은 그 자체만으로는 쓸모가 없다. 누군가 다른 사람이, 즉 다른 지식근로자가 그것을 자신의 일에 이용해 예전에 없던 새로운 생산물로 바꿔야만 그 가치를 인정받을 수 있다. 실제 작업활동과 행동에 적용되지 않는 지식은 결국 무의미한 데이터에 지나지 않는다. 그러므로 지식 작업자는 자신의 성과를 다른 사람에게 제공하는 일을 해야만 한다. 따라서 지식근로자의 생산성은 '오직' 지식을 산업에 적용함으로써 향상시킬 수 있다. 그리고 지식근로자는 효율(Efficiency)이 아니라 효과(Effectiveness)로 평가받아야 한다.

효율은 주어진 어떤 일을 제대로 하는 것(Do thing right)으로, 일을 하는 과정에 초점이 맞춰진다. 일을 하면서 여러 가지 수단을 얼마나 적절하게 사용했는가가 효율성을 평가하는 기준이 된다. 효과는 가장 중요한 일, 제대로 된 일을 '선택'해서 하는 것(Do the right thing)으로, 목표달성에 초점이 맞춰진다. 즉 일의 결과를 놓고 목표를 충분히 달성했는지 그 탁월성을 평가하는 것이다. 결론적으로 지식근로자의 생산성에 있어서, 비용이 얼마나 들었는지보다는 무엇을 창출했는지가 관건이다.

Drucker Time 효율(Efficiency)과 효과(Effectiveness)

효율은 일을 적절하게 하는 것이고, 효과는 적절한 일을 하는 것이다. 피터 드러커는 이를 관리자와 경영자의 차원으로 구분하기도 한다. 효율은 주어진 일을 어떻게 바르게 처리하느냐는 것으로 관리자의 일이며, 효과는 무엇이 옳은지 찾는 것으로 경영자의 책무다. 지식근로자는 이 두 가지를 구분하여 최대한 효과에 집중해야 한다.

협력하는 지식근로자의 생산성 향상

⊕ ⊕ ⊕

피터 드러커는 지식근로자가 생산성을 향상시킬 수 있는 조건으로 다음 네 가지를 들었다.

첫째, 일의 목적을 생각한다. 지식작업의 생산성을 향상시키기 위해서 먼저 "해야 할 과업은 무엇인가?", "무엇을 수행하려 하는가?", "왜 그것을 해야 하는가?"라는 질문을 해야 한다. 과업의 내용을 분석하고, 하지 않아도 될 일, 필요가 없는 일들은 과감히 제거하는 것이 중요하다.

둘째, 스스로 생산성 향상의 책임을 진다. 조직 전체의 성과와 결과에 영향을 미치는 의사결정을 하는 지식근로자와 관리자, 전문가는 모두 '경영자'라고 할 수 있다. 따라서 지식근로자는 경영자로서 스스로 방향을 정하고 조직의 목표달성에 실질적으로 기여할 책임이 있다. 조직 내 모든 지식근로자의 결정이 최고경영자의 의사결정만큼 중요하므로 지식근로자의 생산성은 바로 자신의 손에 달려있는 것이다.

셋째, 끊임없이 혁신한다. 모든 경제적인 활동에는 위험이 뒤따른다. 그러나 어제를 고수하고 혁신을 하지 않는다면 그것은 더 큰 위험요소가 된다. 과거 지향적이고 현실에 안주하는 사람은 인정받을 수 없고, 스스로도 일에 보람을 느끼지 못한다. 오직 미래지향적이고 도전적인 사람만이 자신의 일에 자부심을 갖고 성장할 수 있다. 혁신은 과학이나 기술 그 자체가 아니라 가치에 관련된 것이다. 새로운 발상과 아이디어를 '가치'로 승화시키는 것, 즉 새로운 차원의 성과를 창출하는 것이 혁신의 본질이다.

넷째, 꾸준히 자기계발에 힘쓴다. 지식은 빨리 변한다. 오늘 중요했던 지식이 내일에는 대부분 어리석은 정보가 되어버리는 것이야말로 지식의 본질이다. 한 분야에서 전문지식을 갖고 있는 지식인은 4년 내지 5년마다 '새로운' 지식을 습득해야 한다. 그렇지 않으면 갖고 있던 지식이 모두 진부한 것이 되어 시대에 뒤떨어진 사람이 될 것이다. 목표를 달성하는 사람들의 공통점 중 하나는 자신을 효과적인 사람으로 만들기 위해 지속적으로 관리하고, 또 계속적인 성장을 위해 시대 상황에 맞게 변혁을 꾀한다는 것이다. 이처럼 지식작업을 하는 사람은 자기계발에 대한 책임을 스스로 져야 한다.

여기서 언급한 네 가지는 모두 아웃풋 향상을 위해 꼭 필요한 것이며, 자발적으로 실행해야 한다. 지식이라는 자본을 소유하고 있는 것은 기업이나 조직이 아니라 바로 자기 자신이기 때문이다. 지식근로자는 지식이라는 자본의 투자가이자 자본을 통해 창출되는 열매의 공급자이다.

협력의 꽃은 조직에서 피어난다

⊛ ⊛ ⊛

우리는 조직이 각 개인에게 위치와 역할을 부여하는 것을 당연하게 여겨야 한다. 또한 조직을 자아실현과 성장의 기회로 삼는 것 역시 당연한 권리로 여겨야 한다. 오직 자신만이 스스로를 효과적인 사람으로 만들 수 있다. 그 누구도 그것을 대신해줄 수 없다. 자신이 몸담고 있는 조직을 위해 해야 할 첫 번째 책임은 자신이 가진 능력을 최대한 활용하는 것이다. 그것은 또한 자기 자신을 위한 것이기도 하다. 사람은 오직 자신이 가지고 있는 것을 활용함으로써 성과를 올릴 수 있다.

성장이란 자아실현을 위해 끊임없이 도전하는 것이다. 따라서 최종 목적지 같은 것은 없다. 도달했다고 생각한 순간 성장은 멈춰버린다. 바꿔 말하면 아득히 멀리 있는 최종 목적지를 향해 목표라는 장애물을 하나하나 뛰어넘으면서 앞으로 나아가는 것이다. 눈앞의 목표에 도전하는 동시에 다음 목표를 대비해 부족한 부분을 단련하면서 앞으로 나아가야 한다. 그렇게 하다 보면 하루에 나아갈 수 있는 거리가 점점 늘어난다. 때로는 예기치 못한 상황에 부딪히기도 하고, 때로는 의욕이 생기지 않아서 고민하는 경우도 있을 것이다.

우수한 역량을 갖추는 것은 다른 누구도 아닌 바로 자기 자신을 위한 일이다. 벽에 부딪힌 느낌이 든다면 성장통을 겪는 중이라 생각하고 각오를 단단히 하자. 특히 조직에 속한 사람은 매일 정신없이 업무에 매달려 자기계발을 소홀히 하기 쉬우므로 주의를 기울여야 한다. 조직에서 마련한 인재육성 프로그램에만 의존해서는 아무것도 습득할 수 없다. 지식근로자는 효과적인 사람이 될 수 있도록 자신을 지속적으로 관리하고 시대상황에 맞게 혁신을 꾀해야 한다. 조직의 성장이 개인의 자기계발과 성장과 연결되어 있다는 사실을 항상 기억하자.

자기계발은 조직의 사명과 깊은 관계가 있다. 자신이 담당한 업무를 잘 처리하지 못하는 이유를 설비, 자금, 노동력, 시간 때문이라고 핑계를 대서는 안 된다. 그것은 모든 것을 세상 탓으로 돌리는 것이나 마찬가지다. 일을 못하는 이유를 다른 데서 찾기 시작하면 남는 것은 추락뿐이다. 일을 하다 보면 수시로 벽에 부딪힌다. 계약이 원만하게 성사되지 않거나 클레임에 대응하느라 정신없이 뛰어다니고, 여러 가지 이유로 어려움을 겪게 마련이다. 그럴 때마다 의기소침해지고 낙심해서는 안 된다. 암초처럼 등장하는 어려움을 극복하면서 단련되고 성장하기 때문이다. 취미를 통한 자아실현이 어려운 이유는 그만큼 다양한 난제가 없어서다. 생사를 넘나드는 경험을 통해 인간은 더 크게 성장한다. 상상을 초월하는 고뇌가 그 안에 들어있기 때문이다. 따라서 일은 일상적인 삶 속에서 자신을 크게 성장시킬 수 있는 많은 기회를 제공하는 고마운 존재이다.

먼저 '일의 의미'도 생각해보자. 어떤 일이 가치가 있는가, 그렇지 않은가 판단하는 기준은 목표달성과 연결되어 있다. 조직에 속한 개개인이 조직에 실질적으로 공헌함으로써 조직이 성과를 이루어낼 때 그 일은 '의미 있는 일'이 된다. 그리고 조직의 성과는 조직의 과업에 의해 결정된다. 즉 출발점은 조직의 과업이다. 피터 드러커는 우리 자신의 목표를 조직의 과업과 일치시키라고 권면한다.

• 조직 안에서 현재 자신의 강점은 자신이 속한 팀의 강점에 충분히 기여하고 있는가?

• 그리고 팀의 강점은 조직의 성과에 충분히 기여하고 있는가. 그렇지 않을 경우 이유와 개선방법은 무엇인가?

• 현재 자신의 Must, Can, Will은 회사의 그것과 일치하는가?

• 자신이 '해야 하는 일'이 자꾸 '할 수 있는 일'에 제약을 받고 있지는 않은가?

• 이 세 가지를 자신의 것과 회사의 것이 일치되도록 하기 위해 지금 무엇부터 시작해야 할까?

• 지식근로자의 생산성은 비용을 얼마나 들였는가보다는 무엇을 창출했느냐가 중요하다. 그런 면에서 나는 효율성과 효과성에서 무엇을 더 우선순위에 두고 일을 하고 있는가?

• 이 질문에 답을 하면서 스스로 개선해야 할 점을 발견했다면 무엇인가?

• 자신의 성장이 조직으로부터 인정되며 조직의 성과에 기여하고 있는가?

• 조직에 기여하는 가장 명확한 협력의 방법은 내가 성장하는 것이다. 성장하는 사람들은 현재의 목표를 이룬 뒤, 그 다음 더 높은 목표를 가지고 있다. 나의 현재 목표는 무엇이며, 그 목표 이후의 새로운 목표는 무엇인가?

협력을 막는 비난의 장벽 넘기

⊙ ⊙ ⊙

개인을 조직의 성과와 일치시키는 작업이 중요하다. 그럴 때에 개인의 성장이 곧 조직의 성과로 연결되기 때문이다. 이러한 협력은 개인과 개인의 수평적 협력이 아니라, 개인과 조직의 수평적 협력이다. 그런데 이러한 협력의 과정을 방해하는 요인이 몇 가지 있다. 여러 가지 중에서 가장 경계해야 할 것은 비난, 이기주의, 그리고 교만이다.

우리가 남을 비난하는 데는 여러 가지 이유가 있다. 첫 번째는 무엇보다 자신이 존중을 받지 못하고 자신의 재능과 능력을 인정받지 못하는 데서 비롯된다.

두 번째는 주도성의 원칙을 모르기 때문이다. 주도성이란 자신이 환경에 지배당하는 것이 아닌 스스로 환경을 주도해 나가는 것인데 여기에서 중요한 것은 자신의 가치관을 선하고 정의로운 방향으로 명확하게 하지 않았기 때문이다. 자신의 가치관을 명확하게 했다면 자신의 가치관대로 환경을 주도해갈 수 있다는 믿음을 가져야 하며, 또 모든 것을 대화로 풀어갈 수 있다는 믿음을 가져야 한다. 사실 대화로 풀지 못하는 것은 별로 없다. 속으로 꿍하지 말고 용기를 내서 당사자와 대화로 풀어나가야 한다.

세 번째는 자신의 부족한 부분을 덮으려고 하는 데서 온다. 즉 자신이 옳다는 것을 합리화하는 데서 자신의 잘못을 보지 않으려 하고 타인의 잘못과 실수만을 지적하려는 데서 오는 것이다. 이것은 참으로 자신의 성장과 발전을 가로막는 생각이며 함정이 될 수도 있으므로 경계해야 한다.

이러한 것을 경계하는 최고의 방법은 자신의 내면에서부터 개선과 변화를 추구해야 한다는 것이다. 먼저 자신을 깊이 성찰하는 습관을 가져야 한다. 오늘 나의 말 한마디가 상대에게 상처를 주지는 않았는지, 또 상대에게 신뢰를 떨어뜨릴 만한 이야기나 행동을 한 것은 없는지 늘 성찰한다. 그리고 자신의 가치관에 부합하는 삶을 살기 위해 노력한다면 내가 비난하고자 했던 상대에 대해서도 조금 이해와 너그러움이 생기게 되고, 나의 변화된 모습과 선한 노력에 의해 상대도 변화될 것이다.

좋은 환경을 만들어갈 수 있는 선한 아이디어를 생각해보자. 생각만 하지 말고 플래너에 기록하고 실천도 해보자. 놀라운 일이 생기게 될 것이다.

협력의 독버섯, 이기주의와 교만 깨기

여기서 말하고자 하는 이기주의는 자기 합리적 이기주의이다. 자신만이 잘났고 옳다고 굳게 믿는 교만에서 온 이기주의이며 다른 사람의 다양성을 인정하지 않는 독선에서 오는 이기주의이다. 이러한 이기주의는 조직의 협력을 깨는 독버섯과도 같다. 신뢰를 무너뜨리고 서로를 비난하게 만든다. 자기 합리적 이기주의를 갖고 있는 상사를 만나게 되면, 그 조직은 절대로 성장하지 못할 뿐 아니라 곧 무너지게 된다. 구성원들은 존중을 받지 못하게 됨으로 자존감이 무너지게 되고 상사의 요구에 맞추기 위해 자신의 강점과 재능은 발휘할 수 없게 된다.

구성원들이 이러한 조직에서 생활하기 위해서는 결국 상사의 눈치를 보며 거기에 맞추게 되고 이러한 조직에서 살아남으려 권모술수만 늘게 된다. 결국 좋은 인재들은 조직에서 버티지 못하고 떠나게 되는데 한국은 이러한 상사를 모시는 불행한 샐러리맨들이 많다.

독버섯을 제거하는 일은 매우 어려운 일이나 방법이 없는 것은 아니다. 그것은 기본원칙을 지키고자 하는 강한 의지를 가지고 자신과 뜻을 같이 할 동지들을 만들어 나가는 것이다. 기본원칙을 지키려는 사람이나 혼자일 때는 힘이 약하지만 여러 사람이 뜻을 모을 때는 점점 강력해져 영향력을 발휘할 수 있게 된다. 그러한 동지들과 함께 해야 할 일은 반드시 악을 악으로 갚으려 해서는 안 되며, 선으로 악을 이기기 위한 노력을 해야 한다. 그러한 상사를 내치겠다는 생각보다는 그러한 상사를 변화시키겠다는 생각을 먼저 가져야 한다.

사람은 누구에게나 강점과 약점이 있다. 상사에게 있는 강점을 찾으려 노력하고, 약점은 보완하기 위한 노력을 해야 할 것이다. 그런 노력을 하다 보면 어느 순간 대화의 길이 열리게 되고 상사를 미워하는 적대적인 감정이 아닌 사랑하는 마음으로 함께 성장해 나아가고자 한다면 상사도 마음을 열고 자신을 돌아보게 될 것이다.

어떠한 악한 환경에서도 그냥 물러설 일만은 아니다. 먼저 선한 영향력을 키우기 위해 노력해보자. 그리하여 선으로 악을 이기게 된다면 악순환을 멈추고 선순환구조를 만들어, 밝고 건강한 조직과 사회를 만들어가게 되는 것이다. 하지만 여기에서 판단해야 할 것은 자신의 노력에도 불구하고 내 가치관이 손상을 받게 되고 자존감에 심한 타격을 입게 된다면 과감히 그 조직을 떠나도 좋다.

조직의 협력을 막아서는 또 하나의 독버섯은 '교만'이다. 잘난 체하고 과시하며 건방진 사람을 가리켜 교만한 사람이라고 한다. 실로 이러한 사람들이 있으면 협력하는 팀이나 조직을 만들기가 쉽지 않다. 이런 사람을 어떻게 해야 할까? 이러한 사람들은 대부분 강한 기질을 가지고 있기 때문에 사람에 따라 강력하게 맞서려는 사람과, 아니면 그 힘에 묻혀 가려는 사람 또는 방관하는 사람으로 크게 나뉘게 된다.

이러한 상황에서는 조직문화를 변화시키기 위한 전략과 방안이 나와야 한다. 협력하는 조직문화를 만들기 위해서 조직의 가치를 바로 세우고 모두가 그 가치를 공유하고 스스로를 변화시켜 나가는 길만이 이 조직에 남을 수 있게 만들어야 한다. 협력을 가로막는 강력한 적들을 무찌르는 가장 좋은 방법은 최고경영자와 임원 경영전략팀, 인사팀, 교육팀이 조직문화 개선을 위한 노력을 해야 한다. 그런데 최고경영자가 이를 가볍게 여겨 노력을 하지 않는다면, 이러한 조직은 떠나는 게 낫다고 경영의 대가 피터 드러커는 말했다. 하지만 떠나기로 마음먹었다면 무서울 게 무엇인가. 용기를 내어 경영자에게 함께하는 동지들과 애사심을 바탕으로 편지를 써보라. 그래도 나와 인연이 된 조직인데 헌신짝 버리듯 버리기보다는 마지막까지 노력을 해보는 게 자신을 위해서도, 조직과 사회를 위해서도 유익한 일이다.

협력의 무대는 바로 대화의 장이다

❀ ❀ ❀

우리는 지금까지 살아오면서 수많은 경험들을 뇌 속에 저장해 두었다. 좋은 경험 뿐 아니라 좋지 않은 경험들도 많이 있을 것이다. 협력의 가장 실제적인 과정은 대화이다. 대화를 하다 의도와는 달리 심한 논쟁으로 흐르게 된 경험이 있는가? 대화를 하는 중에 서로의 의견이 대립되어 공격을 받거나 나도 질세라 공격을 해본 경험이 있는가? 대화 도중 상대의 말을 끊거나 또 반대로 상대에 의해 말이 끊겨진 경험이 있는가? 대화 도중 상대에게 충고를 해주고 싶은 마음에 충고를 하고 상대의 굳어진 표정을 본 적이 있는가? 나의 의견을 잘 이야기했는데 상대가 나의 의견을 잘못 해석(자기 중심적으로 해석)하여 받아들이고 계속 다른 이야기를 했던 경험이 있는가? 대화 도중 난처한 입장이 되어 본 적 있는가? 여럿이 함께 대화하던 중 무시당한 경험이 있는가? 또 내가 상대를 무시했던 경험이 있는가?

왜 우리는 대화를 하면서 논쟁을 해야 하고 상대의 이야기가 끝나기도 전에 나의 관점에서 판단하고 상대가 말하는 것을 다 이해했다고 하는 것인가. 무엇이 우리의 대화를 방해하고 비생산적이며 비효과적인 결과를 가져오게 하는가. 이 모든 것은 잘못된 대화의 패러다임에서 오는 것이다. 우리의 대화는 서로가 이해하고 공감하는 대화여야 하며 더 나아가 시너지 창출로 이어지는 대화여야 한다.

『성공하는 사람들의 7가지 습관』의 저자 스티븐 코비가 주장하는 이론은 아주 훌륭하다. 그 역시 피터 드러커의 영향을 많이 받은 경영대가 중 한 사람인데 국내에서 그의 책은 수백만 부가 판매되었다. 하지만 스티븐 코비의 이론을 정확하게 아는 사람이 몇이나 될까 의문이다. 스티븐 코비의 저서 줄여서 7Habits을 읽어보았다고 하는 사람은 많다. 그런데 대부분의 사람들은 보통 앞의 세 번째 습관 '소중한 것을 먼저 하라'까지 읽고 그 또한 깊이를 제대로 모르고 있는 경우를 많이 보았다. 나는 그의 책을 여러 번 반복해서 읽었는데 좋은 책은 반복해서 읽으면 좋다. 책을 읽는다는 것은 저자를 만나 대화하는 것과 같다. 사람을 한 번 만나고는 알 수 없듯이 책도 한 번 읽어서는 잘 알 수가 없다. 다행히 사람은 겪어보아야 하지만 책은 읽어보기 전에 서문이나 추천서 등을 통해 사전에도 내용을 짐작할 수 있다.

스티븐 코비는 7Habits의 절정은 바로 여섯 번째 습관인 '시너지를 창출하라'에 있다고 한다. 앞의 다섯 가지 습관은 바로 이 시너지라는 기적을 창조하기 위해 준비해온 것이다. 시너지창출이 가져오는 결과는 놀라울 정도로 크게 우리 모두의 삶을 풍요롭게 만들어 준다.

시너지를 창출하는 대화

⚜ ⚜ ⚜

시너지를 창출하는 대화에 대해 대략의 핵심내용을 살펴보고자 한다. 좀 더 자세히 배우고 적용하고 싶은 독자는 반드시 스티븐 코비의 7Habits을 반복해서 읽어보라.

먼저 신뢰가 매우 중요하다. 일상적인 대화와 행동을 통해 우리는 상대에게 신뢰를 쌓기도 하고 인출하기도 한다. 스티븐 코비는 이것을 '감정은행계좌'라고 은유적으로 표현하였다. 가령 내가 상대를 무시하는 발언을 했다고 하자.

"이 회사에 들어온 지 얼마나 됐다고 그렇게 다 아는 척인가요?"

그러면 상대의 감정계좌에 있던 나의 신뢰는 순식간에 인출된다. 부하직원의 무례한 태도는 상사의 감정계좌에서 인출되고 상사의 면박은 부하직원의 감정계좌에서 순식간에 인출된다. 우리는 신뢰를 예입하고 인출하는 시스템을 갖고 살아감을 인식해야 한다. 이것을 인식하고 안 하고는 각자의 선택이겠지만 이것을 인식하고 사는 사람은 좋은 대인관계를 만들어갈 수 있다.

신뢰하지 않는 사람과의 대화는 대화조차 무미건조하다. 하지만 신뢰하는 사람과의 대화는 나에게 또 다른 관점이 있다는 것을 알게 해주고 새로운 정보를 주고 교훈을 주는 유익한 대화가 될 수 있다. 시간이 빨리 가길 바라거나 견디기 어려운 것 중 하나는 내가 싫어하고 신뢰할 수 없는 사람의 이야기를 듣고 있거나 또 대화를 해야만 하는 상황일 때이다.

좋은 대화를 위해서 먼저 해야 할 것은 나의 언행을 통해 상대의 신뢰

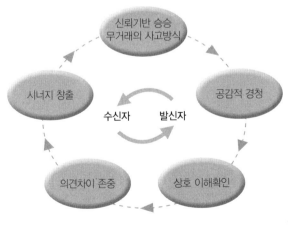

[시너지창출 대화과정]

(감정은행계좌)계좌에 인출되기도 하고 예입되는 것을 알아 평소 신뢰를 예입할 수 있는 언행을 하는 것이다. 진정으로 신뢰를 예입할 수 있으려면 개인의 확고한 가치관과 사명 그리고 비전이 있어야 한다. 그리고 그것이 내 삶 속에 안정적으로 이루어져 가고 있어야 가능하다.

시너지를 창출하는 대화에는 단계가 있다.

첫 번째 단계는 신뢰를 기반으로 한다. 승승의 패러다임, 또는 무거래의 패러다임(스티븐 코비의 성공하는 사람들의 7가지 습관 중 네 번째 습관)을 가져야 한다.

두 번째 단계는 먼저 이해를 한 다음 이해시켜야 하는데 먼저 이해를 한다는 것은 상대가 내가 이해를 했는지 인정을 하는 단계에 이르러야 한다. 대부분 "내가 당신의 말을 안다니까! 다 알아! 이해한다고!" 이렇게 말하지만 사실 상대의 입장에서 보면 그렇지 못한 경우가 대부분이다. 상대의 말을 이해하기 위해 하지 말아야 할 것은 나의 관점에서 해석하고 판단하는 것, 상대의 말을 중간에 자르는 것 등을 하지 말아야 한다.

'인디언스틱'이란 도구가 있다. 회의 중 발언권은 오직 인디언스틱을 가진 자만이 할 수 있고 나머지 사람은 발언을 잘 경청하고 그것을 잘 이해했다는 발언자의 동의가 있을 때 인디언스틱을 건네받고 발언을 할 수 있게 된다. 중요한 것은 상대가 인정하는 이해이다. 나의 관점에서 섣부른 이해는 좋은 대화를 가로막는 장애요소이다.

세 번째 단계는 상대의 언어를 통해서 뿐만 아니라 상대의 비언어적 감정이나 태도 등을 통해서도 이해할 수 있어야 한다는 것이다. 그리고 이야기할 때 상대의 감정 상태를 공감하고 이해했다는 반응과 내가 당신의 말을 잘 이해했는지 확인해보는 것도 매우 중요하다.

시너지를 창출하는 대화의 좋은 사례가 있다. 이러한 사례를 통해 내자신의 삶 속에도 적용해보자.

"왜 화가 난 거야, 왜 짜증이 난 거야?"가 아닌 "무슨 일 있었니? 아, 이런 이유 때문에 네가 짜증이 난 거구나. 많이 짜증났겠다."

상대의 감정과 태도를 내가 이해한다는 반응이 있을 때 상대는 드디어 마음의 문을 열기 시작하고 대화를 통해 위로를 받고 더 나은 대화로 이어지게 된다. 그렇다고 같이 계속 그 문제에 빠져 문제만을 곱씹는 대화를 하라는 것은 아니다. 상대의 감정이 호전되고 좋은 방향으로 스스로 설정해 나가도록 도와주어야 하는 것이다. 시너지를 창출하는 대화란, 상대의 의견을 존중할 때 가능하다. 나와 다른 의견이지만 상대가 그렇게 생각하고 이야기할 때는 분명 그럴 만한 이유와 깊은 뜻이 있을 것이라고 생각하라. 그것을 알고 나누는 대화는 시너지창출로 이어질 수 있다.

예를 들어보자. 나는 가족과 함께 이번 여름휴가 때 강원도 동해바다 여행을 계획했다. 그런데 아내가 계획과 흐트러지는 이야기를 한다. 편찮으신 친정아버지가 얼마나 더 사실지 모르는데 아버지를 돌봐 드려야한다는 것이다. 지금 친정아버지랑 같이 보내지 않으면 두고두고 마음이 아플 것 같다고 이야기를 한다. 모처럼 가족과 함께 하기로 한 여행인데 당신 같으면 어떠한 생각이 들겠는가? 시너지를 창출하는 대화는 다음과 같다.

"음, 아버지 때문에 마음이 많이 아프겠구려. 그래야지요. 더 오래 건강하게 사시길 같이 기도합시다. 하지만 아이들이 실망하지 않도록 이렇게 하면 어떻겠소. 이번 여행은 장인어른 댁에서 같이 휴가를 보냅시다. 장인어른 댁 근처 강가에서도 시원한 여름을 즐길 수 있고요. 아이들한테는 내가 잘 이야기 해보겠소. 바다는 내년에 같이 가기로 합시다."

어떤가. 실망하고 낙심할 수 있는 상황이 모두가 만족할 수 있는 상황으로 바뀌는 이 대화법이 참으로 마음에 들지 않는가. 모든 상황이 마찬가지이다. 서로가 서로를 충분히 이해하고 상대방을 존중한다면 상대의 상황도 충족시키고 나의 상황도 충족시키는 시너지 즉 제3의 대안이 나올 수 있는 것이다.

중요한 사항을 결정하는 회의든, 부서간의 단합대회이든, 친구들과 여행 계획이든 서로가 서로를 존중하고 이해하는 것이 시너지창출로 이어지는 대화의 출발임을 명심하자. 사람의 진정성은 어떠한 상황에서든 통할 수 있다. 어떤 대화를 나누든 진정성을 가지고 긍정적이고 더 나은 시너지를 창출할 수 있도록 노력해야 한다. 나는 이것이 무궁화인재들의 스킬이 아닌 습관이 돼야 한다고 강조하고 싶다.

• 타인을 관찰하며 배우고, 자신을 성찰하며 성숙해져가기 위해 나만의 특별한 기록을 하는 도구가 있는가?

• 어떤 도구에, 어떤 방법으로, 어떤 내용을 기록하며 스스로 성장하고 있는가?

• 일상과 업무환경에서 상대방과 시너지를 만들어내는 대화를 하고 있는가?

• 충분히 상대방을 존중하고, 마음의 문을 열어주는 촉진자 역할을 하고 있는가?

• 시너지를 창출하는 대화를 위해 나의 대화 습관에서 수정되어야 할 것은 무엇인가?

| 제 6 장 |

다섯 번째 핵심가치 :
행복

오늘날 자원봉사자는 자신의 일을 자선으로 여기지 않는다.
월급을 받는 일과 함께 또 하나의 일로 취급한다. 체계적으로 훈련을 받고,
성과와 업적에 책임을 부여하며, 보수가 없더라도 전문적이거나 총괄적인
위치로 승진하는 기회를 추구한다. 무엇보다도 자원봉사를 통해 성과와
달성, 자기실현을 추구한다. 그리고 의미 있는 시민성을 추구한다.
『미래의 결단(Managing in a Times of Great Change)』

행복이란 무엇인가

❀ ❀ ❀

무궁화인재들의 5대 핵심가치와 역량은 결과적으로 행복으로 가는
길이다. 하지만 다섯 번째 핵심가치에서 다시 행복을 다루는 데에는 이
유가 있다. 바로 '감정'으로써의 행복이 아닌 '동사'로써의 행복을 말하
고자 함이다. 즉, 열정적인 조직문화, 즐겁고 행복한 기운이 가득한 문
화를 만들어 즐겁게 일할 수 있게 하고, 일에 몰입하여 개인과 조직의
위대한 성과를 가져다주기 위한 노력, 그것이 더욱 필요하다는 것이다.
여기서 노력이란, 다름 아닌 현장 속에서 행복에 대한 올바른 패러다임

을 가지고 올바른 행동을 하는 것을 말한다. 올바른 행동에 대한 결과
는 삶의 진정한 의미와 가치를 알게 하고 시너지가 창출되는 위대한 조
직으로 이끌어 줄 것이라 믿어 의심치 않는다.

진정한 행복이란 무엇일까. 우리는 언제 진정한 행복감을 느끼는가.
진정한 행복감은 내 것을 누군가에게 주었을 때, 그것이 그 사람에게
큰 도움이 되고 진심으로 감동하고 고마워하는 모습을 보았을 때 많이
느낄 수 있을 것이다. 물론 내 적금통장에 재산이 늘어나는 것에서도
행복은 느낄 수 있다. 우리는 내 집 마련을 위해 또 멋진 자동차를 사
기 위해 자녀들의 교육을 위해 돈을 모은다. 하지만 물질이 어느 정도
쌓여 넉넉해지게 되면 그 다음은 어려운 사람을 돕고 사는 삶으로 바뀌
어야 한다. 생활의 의식주 문제가 해결되면 우리는 어느 집단에 소속이
되고 또 존중받고 인정받고 싶어 하는 심리적 욕구단계에 이르게 된다.
우리의 행복을 위한 최고의 단계는 삶의 의미와 가치를 추구하는 것이
다. 즉, 자아실현을 이루는 단계에서는 자신만을 위한 생각이나 행동으
로는 결코 만족할 수 없다. 이것을 깨닫지 못하고 계속해서 자신을 위
한 욕심을 채우고자 한다면 그 사람은 참 사람이 될 수 없을 것이다. 무
궁화는 자신의 것을 아낌없이 사람들에게 차로, 약재로 나누어주는 나
눔의 꽃이다. 우리는 삶의 진정한 의미를 찾고 진리에 부합하는 가치를
추구했을 때 진정한 행복의 단계에 이르게 된다.

다음은 우리에게 위대한 유산을 남긴 에이브러햄 매슬로의 욕구위계
설에 대해 알아보고자 한다.

에이브러햄 매슬로와 욕구위계설

⊛ ⊛ ⊛

많은 사람이 에이브러햄 매슬로를 욕구위계설을 주장한 산업심리학자로 알고 있다. 하지만 에이브러햄 매슬로를 단지 심리학자이자 5단계 욕구위계설을 주창한 인물로만 안다면, 그가 남긴 위대한 유산을 이어받지 못하게 되는 것이므로 나와 내가 몸담고 있는 조직이 성장할 수 있는 기회를 놓치게 될 수도 있다. 세계 리더십 대가들의 스승이라 칭송받는 워렌 베니스는 에이브러햄 매슬로를 위대한 천재라 표현했으며, 그가 남긴 위대한 유산은 오늘날 경영에 있어서 반드시 알고 실천해야 한다고 했다.

피터 드러커 역시 에이브러햄 매슬로의 비판을 받아들여 자신의 인사관리 이론의 일부를 수정했음은 물론 그에게로부터 많은 영감을 얻었다고 한다. 에이브러햄 매슬로는 자신의 '긍정심리학 이론'을 경영이라는 도구를 통해 사람들의 삶에 긍정적인 영향을 끼쳤다. 또한 사람들이

[에이브러햄 매슬로의 욕구위계설]

성장하여 진정한 행복을 누릴 수 있도록 하기 위해 자신의 인생을 바친 경영심리학의 대가이기도 하다. 그는 인간존재라면 누구나 자기실현에 대한 열망을 갖게 된다고 믿었으며, 인간의 잠재력이 과소평가되고 제대로 설명되지 않은 부분이 너무나 많다고 생각했다. 그의 욕구위계설을 보고 행복하고 역동적인 조직을 만들기 위해 무궁화인재들이 어떠한 방향성을 가지고 노력을 기울여야 하는지, 또 그로 인해 얻는 혜택은 무엇인지 살펴보자.

에이브러햄 매슬로의 욕구위계설은 사람들에게 행복으로 가는 나침반을 제공하는 듯하다. 이 욕구위계설에는 그의 깊은 생각이 담겨 있다. 사람은 먼저 생리적 욕구(먹고 마시고, 쉬고, 성적만족, 기타 다른 신체적인 욕구)를 갖고 있다. 다음 단계는 안전욕구(육체적 및 감정적인 해로움으로부터 안전하려는 욕구)이다. 그 다음은 사회적 욕구(집단에 소속이 되어 사랑받고 우정을 나누고 싶은 욕구)이다. 그 다음 단계는 자기존중의 욕구(자율성과 성취감으로 인한 내적인 자존감과, 사회로부터 관심과 인정을 받고자 하는 욕구)이다. 마지막 단계는 자기실현욕구(자신의 비전을 실현, 삶의 의미 가치를 추구하고자 하는 욕구)이다.

존중받고 싶은 욕구를 채워주다

◎ ◎ ◎

행복한 조직을 만들기 위해 다섯 가지 욕구 단계 중 네 번째 욕구를 살펴보자.

네 번째 욕구인 자기존중 욕구는 구성원이나 경영자 모두가 생각해야 할 욕구 단계이다. 사람은 누구나 인정받고 존중을 받고 싶어 한다. 그때 비로소 자존감이 형성되고 사람답게 살고 있음을 느끼게 되기 때문이다. 그래야 일을 할 때도 기쁘고 즐거운 마음으로 일을 할 수 있다. 그런데 우리 사회의 조직은 사람들을 존중해주고 인정해주는 법을 잘 모르는 것 같다. 남에게 대접받고 싶은 대로 남을 대하라는 말이 있다. 존중이란 남을 높여주고 소중하게 대해주는 것이다. 존중받는 사람으로 하여금 자신이 얼마나 소중한지 얼마나 가치 있는 존재인지 느끼도록 해주는 것이다.

필자가 이야기하고 싶은 것은 행복한 조직을 만들기 위해서는 서로가 서로를 높여주고 인정해주고 격려해주고, 소중하게 대해주어 모든 구성원의 자존감부터 건강한 조직을 만들어야 한다는 것이다. 상사가 부하를 하시하고 남자가 여자를 하시하고 학력을 비교하여 하시하는 문화는 우리가 일하는 조직에서 모두 쓰레기통에 집어넣어 버리자. 행복한 조직에서 일한다는 것은 모두의 정신적인 건강과 육체적인 건강을 가져다주게 되므로 우리 모두가 수혜자가 되는 것이다. 남을 무시하고 하시하게 되면 자신도 무시와 하시를 당하게 되므로 이러한 태도는 조직을 악순환에 빠지게 만들게 되며 결국 모두가 불행한 회사를 만들게 되는 것이다.

생각해보라. 꼴 보기 싫은 사람과 같이 일하고 싶은가. 자기를 무시하는 상사와 같이 일하고 싶은가. 반대로 자기를 인정해주고 격려해주며 귀하게 생각해주는 사람들이 많은 조직에서 일하고 싶은가. 진정으로 매일 출근이 기다려지는 회사란 바로 조직의 모든 구성원이 함께 만들어가야 하는 것이다. 회사의 고급인테리어나 최첨단시설이 결코 사람을 기쁘고 행복하게 만들어주지는 못한다. 행복한 조직에서 일하고 싶다면 서로가 서로를 존중하고 격려해주며 칭찬으로 인정해주는 문화를 전 구성원들이 노력하여 만들어가야 할 것이다.

자아를 실현하고 싶은 욕구를 이뤄주다

ⓢ ⓢ ⓢ

개인이 인정받는 조직문화가 형성되고 다음으로 해야 할 일은, 구성원 모두의 자아실현이 이루어지는 조직을 만드는 것이다. 그것은 먼저 구성원 간에 사랑과 관심이 있어야 한다. 사랑은 신뢰가 쌓이고 건강한 자존감이 형성되었을 때 생긴다. 사랑이 있어야 동료에 대한 관심도 생기고 관심이 생겼다는 것은 동료들의 개인적인 부분까지도 관심을 갖게 되었다는 것이다. 구성원들의 가족, 건강, 취미, 종교생활 등에 관심을 갖게 되고 더 나아가 서로의 비전에 대해 관심을 갖게 되는 것이다.

행복한 조직을 만들기 위해서는, 구성원 모두가 서로 신뢰하고 자긍심을 느끼며 삶의 의미와, 가치를 추구하는 진정한 자아실현을 이루고자 하는 삶을 살아야 한다. 모든 구성원은 이러한 삶을 살아가는 동료들을 향해 격려하고 응원하는 태도를 가져야 한다. 자아실현의 욕구를 가진 구성원들이 많다는 것은 조직차원에서도 큰 이득이다. 삶의 의미와 가치를 추구하는 사람은 책임감이 강하고 조직에 대한 충성도와 업무에 대한 몰입도 및 목표성취를 향한 열정도 많기 때문이다.

• 내가 속한 조직은 충분히 존중받는 문화를 가지고 있는가?

• 구체적으로 어떤 문화인가?

• 조직 내에서 상대방을 존중하고 인정하고 있는가?

• 모든 구성원에게 일관된 태도로 그러한 마음을 품고 일을 하고 있는가?

• 조직의 구성원으로 일하면서 나의 학습, 성장, 종교생활, 동호회 등 비업무적이면서 한편으로 구성원 각자의 행복에 대해 존중을 받고 충분히 누리고 있다고 생각하는가?

• 개인의 행복에 대한 조직의 존중과 인정이 결과적으로 업무의 몰입과 조직의 성과에 기여한다는 것에 확신이 있는가?

행복한 일터에 피어난 신뢰문화

☺ ☺ ☺

인간의 심리적 욕구 단계를 살펴보았다. 다음은 행복한 일터를 만들기 위한 몇 가지 아이니어를 함께 공유해보고자 한다. 행복감 또한 행동하지 않으면 확대되지 않는 법이다. 행복한 일터를 만들기 위해 모든 구성원이 알아야 할 원칙과 방법론에 대해 살펴보도록 하자.

첫째, 구성원들끼리 신뢰를 구축하기 위한 행동원칙, 둘째, 구성원 모두가 자긍심을 갖게 하는 행동원칙, 셋째, 구성원 모두가 즐겁게 일할 수 있는 행동원칙이다.

먼저, 첫 번째 행동원칙인 신뢰를 구축하는 방법론에 대해 살펴보자.

에이브러햄 매슬로의 욕구위계설에서 살펴보았듯이 행복한 조직을 만들기 위해서는 반드시 선행되어야 할 '자기존중욕구'에 해당하는 존중에 대한 방법이다. 존중은 저절로 형성되는 것이 아니다. 존중이란 어렸을 때부터 어른들이 서로를 존중해주는 문화 속에서 자라온 사람들이 할 수 있는 것이다. 그것은 마음으로부터 우러나와야 하고 또 몸에 배어 있어야 하기 때문이다. 그렇기 때문에 우리는 남을 존중하는 마음 자세와 태도를 습관화시켜야 하는데 먼저 생각을 바로 가져야 한다. 생각에서 행동이 나오고 그 행동이 쌓여서 습관을 만들기 때문이다. 다른 사람을 존중하는 습관을 만들기 위해 먼저 실천할 것은 '예절'이다. 우리는 가깝고 오래된 사이에서는 예절을 무시하는 경우가 종종 있는데 가깝고 오래된 사이일수록 기본적 예의를 갖추어야 한다. 꼭 존칭을 쓰고 존댓말을 써야 한다는 것이 아니라 마음자세를 이야기한다. 가깝고 오래된 사람은 우리에게 너무도 소중한 존재이다. 신뢰란 하루아침에 쌓이는 것이 아니다. 내게 가장 소중한 사람들은 오랜 세월 내 곁에 있어준 나를 신뢰하고 응원해주는 사람들이다. 그들이 소중하다는 마음을 갖고 또 감사한 마음을 갖는다면 말 한마디 행동 하나하나가 따뜻해질 수밖에 없을 것이다. 그리고 상사를 대하는 마음에는 존경심이 있어야 한다. 존경하는 마음을 갖게 되면 내 부하직원들도 나를 존경하는 마음을 갖게 되는 게 바로 선순환인 것이다. 상사의 입장에 설 때는 부하직원들을 대할 때, 경험이 없다고 무시하거나 어리다고 하시해서는 안 된다. 그들의 잠재력을 믿어주고 그들이 조직을 위해 맘껏 역량을 발휘할 수 있도록 격려해주어야 한다.

조직에서 신뢰의 문화를 만들어내는 방법에는 '감사'에 대한 표현이 있다. 구성원들 간에 감사할 일이 생겼을 때는 즉시 감사를 표현하자. 그리고 감사에 대해 구체적으로 이야기하자. 문자메시지를 통해 감사의 표현을 구체적으로 해도 좋다. 가령 "김 과장님 오늘 프레젠테이션 때 응원해주셔서 긴장을 가라앉히고 자신감 있게 발표할 수 있었습니다."라고 이야기한다면 그 상사는 언제나 나의 든든한 지원자가 되어줄 것이다. 감사란 하면 할수록 조직을 따뜻하게 만들어준다.

조직에서 신뢰를 만들어내는 또 다른 좋은 방법은 '격려'이다. 격려란, 용기나 의욕을 북돋워주는 행위이다. 구성원들이 상호 간에 용기나 의욕을 북돋아준다면 의욕이 넘치고 용기가 넘치는 구성원들로 넘쳐나게 될 것이다. 격려하는 조직문화를 만들기 위해 우리가 할 수 있는 방법은 '칭찬'이다. 『칭찬은 고래도 춤추게 하라』는 책도 있듯이 칭찬은 우리를 춤추게 만든다. 춤추게 하는 조직문화를 위해 우리는 서로 칭찬을 아끼지 않아야 한다. 그렇다고 남발해서는 안 된다. 칭찬하는 데에도 원칙이 있다. 칭찬은 진심 어린 칭찬이어야 하며, 구체적이어야 하고, 즉시 해야 한다.

다음으로 격려하는 조직문화를 만들기 위해 우리가 할 수 있는 것은 '축하'이다. 함께 일하는 동료들에게 관심을 가져야 하고 또 그들이 소중한 존재임을 느낄 수 있도록 축하해주어야 한다. 생일축하·결혼기념일 축하뿐 아니라 개인적으로 성취하는 모든 일에 축하메시지를 공동으로 던져주는 것이다. 구성원들이 조직의 목표달성을 위해 일하는 것뿐 아니라 개인의 목표달성을 위해 일하는 것 또한 격려를 받을 때 더욱 행복한 조직문화가 만들어지는 것이다. 행복하고 위대한 조직이란 구성원들의 자아실현이 이루어지는 조직이다.

행복한 일터가 키워주는 자부심

❋ ❋ ❋

행복한 일터를 만들기 위해 두 번째 행동원칙은 '자부심'이다. 사전에는 자부심에 대해 '자기 자신 또는 자기와 관련되어 있는 것에 대하여 스스로 그 가치나 능력을 믿고 당당히 여기는 마음'이라고 기술되어 있다. 조직 내에서의 자부심이란 여러 면에서의 가치를 소중하게 생각하고 또 탄탄한 신뢰가 형성되었을 때 만들어진다.

구성원들의 자부심을 키워주는 가치들에는 어떠한 것들이 있을까? 무궁화인재의 5대 핵심가치를 정리해보면 그 가치들을 알 수 있다. 고객창조를 위해 모든 구성원이 성실한 자세로 늘 새로운 마음으로 서로 협력하여 시너지를 창출하고, 그로부터 얻은 성과로 구성원들은 서로의 삶을 존중하고 격려해주는 문화를 만들어 나간다. 또한 참된 행복을 위해 구성원 모두가 의미 있고 가치 있는 사회적 문제해결에 참여한다. 그리고 고객을 기쁘게 하고 고객이 가치 있게 여기는 것을 찾아 서비스를 제공하며, 진지함과 성실한 자세로 업무에 임한다. 또한 신뢰, 자부심, 즐거움이 넘치는 행복한 일터를 만들기 위해 함께 노력한다. 이러한 것들이 모두 구성원의 자부심을 키워주지만 필자는 여기에서 더 나아가 사회적 공헌 부분까지 다루어 보고자 한다.

기업이란 사회에 속한 기관이다. 사회가 있기에 기업이 있고, 또 내가 나의 강점을 가지고 기업에서 일을 할 수 있는 것이다. 우리의 좀 더 큰 목적은 아름다운 사회를 만들어가는 아름다운 기업이 되어야 하는 것이다. 즉, 사회의 문제들을 기업이 해결하기 위해 노력해야 하고 또 무엇보다 기업에 속한 구성원들이 하지 않으면 안 되는 것이다. 여기에 우리는 선한 부담을 갖고 이러한 일들에 대해 큰 의미와 가치를 부여해야 한다.

예를 들어, 유한킴벌리는 자연보호와 환경훼손을 막기 위해 모든 구성원이 환경운동에 참여하고 있다. 또한 생산원료의 95% 이상을 재활용폐지로 사용하고 있다. 어떻게 하면 자연을 보호하고 환경훼손을 방지할 수 있는가. 전 구성원들이 노력하여 더 나은 사회적 성과를 가져올 때 자부심을 갖게 되고 가능해지는 것이다. 이러한 노력을 기울이는 회사와 동료들을 볼 때 우리는 더욱 신뢰하게 되고 회사에 다니는 것이 자랑스럽고 또 행복하다고 여기게 될 것이다. 다시 한 번 강조하지만 조직은 행복한 일터가 돼야만 한다.

무궁화인재들은 가정과 조직을 모두 행복한 환경으로 가꾸어야 한다. 행복한 가정에서 얻는 감정은 그대로 조직으로 전이된다. 우리는 리더로서 또 팔로어로서 행복한 문화를 만드는 일에 주도적으로 참여해야 한다. 내가 속한 모든 곳을 행복한 문화로 만들어간다면 결국 그 보람과 즐거움의 가장 큰 수혜자는 나 자신이 될 것이다. 바로 그때, 우리 모두는 에이브러햄 매슬로가 이야기한 인간의 최종 욕구인 자기실현을 충족시키게 되는 것이다. 그리고 이제 우리는 더욱 멋진 리더로 함께 성장하는 기쁨을 누릴 수 있는 것이다. 다음으로 행복한 일터를 만들기 위한 세 번째 행동원칙인 '즐거움'에 대해서 살펴보도록 하겠다.

행복한 일터에 넘쳐나는 즐거움

❀ ❀ ❀

행복한 일터를 만들기 위한 세 번째 행동원칙은 '즐거움'이다. 여기서 즐거움이란 조직을 나무에 비유했을 때 앞의 두 가지 행동원칙과 더불어 지속적인 행복, 새로운 행복에 물을 주는 역할을 하는 것이다.

필자는 몇 가지 아이디어를 제공하겠지만 그보다 더 많은 아이디어는 이 글을 읽는 독자여러분에게 있으리라 생각한다. 먼저 자신의 궁극적 비전실현을 위해 그리고 제2의 인생을 위해 공부할 수 있는 동아리를 회사 내에서 만들어본다. 그리고 그 동아리를 회사 외부에 있는 다른 단체하고도 연대해본다. 이는 조직 내 구성원들 간의 끈끈한 신뢰를 기반으로 또 외부의 정보나 좋은 아이디어들을 회사 내에 유입시키는 결과를 가져다줄 것이다. 3부에서도 다루겠지만 조직의 경영자들은 이러한 구성원들의 노력을 지원해주어야 한다. 회사의 직접적인 업무도 아닌데 왜 이런 것까지 지원해야 하는지 반문하는 경영자도 있을 것이다. 하지만 이러한 것들은 구성원들로 하여금 회사를 더욱 신뢰하게 만들고 충성도를 높게 하여 외부에서 알게 되는 유익한 정보들을 회사 내에 연결시키게 될 것이다. 구성원들은 생각보다 회사에 더 많은 공헌을 하고 싶어 한다. 이러한 구성원들의 마음을 읽을 줄 알아야 한다.

구성원들과 함께 할 수 있는 활동 중 역동적이며 활기를 불어넣어 줄 수 있는 프로그램이 있다. 바로 여행이다. 해외여행과 국내여행 모두 가능하다. 여행이 좋은 것은 누구나 알지만 좀처럼 시간이 나지 않으므로 여행을 가기란 쉽지 않다. 아마도 일 년에 한 번 정도 가족과 함께 여행을 즐기는 사람들이 대부분일 것이다. 여기서는 여행하면서 가족도 기업도 행복해지고 사회도 밝아지는 여행을 이야기하고자 한다.

그것은 여행을 단순하게 새로운 것을 보고 좋은 데서 자고 재미있게 논다는 일반적인 틀을 벗어나는 것을 말한다. 요즘은 여행상품에도 아프리카 지역의 아이들을 위해 학교를 세워준다든가. 깨끗한 식수를 마실 수 있게 우물을 만들어 주고 오는 상품들이 있는데 매우 인기가 높다. 나의 의식주문제가 해결되고 나의 강점으로 마음껏 일하고 그 결과를 인정받는 사람들은 반드시 누군가를 도와야만 한다. 그래야 그 삶이 더욱 빛나고 값진 것이 될 것이다. 무엇보다 다른 어디에서도 얻을 수 없는 보람과 행복감의 수혜자는 그 일을 행하는 내가 되는 것이다.

여행을 가더라도 봉사할 수 있는 곳으로 가자. 팀에서든 동아리에서 함께 여행을 계획해서 가족들과 함께 떠나자. 이것은 가족을 자신의 기업으로 초대하는 것이며 또 가족들에게도 좋은 경험이 될 뿐 아니라 보람을 느끼게 할 수 있는 일이다. 봉사라고 해서 아프리카만 가는 게 아니라 국내에도 우리의 손길이 필요한 곳은 많이 있다. 4일 정도 간다고 했을 때 프로그램 구성은 함께 어울리고 노래도 부르며 이야기를 나누는 시간, 지역문화탐방, 봉사활동 등으로 나누어서 할 수 있다. 새로운 지식도 얻고 보람도 느끼는 즐거운 여행이 될 것이다.

이 과정에서 좋은 추억을 많이 만들기 위해 노력하자. 좋은 추억거리를 많이 만드는 것이 인생을 멋지게 사는 일이 아닐까? 아이들의 인성교육차원에서 여행을 떠나는 것도 좋은 일이다. 이러한 여행들을 조직 내에서 함께하는 구성원들과 공유한다면 참으로 보람 있고 의미 있는 추억들을 많이 만들게 될 것이다. 마지막으로 건강관리를 위해 산행, 체조, 배드민턴 등 운동 프로그램을 만들어서 건강도 관리하고 친목도 도모하기를 권한다. 이처럼 5대 핵심가치와 역량을 익히고 실행한다면 어디에서나 환영받고 성과를 내는 훌륭한 리더가 될 것이라 확신한다.

• 조직에서 신뢰를 만들어내는 개인적 표현의 방법은 감사, 축하 등이다. 나는 상대방을 인정하고 존중하는 신뢰의 표현으로 감사와 축하 등의 표현을 자주 하는가? (구체적인 감사의 표현과 자신의 다짐을 기록해본다.)

• 조직의 구성원들이 자신이 속한 조직에 대해 자부심을 느끼는 가장 좋은 방법은 기업이 사회의 문제해결에 기여하는 것이다. 내가 속한 조직이 사회의 문제해결에 기여할 수 있는 아이디어에는 어떤 것이 있을까?

PART 03

무궁화
인재경영시스템

" 경영자는 무엇보다 지식사회에 적합한 경영패러다임을
가져야 하며 올바른 리더십을 통해 구성원들이 공동의 목표를
달성할 수 있도록 지원하는 경영철학을 배운다.
구성원들의 강점을 총동원하여 조직의 유일한 목적인
고객을 창조하고 그로 인한 성과로 사회를 위해 공헌하여
조직의 사명을 완수함은 물론 구성원들과 고객이
자부심을 갖게 하는 경영철학을 배운다. "

제 1 장

무궁화인재들을
지원하는 패러다임

경영자는 고개를 들어 바라봄으로써 다른 이들이 무엇을 필요로 하며,
무엇을 보고 이해하고 있는지를 거의 무의식적으로 알 수 있다.
더 나아가 조직 내부의 사람들, 즉 상사, 부하, 다른 분야의 동료들에 대해
'그들이 조직에 공헌하려면 내가 해주어야 할 것은 무엇인가?',
'그것은 언제, 어떻게, 어떤 형태로 필요한가?'를 들을 수 있게 된다.
『목표를 달성하는 경영자(The Effective Executive)』

경영자의 패러다임 전환

⑨ ⑨ ⑨

앞서 무궁화인재들의 5대 핵심가치와 역량에 대해서 살펴보았다. 3
부에서는 무궁화인재들이 자발적으로 참여하여, '개인 중심'보다는 '우
리 중심'으로 지식에 지식을 더하고 창의성에 창의성을 더하여 위대한
성과를 창출해낼 수 있는 조직문화에 대해서 함께 생각하고 정리해볼
것이다. 또한 무궁화인재들의 5대 핵심가치에 따라 경영자 차원의 역량
으로 풀어볼 것이다.

무궁화에 담아낸 피터 드러커의 위대한 핵심가치는 모든 구성원과 경

영자들이 함께 추구했을 때 진정한 시너지 효과가 난다. 이것은 구성원의 역할과 책임 그리고 경영자들의 역할과 책임이 '우리 중심'의 패러다임을 가지고 최선을 추구했을 때 나타나는 시너지를 말하는 것이다. 그리고 이것을 아는 것에 그치고 참고하기 위한 자료가 아닌 무궁화인재들을 위한 성과향상의 조직문화를 구축하는 데 적용시켜 보고자 한다. 반드시 놀라운 성장과 변화가 있으리라 생각한다.

먼저 경영자의 입장에서 시대와 조직 그리고 자신을 바라보는 패러다임의 통찰이 필요하다. 지금이 어떠한 시대인지, 자신의 생각이 옳은 방향으로 가고 있는지, 이 조직은 새로운 사회에 맞는 패러다임을 갖고 있는지 살펴야 한다. 모든 문제의 잘못된 결과는 패러다임으로부터 나오는 것이다.

지식사회가 도래하다

❀ ❀ ❀

피터 드러커는 관찰자의 역할에 충실했다. 그리고 가장 빨리, 그리고 가장 먼저 '지식사회'를 선언하였다. 지식사회란 자본주의 이후의 사회이다. 지식이 유일한 생산수단이 되며, 자본주의 사회의 원동력이었던 전통적인 생산 요소, 즉 토지, 노동, 자본은 이제 경제발전에 오히려 제약이 되는 사회라고 그는 말한다. 이러한 지식사회에서는 부를 창조하는 중심적 활동도 자본의 배분이나 노동의 투입이 아닌, 지식을 체계적으로 배분하고 적용하는 활동으로 변화한다. 주도적인 사회집단도 지식을 체계적으로 배분해서 적용할 줄 아는 지식근로자를 중심으로 재편

된다. 그에 의하면 지식사회는 이미 제2차 세계대전 직후부터 기업경영 등에 적용되어 경영혁명의 형태로 도래하기 시작하였다고 한다. 지식이 없으면 국가든 사회든 기업이든 비록 개인이라 할지라도 사라질 수밖에 없다. 따라서 교육의 중요성이 어느 때보다도 커지게 될 것이다. 지식이 곧 국가의 핵심자원이 되는 만큼 정치가, 공무원, 교육관계자, 기업 등에서 더욱 중대하게 다루어야 한다고 경고하고 있다.

지식이 근간이 되는 지식사회, 그러한 지식사회의 조직과 지식근로자는 어떠한 역할을 해야 할까. 역할을 알기 위해 먼저 이해해야 할 것이 있다. 그것은 변화의 내용이다. 변화의 요소를 알아야 그 변화에 따른 필요를 깨닫고 대응할 역할을 찾을 수 있다. 지식사회로 전환되는 과정에는 세 가지 혁명의 단계가 있다.

'산업혁명'이 혁신의 시작이었다. 지식의 영향력이 작업도구, 제조공정, 그리고 제품에까지 적용되는 시기였다. 이때는 폭발적인 기계발명으로 기존보다 수십 배에 달하는 생산능력을 갖게 되면서 자본가들은 큰 부를 얻었다. 그런데 노동자들은 더 열심히 일을 하고도 수입은 달라진 게 없었다. 기계생산성이 크게 늘어난 반면, 노동생산성은 나아진 게 없으니 오히려 실업자들만 늘어난 셈이 되었다.

여기에는 거대한 생각의 차이가 있다. 노동자들의 기대와는 달리, 자본가들은 기계의 발명으로 늘어난 생산능력을 자신들이 소유한 기계의 능력으로 본 것이다. 이것은 일정 부분 사실이다. 기계의 도입일 뿐이지 '노동자 생산성'은 옛날 이집트 피라미드를 건설했던 노예나 로마제국의 도로공사에 동원되었던 속국의 주민들과 비교해 별반 달라진 것이 없었던 것이다. 이러한 현상은 노동자와 마르크스에게는 분명 '착취'로 보이기에 충분했다. 마르크스와 발자크는 외쳤다.

"노동자여, 단결하라!"

"큰 돈 뒤에는 범죄가 있다."

이에 동요된 노동자들은 기계를 파괴하고 불을 지르고, 자본가들은 이러한 그들을 탄압하기에 이르렀다. 그러면서 반노동운동과 사회주의가 일어났다. 이후 반노동운동의 대안으로써 복지제도 등을 도입하였지만 노동자들의 불만을 잠재우지는 못했다. 빈부의 격차가 심해지고 실업자가 늘어나면서, 이런 현상이 사회의 질서를 무너뜨리는 커다란 문제가 된다는 것을 보여주었다.

피터 드러커는 정보와 지식에 기반한 탈자본주의 사회를 지식사회라

하였다. 그의 '지식사회론'은 생산성혁명, 경영혁명의 연장선에서 이루어진다. 그는 현대자본주의의 가장 큰 변화로 테일러의 작업-시간연구에 입각한 과학적 관리-을 꼽았다. 이전의 지식이 도구에 대한 지식 정도였다면 테일러리즘(Taylorism)은 지식을 작업에 적용한 최초의 예로써 엄청난 생산성 증대를 가져왔다는 것이다.

피터 드러커가 인정한 테일러리즘

◉ ◉ ◉

프레더릭 테일러의 과학적 관리방식으로 인해 생산성혁명(1880~제2차 세계대전)이 일어났다. 생산성혁명이란, 지식이 작업에 적용된 것으로 다시 말해 노동현장에 지식이 적용되어 결과적으로 생산성의 변화를 가져온 것을 말한다. 우리가 지식사회에 사는 지식인이라면 프레더릭 테일러에 대해서 조금은 알 필요가 있다. 피터 드러커는 프레더릭 테일러에 대해 다음과 같이 말했다.

"다윈, 마르크스, 그리고 프로이트는 종종 현대세계를 창조한 삼위일체로 인용되고 있다. 그러나 만약 이 세상에 정의라는 것이 있다면, 마르크스를 빼고 테일러를 대신 넣어야 한다."

정말 이러한 수정이 가능하다면, 솔직히 나는 다윈과 프로이트도 빼고 피터 드러커와 스티븐 코비를 넣고 싶다. 그들이 남긴 유산은 지식사회를 살아가는 우리에게 훌륭한 나침반 역할을 하며, 효율보다는 효과를 추구하여 보다 풍요로운 세상을 만들도록 도와주기 때문이다.

피터 드러커가 프레더릭 테일러를 그토록 극찬하는 이유가 어디에 있는지, 프레더릭 테일러의 업적이 무엇이기에 이런 평가를 하는지 함께 살펴보자.

프레더릭 테일러는 과학적 관리기법을 개발하여 마르크스가 예언한 공산주의 혁명을 실패로 돌아가게 만들었고, 히틀러를 패배하게 만든 인물이다. 그는 유복한 환경에서 성장하여, 하버드대학교에 들어갈 수 있는 실력을 갖추었다. 하지만 불행하게도 시력에 문제가 있어 하버드대학교에 입학하는 대신 제철소의 작업직을 선택한다. 1881년 테일러는 최초로 지식을 '시간연구'와 '작업연구'에 적용했고, 더 나아가 '작업분석'에 반영했으며, 작업을 '과학화'하기에 이른다.

테일러가 작업연구를 하게 된 동기는 다름 아닌 19세기 후반에 잦았던, 자본가와 노동자 사이에 극심한 빈부의 격차로 서로 간에 쌓여가는 증오심을 보았기 때문이었다. 그는 이것이 큰 사회적인 문제가 될 것이라고 생각했으며, 이를 해결하는 것이 자신의 사명이라고 생각했다. 그는 이러한 문제에 대해 반사적인 행동을 취했던 마르크스와는 달리, 문제를 더 좋은 방향으로 풀어갈 수 있는 기회로 보았다. 그는 노동자들로 하여금 현재보다 더 큰 생산성향상을 이루게 하여 노동자들의 수익과 삶의 질을 향상시키는 것만이 사회적인 문제를 해결하는 데 결정적인 역할을 할 것이라 생각했다. 노동자들의 수익이 많아지면 자본가와 노동자 사이의 갈등은 자연스럽게 사라지게 될 것이라고 생각했다.

이에 그는 노동자들의 생산성을 향상시키기 위해서 일하는 방식을 과학적인 방식으로 전환해야 한다고 판단했다. 결국 그의 사명감으로 시작한 작업에 대한 지식의 적용은 노동자들의 생산성을 크게 향상시키는 결과를 가져다주었다. 그가 지식을 작업에 적용하기 시작하고부터 수년 내에, 생산성은 복리로 계산했을 때 연율 3.5~4%씩 증가하기 시작했다. 이것은 매 18년마다 생산성이 두 배로 증가했다는 것을 의미한다.

프레더릭 테일러 이후, 모든 선진국의 생산성이 거의 50배 가까이 증가했다. 이러한 생산성의 증가는 노동자들의 삶의 질을 향상시켰으며, 증가된 생산성의 절반 정도는 보다 높은 생활수준을 의미하는 소비재에 대한 구매력 증가로 나타났다. 그리고 여가시간이 늘어난 결과, 건강관리비와 교육비 등이 크게 증가되어 경제의 선순환 구조도 일어났다. 선진국 근로자들은 1910년까지 적어도 연간 3,000시간을 일했으나, 지금은 일을 많이 하는 나라의 사람들도 연간 2,000시간 정도 일하고 있다. 이 또한 프레더릭 테일러의 업적이라고 할 수 있을 것이다.

과학적 관리기법을 통한 생산성 증가는 대부분이 노동자들에 의해 증가한 것이다. 1930년경 프레더릭 테일러의 과학적 관리기법은 노동조합과 지식인들의 저항에도 불구하고 유럽으로 급속히 전파되었다. 그 결과 마르크스의 '프롤레타리아'는 '부르주아'가 되었다. 제조업의 노동자, 즉 프롤레타리아가 자본가보다도 더 자본주의와 산업혁명의 수혜자가 된 것이다. 이는 마르크스가 선진국에서 1910년까지 공산주의 혁명이 일어날 것이라고 한 예언을 완전히 빗나가게 만들었다. 이것은 1918년 이후, 가진 것이라곤 빈곤과 굶주림과 실업뿐이던 중부 유럽국가들에서조차 '프롤레타리아 혁명'이 왜 일어나지 않았는지를 설명해주고 있다. 또한 미국의 대공황(1929~30)이 레닌과 스탈린, 그리고 모든 마르크스주의자가 확신하고 기대했던 공산주의 혁명으로 이어지지 않았는지에 대해서도 잘 해명해주는 것이다.

이후 노동자층은 중산층으로 성장하였다. 그것은 노동자들이 작업과정에서 이용하는 기계의 자본생산성 때문이 아니라, 노동자 개개인의 노동생산성이 향상된 결과였으므로 생산성 증가의 대부분이 노동자에게 돌아간 것이다.

이것이 바로 프레더릭 테일러의 큰 업적인 생산성혁명이다. 흔히 전쟁 중에 가장 무서운 전쟁은 총과 칼의 전쟁이 아니라, 빈곤과 궁핍의 전쟁이라 말한다. 프레더릭 테일러는 바로 이러한 사회적인 문제를 인식했을 뿐만 아니라 자신의 강점을 총동원하여 과학적 관리방식을 만들어냈으며, 이것으로 사회적인 큰 문제를 해결하는 데 가장 큰 공을 세웠다. 바로 이 부분을 피터 드러커가 극찬한 것이다. 피터 드러커는 히틀러, 마르크스를 추종하는 이들에 대해 큰 걱정을 하고 있었는데, 이는 세계와 온 인류에게 큰 불행을 가져다줄 것으로 보았기 때문이다. 따라서 프레더릭 테일러에 대한 그의 고마움은 상당히 컸을 것이다.

프레더릭 테일러의 과학적 관리방식은 제2차 세계대전 후, 몇 세대 동안 참으로 효과적인 경제개발의 추진요소가 되어 개발도상국의 경제성장에 큰 기여를 하게 된다. 프레더릭 테일러가 지식을 작업에 적용한 후 100년 동안 기술이나 자본의 생산성은 1760~1880년의 100년보다 크게 나아진 것이 없었다. 이는 지식을 작업에 적용한 테일러의 업적이라고 설명할 수 있다. 즉 지식을 작업방식에 적용한 결과이며, 바로 과학적 관리법이 이루어낸 생산성의 혁명이었다.

피터 드러커는 과학적 관리법에 의한 노동생산성의 획기적 증가를 산업혁명과 구분하여 생산성혁명이라고 규정했다. 테일러의 과학적 작업 방식은 제조현장이나 농장, 광산, 운송업 등에서 일하는 육체노동자의 생산성 향상을 가져왔지만, 육체노동자들의 생산성으로는 새로운 시대의 부를 창조할 수 없었다. 이제는 지식을 지식에 적용하는 지식혁명의 시대가 도래한 것이다.

정규교육 과정과 정상적인 학습에 의해 습득되는 지식은 중요한 개인 자산이자 중요한 국가 경제적 자원이다. 전통적인 '생산요소들'인 토지(즉 천연자원), 노동, 그리고 자본은 부차적인 요소가 되었다. 지식만 있다면 그런 생산요소를 얻을 수 있게 된 것이다. 새로운 의미의 지식은 실용적 지식이고, 사회적 지위와 경제적 성과를 얻을 수 있는 수단으로써의 지식이다. 현실은 지식이 지식에 적용되고 있는 중이라고 할 수 있다.

경영혁명의 시대

⊛ ⊛ ⊛

피터 드러커는 지식전환의 세 번째 단계인 '경영혁명'에 대해 이것이 최종단계일지도 모른다고 했다. 결과를 생산하기 위해 기존의 지식을 어디에 어떠한 방식으로 적용할 것인지를 결정하고, 그 지식을 활용하여 성과를 내는 것이 사실상 우리가 말하는 경영이다.

오늘날에는 '어떠한 새로운 지식이 필요한가? 그것이 올바른 지식인가? 지식이 효과적으로 성과를 창출하기 위해서는 무엇을 해야 하는가? 가 중요하다. 지식은 의도적이고 체계적으로 적용되어야 한다. 피터 드러커는 지식의 역동성에 관한 세 번째 변화에 대해 '지식혁명' 또는 '경영혁명'이라 명명했다. 산업혁명이 세계적으로 확산되는 데에는 100년이 걸렸고, 생산성혁명이 세계적으로 확산되는 데는 70년이 걸렸다. 경영혁명이 세계적으로 확산되는 데는 50년이 채 걸리지 않았는데 지금은 피터 드러커가 경영혁명이 보급되었다고 이야기한 시점보다 15년이 더 흘렀다. 이 시대는 모두가 알고 있듯이 지식사회로 완전히 접어들었다고 볼 수 있다.

그러나 모두가 공감하겠지만 시대는 변하지만 사람은 쉽게 변하지 않는다. 지식사회는 우리 한국뿐만이 아니라 전 세계가 평화롭고 행복한 사회가 될 수 있는 기회이다. 산업사회에서 지식사회로 전환되기까지는 부족(不足)의 심리, 자기보호, 경쟁, 이기주의 등이 우리의 사고를 알게 모르게 지배해왔다. 아니 지금도 이러한 본능이 우리를 지배하고 있다. 그런데 이러한 본능은 인류의 발전을 가로막는 장애요소들이다. 우리는 산업사회에서 지식사회로 전환되는 시점을 관찰해오면서 결코 물질이 우리의 인생을 풍요롭거나 행복하게 해주지 못한다는 것을 보아왔다. 모든 것이 넉넉하지 못하기 때문에 수단과 방법을 가리지 않고서라도 부를 차지하려는 인간의 야망이 좋지 않은 결과를 가져다준 역사적 현장도 보아왔다.

부족(不足)의 심리일 때는 마음의 여유가 없어지게 된다. 가령 하루 세끼를 굶은 건장한 청년 5명에게 딱 한 판의 피자(여섯 조각)를 주었다고 생각해보자. 굶주린 청년들은 한 판을 혼자 다 먹어도 모자란다는 생각에 한 조각을 후다닥 해치운다. 빨리 먹으면 남아 있는 한 조각은 자신의 차지일 거라는 생각에 삼키다시피 피자를 먹을 것이다. 모든 청년이 동일한 생각으로 한 조각의 피자를 순식간에 먹는다. 마지막 한 조각이 남았다. 과연 어떠한 일이 벌어질까. 결과는 상상에 맡기겠다. 또 정반대의 예로 평상시처럼 하루 세끼를 잘 먹은 유복한 환경의 건장한 청년들에게 저녁 간식으로 피자 열 판을 주었다고 하자. 어떠한 상황이 그려지는가. 아마도 천천히 맛을 음미하면서 먹을 것이며 배가 부른 청년들은 남은 피자를 서로 상대에게 양보할 것이다.

지금의 시대는 부족의 시대가 아닌 지식과 지식이 결합하여 상상할 수도 없는 시너지를 만들어내는 시대이다. 한 사람의 지식이 백만 명을 먹여 살릴 수도 있는 시대가 오늘날의 시대이다. 시대는 변했다. 그렇다면 우리의 행동은 어떻게 변했는지 검토해볼 필요가 있지 않을까? 만일 변한 것이 없거나 아주 조금 변했다면 이것은 행동을 검토할 것이 아니라, 우리의 뇌 속을 검토해보아야 할 것이다.

스티븐 코비 박사의 저서 『성공하는 사람들의 7가지 습관』에도 나와 있듯이 패러다임이 변하지 않으면 아무것도 변하지 않는다. 이제 시대의 변화에 대해 인식했다면 좀 더 현재의 사회를 세부적으로 분석하고 거기에 합당한 사고를 소유하여 보다 풍요롭고 모두가 행복한 그러한 세상을 만들어보자.

지식, 지식경영자 그리고 지식근로자

❀ ❀ ❀

지식 이전의 3단계 즉 산업혁명, 생산성혁명, 그리고 경영혁명의 밑바닥에 깔려 있는 추진력은 '지식의 근본적 변화'이다. 전통적 지식은 일반적, 교양적 지식이었으나 오늘날 지식이라고 규정하는 것은 전문적 지식이며, 스스로 하는 행동에 효과적이며 결과에 초점을 맞춘 정보이다. 결과라는 것은 개인의 겉으로 드러나는 것이며, 사회적, 경제적으로도 나타나며 또한 지식의 진보로도 나타난다. 어떤 것을 성취하기 위한 지식은 매우 전문화되어야만 하므로 전통적인 지식, 즉 고대에서 시작해 지금까지도 여전히 남아 있는 인문교육은 그 지위를 기술이나 기능에 물려주게 된 것이다. 과거방식으로 전수되던 기술이나 기능은 원리를 내포하고 있지 않기 때문에 배울 수도 없고 가르칠 수도 없다. 그것은 학습이 아닌 경험이며, 교육이라기보다는 도제훈련이기 때문이다.

오늘날 우리는 전문화된 지식을 더 이상 장인기술(CRAFTS)이라 하지 않고 원리라고 부른다. 이것은 지식 역사에 있어 어떤 것과도 견줄 수 없는 큰 변화인 것이다. 교양적 지식에서 전문적 지식으로의 전환은 새로운 사회를 창조할 수 있는 힘을 부여했다.

제2차 세계대전 직후 경영자의 정의는 간단했다. 경영자란, 부하들의 과업을 책임지는 사람으로 보스(boss)라고 불리며, 지위와 권력을 행사하는 사람이었다. 그리고 이러한 일을 '경영'이라고 이해하였다. 지금도 대부분의 사람이 경영자나 경영에 대해 말할 때 이러한 정의를 생각하고 있을지도 모른다. 그러나 1950년대 초, 경영자에 대한 정의는 '경영자란 다른 사람들의 성과에 책임을 진다'라고 바뀌었고 오늘날에 이르러 올바른 정의는 '경영자란 지식의 적용과 성과에 책임을 진다'이다. 경영자에 대한 의미의 변화가 보여주는 것은 현실에서의 지식은 필수적이고 핵심적인 자원으로 지식을 지식에 적용하는, 즉 효과적인 경영만

할 수 있으면 우리는 언제나 다른 자원들을 얻을 수 있다는 것이다. 자본이 주요 생산요소인 사회를 자본주의사회라고 칭한다면, 지식이 주요 생산요소인 사회를 피터 드러커는 지식사회라고 명명했다. 이제 지식경영자는 지식사회에 적합한 인재를 양성하고 기업환경을 조성함으로써 지식을 지식에 활용하여 보다 높은 성과와 신규고객을 창조해야만 지식사회에서 지속적인 경영을 해나갈 수 있게 되었다.

지식사회에서 기업은 경영자의 소유가 아닌 모든 구성원의 소유라는 인식을 심어주어 모두 주인의식을 가져야만 한다. 경영자는 구성원들을 부하가 아닌 공동의 목표달성을 위한 파트너로 생각하고 존중해주어야 하며, 구성원들이 스스로 목표달성을 위해 결정하고 성과를 낼 수 있도록 지원하는 조직문화를 만들어내야만 한다. 아직도 구성원들을 부하라고 생각하고 지시와 명령 감독과 통제로 관리한다면, 그 기업은 더 이상의 미래는 없을 것이다. 그러한 기업의 구성원들은 기업을 위해 그 어떤 창의성도 발휘하지 않을 것이며, 조만간 자신이 원하던 기업을 찾아 떠날 것이다. 아마도 그들은 지금 이직준비를 하고 있을 가능성이 매우 높거나 다른 기업을 탐색하는 과정에 있을지도 모른다.

한국의 침체된 경제를 회복하는 길은 경영자가 올바른 경영철학을 가지고 회사를 경영하고, 구성원들 또한 기업가정신을 가지고 자신과 조직의 성장에 기여하는 것이다. 또한 기업의 존재이유이자 유일한 목적인 고객창조를 위해 힘을 모아 국내시장을 넘어 세계시장에 우뚝 서는 것을 목표로 하여 달려가는 것이다.

경영이란 무엇인가

☺ ☺ ☺

무궁화인재들을 위한 조직문화를 구축하기 위해서는 피터 드러커의 경영에 대한 철학을 배워야만 한다. 우리는 일시적인 유행을 따르기보다는 '원칙'을 배우고 '실천'을 해야 한다. 나는 16년 전 스티븐 코비의 7Habits으로 시작하여 피터 드러커의 경영철학을 공부하였다. 경영의 대가 톰 피터스는 자신의 모든 이론과 철학이 피터 드러커로부터 나왔다고 했으며, 마케팅의 거장 필립 코틀러는 사람들로부터 마케팅의 아버지라는 칭송을 듣고, '내가 마케팅의 아버지라면 피터 드러커는 마케팅의 할아버지'라고 표현했다. 이처럼 피터 드러커는 경영의 대가 중의 대가라고 할 수 있다. 우리가 아는 모든 경영의 대가는 모두 피터 드러커의 영향을 받았다고 해도 과언이 아닐 것이다. 따라서 일시적인 유행성 이론이 아닌, 시대가 변해도 변하지 않는 원칙에 초점을 맞추고 모든 경영 이론의 뿌리가 되는 거장 피터 드러커의 경영철학과 원칙을 배워야 한다. 그것이 오늘날 지식사회의 경영자들이 해야 할 가장 큰 과제이다. 경영자에게 제대로 된 경영철학이 없을 때, 조직의 많은 구성원은 불행한 삶을 살아가게 된다.

그렇다면 지금부터 피터 드러커의 경영철학에 대해 알아보자. 필자의 생각을 덧붙인 부분도 있지만 그것은 어디까지나 피터 드러커 경영철학의 이해를 돕기 위한 부분이고, 나는 피터 드러커의 가르침을 훼손하지 않기 위해 최대한 원내용 그대로 전달하려고 노력하였다. 이 책에서 피터 드러커의 경영철학을 모두 다룰 수는 없다. 하지만 경영자들이 알아야 할 중요한 내용을 다루고자 하니 이 부분만큼은 반드시 숙지하고, 더하여 어떻게 적용할 것인지 생각해보았으면 한다. 그리고 좀 더 긍정적인 의욕을 가지고 피터 드러커의 주요 저서들을 반복하여 읽기를 권한다.

그의 경영철학은 한번 훑어보는 식으로 배워서는 결코 '안다'라고 이야기할 수 없으며, 경영자로서 경영활동에 적용하기란 더욱 힘들다고 할 수 있다. 남에게 자랑하기 위한 학습이 아닌 자신의 질적인 성장을 위한 학습을 하였으면 한다. 이것이 이 땅의 모든 경영자와 사회와 세계를 향한 진심어린 조언이자 충언이다. 지금부터 구체적으로 하나씩 살펴보며 중요한 대목은 형광펜으로 긋거나 별표를 하고 '경영자노트'에 어떻게 적용할 것인지 자신의 다짐을 적어보도록 한다.

경영이란 무엇인가? 경영의 발전과 경영의 역사—실패의 역사와 더불어 성공의 역사까지—가 우리에게 가르쳐주는 것이 있다. 경영이란 다른 무엇보다도 기본적인 원칙들에 기초한다는 것과, 인간에 관한 것이라 할 수 있다. 경영의 과업은 서로 다른 기술과 지식을 가진 사람들로 하여금 공동의 성과를 올릴 수 있도록 하는 것이다. 각자의 강점을 활용하여 공동의 목표를 달성할 수 있도록 하고, 또한 각자의 약점이 목표를 달성하는 데 장애가 되지 않도록 만들어주는 것이 바로 조직이 해야 할 모든 것이다. 경영이 그토록 중요하고 결정적인 요소가 되는 것은 바로 이러한 과업을 수행하기 때문이다.

오늘날 우리는 대부분 크든 작든, 영리든, 비영리든 여러 경영기관에 고용되어 일하고 있다. 또한 기업경영이 우리의 기술과 헌신 그리고 노력에 의존하는 것과 마찬가지로 우리의 생계를 해결하기 위한 것과, 우리가 사회에 얼마나 기여할 수 있는가 하는 것에 대해 기업경영에 크게 의존하고 있다. 경영은 공동의 목표를 위해 사람들을 통합하는 것이기 때문에 문화와도 매우 관련이 깊다. 경영자가 수행하는 과업 그 자체는 독일, 영국, 미국, 일본, 브라질 등 어디에서나 똑같지만 그 과업을 어떻게 수행하는가 하는 점은 현격하게 다를 수 있다.

피터 드러커는 일본의 경제적 성공과 인도의 상대적 후진성 간의 차이점은 일본의 경영자들이 다른 선진국에서 수입한 경영개념을 자신들의 문화적 토양에 옮겨 심고, 그리고 그것들을 성장하도록 만들 수 있었다는 사실로써 대부분 설명할 수 있다는 것이다. 또한 개발도상국가의 경영자들이 당면한 기본적인 도전들 가운데 하나는 자신들의 독자적인 전통과 역사 그리고 문화를 찾아내고 확인함으로써 이를 경영의 기본원칙으로 삼아야 한다고 했다. 이러한 도전은 우리나라 여러 기업에서도 이루어져야 할 것이다.

경영의 원칙을 세우다

◎ ◎ ◎

모든 기업은 구성원들이 공동의 목표와 가치관을 가질 것을 요구한다. 피터 드러커는 공동의 목표와 가치관이 없는 기업이란 단지 사람들의 집합에 지나지 않을 뿐 기업으로선 존재할 수 없다고 하였다. 또 기업은 단순 명료한 공동의 목표를 필요로 하며, 기업의 사명은 공동의 비전을 제공할 수 있을 정도로 충분히 명확해야 하고 또한 충분히 포괄적이어야 한다는 것이다. 그는 비전을 구체화하기 위한 목표를 모든 구성원에게 분명하게 주지해야 한다고 강조했다. 또한 계속해서 재확인되어야 하므로 경영의 가장 우선되는 과제는 공동의 비전과 목표, 그리고 가치관에 대해 깊이 생각하고 결정해 구성원들에게 제시하는 것이라고 했다.

다음으로 경영은 조직과 그 구성원들이 새로운 요구와 기회, 그리고 변화에 맞추어 성장하고 발전할 수 있도록 지원해주어야 한다는 것이다. 모든 기업은 배우는 기관이자 가르치는 기관이며 훈련과 개발은 모든 경영계층에 확립되어야 하고, 절대로 중단되어서는 안 된다는 것이다. 모든 기업은 서로 다른 여러 종류의 작업을 하는 데 필요한 온갖 기술과 지식을 가진 사람들로 구성되어 있어 커뮤니케이션과 개인의 책임을 바탕으로 조직되지 않으면 안 된다. 모든 구성원은 자신이 달성하려고 하는 목표가 무엇인지 깊이 생각해야 하며, 동료들이 그것을 확실히 알고 이해할 수 있도록 커뮤니케이션을 해야 한다고 하였다.

조직의 구성원은 자신이 다른 사람의 과업을 위해 어떤 공헌을 해야 하는지 깊이 생각하고 다른 사람들에게 그것을 확실히 이해시켜야 한다는 것이다. 또한 모든 구성원은 다른 사람으로부터 어떤 도움을 받아야 하는지 깊이 생각해야만 하며, 자신이 다른 사람에게 무엇을 기대하고 있는지에 대해서도 그들이 확실히 이해할 수 있도록 해야 한다는 것이다.

피터 드러커는 기업의 성과에 대해 이야기하기를 수익률 혹은 생산량 자체만으로는 경영과 기업에 대한 적절한 성과 측정지표가 될 수 없으며, 시장 점유율, 혁신, 생산성, 인적자원개발, 제품의 품질, 재무상태 등의 모든 것이 기업의 성과와 기업의 생존에 결정적인 영향을 미친다는 것이다. 기업은 기업의 건강과 성과를 평가하기 위해 다양한 측정 방법을 필요로 한다. 또한 성과는 기업과 기업 경영의 한 부분으로서 구체화되어야 하기에 측정되고 평가되어야 하며, 끊임없이 개선되어야 한다. 비영리 조직도 역시 그들의 사명과 관련하여 몇몇 구체적인 분야를 측정할 필요가 있다.

여기서 가장 중요한 것은 경영의 결과는 언제나 기업의 외부에서 나타난다는 사실이며, 기업의 결과란 곧 고객의 만족을 의미한다는 것이다. 이러한 경영의 원칙들을 확실히 이해하는 경영자는 목표를 달성하는 성취 능력이 뛰어난 경영자가 될 것이다.

경영의 사회적 책임

⊛ ⊛ ⊛

"대부분의 경영 관련 서적들이 경영의 기능에 있어서 조직 내부의 관리적 기능에 초점을 맞추고 있을 뿐, 경영의 사회적 기능에 대해 다루고 있는 책은 찾아보기 힘들다. 오늘날 경영이 심각한 도전에 직면하게 된 것은 경영이 폭넓은 사회적 기능을 수행하지 못하고 있기 때문이다."

이는 피터 드러커가 경영의 사회적 책임에 관해 강조했던 부분이다. 경영은 누구에 대해 책임을 지는가? 그리고 무엇에 대해 책임을 지는가? 경영으로 하여금 권한을 발휘하게 하는 근거는 무엇인가? 다시 말해, 경영에 합법성을 부여하는 것은 무엇인가? 이러한 질문들은 정치적인 질문들로써 이에 대한 답은 기업에서도 경제학적인 차원에서도 할 수 있는 것이 아니다.

기업의 유일한 기능이 주주에게 가능한 한 많은 금전적 이익을 그것도 즉각적으로 제공하는 것이라면, 경영의 존립 근거 그리고 기업의 존립 근거가 오직 그것뿐이라면 적대적 인수 의도를 가진 침략자들이 판을 칠 것은 뻔한 일이다. 그리고 그들은 단기적 이익을 도모하기 위해 기업의 장기적 이익 창출 능력을 희생시킬 것이므로, 기업을 파멸시키거나 부당 이득을 취하는 일이 계속해서 빈번하게 일어난다.

기업 경영뿐 아니라 다른 모든 조직의 경영은 성과달성에 책임을 져야 한다. 성과를 어떻게 규정할 것인가? 성과를 어떻게 측정할 것인가? 성과를 어떻게 달성할 것인가? 그리고 경영은 '누구에' 대해서 책임을 지는가? 이런 질문을 할 수 있다는 것 그 자체가 바로 경영이 성공하였다는 것, 그리고 경영이 중요하다는 것을 나타내주고 있다. 그러나 한편으로는 경영자가 무언가 잘못하고 있음을 제대로 밝히는 것이기도 하다. 경영자들은 자신이 권한을 갖고 있다는 사실을 아직 인식하지 못하고 있다. 그리고 권한에는 책임이 따르며, 또한 타당한 근거를 갖고 있어야 한다는 사실을 직시하지 못하고 있다. 이러한 부분에 있어 필자의 생각은 명확하다. 그리고 그런 확신이 바로 이 책을 쓴 동기이기도 하다.

"경영자가 해야 할 일은 오직 기업의 유일한 목적인 고객창조를 위해 공동의 목표를 달성하고 그 결과는 성과로 이어져야 하며, 성과의 일부는 반드시 사회적 책임을 감당하는 데 사용해야 한다."

기업의 존재이유를 명확히 해나가고 고객들에게 그 가치를 인정받는 기업이 되기 위해서는 모든 구성원이 기업가정신으로 무장되어야 한다.

경영과 기업가정신

❀ ❀ ❀

경영이 그 이론적 차원과 실무적 차원에서 이룩한 하나의 중요한 진보는 기업가정신 및 혁신을 받아들이게 되었다는 것이다. 피터 드러커는 오늘날 기존의 어떤 기업이든, 혹은 교회이든, 노동조합이든 또는 병원이든 간에 혁신을 하지 않으면 곧 쇠퇴하고 말 것이라고 경고하였다. 그리고 새로운 조직이 파산하는 가장 큰 이유는 그들이 경영을 할 줄 모르기 때문이라고 지적하였다. 제2차 세계대전 이후 시기에는 기업에서 혁신보다 기존의 관행을 유지하는 것이 더욱 중요한 과업으로 취급되었다고 한다. 그 시기에는 대부분의 조직이 30년 내지 50년 전부터 확립된 경영 관행에 따라 발전하였는데 지금은 그 관행들 대부분이 극적으로 변하였고 혁신의 시대로 진입했다는 것이다. 피터 드러커는 혁신은 결코 '첨단기술'이나 일반적인 의미의 기술에만 국한된 것이 아니며, 사회적 혁신이 다른 어떤 과학적 혹은 기술적 발명보다 훨씬 더 중요하고 영향력이 클 수 있다고 강조하였다.

이제 기업가정신과 혁신은 경영의 한 부분이며 널리 알려지고 검증을 거친 것이다. 이는 경영의 원칙에 기초하여 수행되고 있다. 기업가정신과 혁신은 기존의 조직과 새로운 조직, 나아가 정부를 포함하여 영리조직과 비영리조직 모두에 적용된다고 할 수 있다. 피터 드러커의 가르침을 따를 때 유능한 경영자는 구성원 모두를 기업가정신으로 무장하게 만드는 사람이라고 생각한다. 쉽지는 않겠지만 어렵지도 않은 일이다.

• 경영자로서 내가 해야 할 질문은 무엇인가? 나는 무엇에 답해야 하는가?

• 우리 조직은 사회적 문제에 있어 책임감을 가지고 있는가?
현재 사회적 책임을 위해 실행하고 있는 것은 무엇인가? 만일 없다면 향후 어떠한 사회적 문제에 공헌할 수 있겠는가?

• 내가 생각하는 기업가정신은 어떤 것인가?

• 우리 조직구성원들의 기업가정신은 어느 정도인가?(만일 1부터 10으로 측정해볼 수 있다면 몇 점 정도인가?)

• 구성원들로 하여금 기업가정신으로 무장되게 하려면 무엇부터 실행해야겠는가?
실행계획을 3단계로 작성해보자.

제 2 장

무궁화인재들을
지원하는 경영시스템:사명

조직의 초점을 사명에 맞추고, 전략을 정하고 실행하며,
목표로 삼아야 할 성과를 분명히 규정하는 사람이 필요하다.
그리고 이런 매니지먼트에는 상당한 영향력을 가진 권위가 뒷받침되어야 한다.
그러나 분명히 구분해야 할 것은 매니지먼트의 일은
지휘명령이 아니라 '방향의 제시'라는 것이다.
『자본주의 이후의 사회(Post-Capitalist Society)』

무궁화인재들을 지원하는 경영자의 과업은 무엇인가

❀ ❀ ❀

무궁화인재들이 추구해야 할 첫 번째 핵심가치는 '사명'이다. 무궁화
인재들은 경영자들이 사명감을 가지고 조직의 사명을 완수하기 위해 강
점으로 공헌할 수 있도록 그들을 지원해야만 위대한 조직문화를 만들
수 있다. 사명 부문에서 경영자들의 역할과 책임은 무엇인지 먼저 피터
드러커가 우리에게 들려주는 경영의 과업에 대해 다시 한 번 고찰해보
고 올바른 경영을 위한 방향을 설정해보도록 하자.

피터 드러커는 기업을 비롯한 여러 종류의 조직은 사회의 기관들이

며, 조직은 자신을 위해 존재하는 것이 아니라, 특수한 사회적 목적을 달성하고 사회와 개인의 구체적인 욕구를 충족시키기 위해 존재한다고 했다. 또한 조직은 그 자체로는 목적이 될 수 없고 오직 수단에 지나지 않으므로 조직과 관련한 질문은 수정되어야 한다고 요구했다. '조직이란 무엇인가?'이기보다는 '조직이 해야 하는 일은 무엇인가?' 그리고 '조직의 과업은 무엇인가?'가 되어야 한다는 것이다.

다음으로 그는 조직의 기관으로 '경영이란 무엇인가?'라는 질문은 경영에 대해 해야 할 첫 번째 질문이 아니라고 한다. 그에 앞서 우리는 경영을 과업 속에서 그리고 과업을 통해서 정의해야 한다는 것이다. 피터 드러커는 경영은 구성원들로 하여금 각자가 맡은바 역할을 다하고 또한 사회에 공헌할 수 있도록 하기 위해서 다음의 세 가지 과업들을 수행해야 한다고 했다. 경영자로서 반드시 알아야 할 중요한 내용이다.

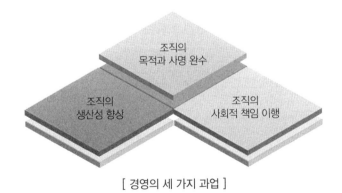

[경영의 세 가지 과업]

265

첫 번째 과업, 조직의 목적과 사명을 완수하라

◈ ◈ ◈

어떤 조직이든 조직은 그 고유한 목적과 사명을 달성하기 위해 그리고 사회적 기능을 수행하기 위해 존재한다. 특히 기업이라는 조직에 있어 이 말은 경제적 성과를 달성해야만 하는 사명을 갖는다는 것이다. 경영의 첫 번째 과업, 즉 조직의 사명을 달성하는 과업은 그 조직이 영리조직인가 아니면 비영리 조직인가에 따라 차이가 있지만 각각의 과업들은 서로 비슷하다. 병원, 교회, 대학 또는 군대에 있어 경제적 측면은 제약조건으로 작용하지만 일반 기업은, '경제적 성과달성을 목적으로 하는 존재'가 되어야 한다는 것이다.

기업에 있어 경제적 성과달성은 고객창조를 위해 반드시 이루어야 할 과제이다. 기업경영은 기업의 모든 활동과 의사결정 과정에서 항상 경제적 성과를 고려해야 하며, 기업경영의 존재 의의와 권한은 오직 그 자신이 창출하는 경제적 성과에 의해서만 정당화될 수 있다. 경제적 성과를 창출하지 못하는 기업경영은 소비자가 원하는 제품과 서비스를 소비자가 기꺼이 지불하고자 하는 가격에 공급하지 못하게 되고 그러한 기업은 결국 도산하고 만다는 것이 피터 드러커가 우리에게 주는 가르침이다.

기업경영은 기업의 목적인 고객창조를 위해 자신에게 맡겨진 경제적 자원의 이익창출 능력을 향상시키거나 최소한 유지할 수 있어야 한다.

두 번째 과업, 조직의 생산성을 향상시켜라

⊙ ⊙ ⊙

경영의 두 번째 과업은 조직이 수행하는 작업을 생산적이게 하고 그 작업을 수행하는 사람들을 효율적이게 하는 것이다. 기업이 보유하고 있는 오직 단 하나의 진정한 자원은 바로 '사람'이며 구성원이 수행하는 작업을 통해서만 기업의 목표를 달성할 수 있다. 그러므로 작업의 생산성을 높이기 위해 인적자원을 올바르게 경영하는 것이 기업의 본질적인 기능인 것이다.

오늘날 사회에 있어 조직에 대한 의미부여는 크게 네 가지 정도를 포함한다. 개인이 생계를 유지하는 수단, 사회적 지위를 획득하는 수단, 공동체에 접근하는 수단 그리고 개인적 성취와 만족을 추구하는 수단이다. 조직의 역할에서 그 구성원으로 하여금 성취감을 느낄 수 있도록 해주는 것이 더욱 중요해지고 있으며, 그것은 또한 조직의 성과를 평가하는 척도가 되고 있다. 구성원들의 생산성을 향상시키는 것은 경영이 수행해야 할 과업으로서 점점 더 큰 비중을 차지하고 있다.

경영에 있어서 작업을 그 자체의 논리에 따라 조직하는 것보다 더 중요한 것은 작업을 구성원들에게 적합하도록 만드는 것이다. 사람에 대한 논리는 작업의 논리와는 근본적으로 다르다는 것을 알아야 한다. 구성원들에게 성취감을 느낄 수 있게 해준다는 것은 사람에 대한 특별한 이해를 전제로 한다. 사람은 독특한 생리적·심리적 속성, 능력, 한계 그리고 고유한 행동양식을 갖고 있는 유기체라는 사실이다.

세 번째 과업, 조직의 사회적 책임을 이행하라

⊕ ⊕ ⊕

경영의 세 번째 과업은 조직이 사회에 미치는 영향들과 조직의 사회적 책임들을 파악하고 적절한 조치를 취해야 한다는 것이다. 어떤 조직도 스스로 존재하지 못하며, 또한 스스로 목적이 되지도 못한다. 즉 모든 조직은 사회의 한 기관이고 또한 사회를 위해 존재한다는 것이다. 기업은 사업을 잘하는 것만으로 그 존재의 정당성을 인정받을 수 없다.

기업은 오직 사회에 유익한 존재임이 증명되었을 때에만 그 정당성을 인정받을 수 있다. 기업은 근로자와 경영자들에게 일자리를 제공하거나 혹은 주주들에게 배당을 나누어주기 위해서라기보다는 고객에게 재화와 용역을 제공하기 위해 존재한다. 병원은 의사와 간호사를 위해 존재하는 것이 아니라 병이 완치되기를 소망하는 환자들을 위해 존재한다. 심리적으로, 지리적으로, 문화적으로 그리고 사회적으로도 조직은 지역사회의 한 부분이다. 기업은 그 과업을 이행하는 과정에서 즉 경제적 재화와 용역을 생산하는 과정에서 불가피하게 사람들과 지역사회에 그리고 사회에 영향을 미친다.

기업은 종업원들에게 권력과 권한을 행사하지만 종업원의 존재 이유나 목적은 그 기업 내에서만 결정되는 것은 아니다. 기업은 지역사회에 대해 이웃으로서, 일자리를 제공하는 원천으로서 그리고 세금의 원천으로서 영향을 미치지만, 한편으로는 폐기물과 오염의 원천으로서 해를 끼치기도 한다.

기업은 오늘날 다원적인 조직사회에서 인간이 필요로 하는 양적 수요, 즉 경제적 재화와 용역을 제공하는 기본적 과업뿐 아니라, 인간의 질적 수요, 즉 현대인과 현대사회의 물리적, 인간적, 사회적 환경에도 점점 더 많은 관심을 기울여야 있다. 사회적 문제를 위해 우리 조직이 해야 할 역할과 할 수 있는 일은 무엇인지 기업의 본 목적이 방해되지 않는 범위 내에서 생각하고 실행에 옮겨야 한다. '어떠한 조직으로 기억되기를 바라는가?' 사회와 인류를 위한 공헌, 지금보다 더 마음이 뜨겁고 보람된 삶, 자부심과 긍지를 느끼는 기업, 가족처럼 사랑하고 함께 성장하는 기업을 희망해본다. 이러한 기업의 핵심과업을 조직의 모든 구성원이 같은 마음으로 이해하는 것이 중요하다. 그것을 가능하게 하는 것이 바로 기업의 '사명선언문'인 것이다.

사명선언문 위에 기초를 세우다

❀ ❀ ❀

피터 드러커는 『자본주의 이후의 사회』에서 이렇게 말했다.

"명확하며 목표가 확실한 공통된 사명이 있어야 조직이 하나 되어 성과를 올릴 수 있다. 이것이 없으면 조직은 얼마 안 가 조직으로서의 신뢰를 잃는다."

사명선언문은 특정 대상에게만 국한되는 것이 아니다. 개인, 조직, 사회가 서로 조화롭게 살아가며 서로에게 기여할 수 있는 보편적 문화이다. 따라서 사명선언서에 대한 접근법은 기업과 비영리단체, 관공서 모두에 적용되도록 최대한 노력해야 한다.

사명선언문은 명료해야 하며 경영자들에 의해서만 만들어져서는 안

[조직의 사명완수를 위한 시스템]

된다. 사명선언문을 만드는 과정에 전 조직원을 참여시키는 것은 매우 중요하다. 이것을 간과하는 경영자들이 많은데 이들이 명심해야 할 것은 참여 없는 헌신이란 없다는 것이다. 모든 구성원에게 사명선언문을 위한 다섯 가지 질문을 던지게 하고 그 질문에 자신들의 진지한 생각을 적어보도록 하게 한다. 팀장은 팀원들의 생각을 조합해서 팀의 사명선언문 또한 만들어보자. 중요한 것은 조직의 모든 구성원이 한 방향으로 정렬된 사명선언문을 만들어야 한다는 것이다. 한편 경영자들은 조직의 모든 구성원의 생각이 반영된 조직 사명선언문을 만들어야 한다. 이러한 과정이 조금 복잡하고 번거롭겠지만 다시 한 번 명심해야 할 것은 참여 없는 헌신이란 없다는 것이다. 사회 부문의 개별 조직들은 나름대로 개인의 삶과 사회에 기여하기 위해 존재한다. 바로 이런 기여가 각 조직의 존재목적이자 사명이다.

기업의 사명은 고객을 창조하기 위해 이익을 창출하는 것이지만 비영리단체의 사명은 사회적 문제를 해결하고 사람들의 삶을 변화시키는 데 있다. 사명은 조직의 목적을 달성함에 있어 판단기준이 되는 핵심가치를 기반으로 깊은 의미와 신념을 담고 있어야 하며 옳은 것이어야 한다. 경영자의 기본적인 책무는 모든 사람이 사명을 알고 이해하여 사명에 따라 살 수 있도록 지원하는 것이다.

피터 드러커가 병원을 컨설팅한 사례를 살펴보자. 어느 해, 피터 드러커는 대형병원의 관리자들과 함께 '응급실의 사명'에 대해 논의한 적이 있다. 대부분의 병원 관리자들처럼 그들도 처음에는 응급실의 사명은 '건강관리'라고 했다. 하지만 피터 드러커가 보기에 이는 잘못된 접근이었다. 병원은 건강을 돌보는 곳이 아니라 '질병을 다루는 곳'이다. 오랜 대화 끝에 그들은 '응급실은 고통받는 사람들을 안심시키기 위해 존재한다'는 매우 단순하면서도 명백한 사명선언문을 도출해냈다. 이 사명을 완수하려면 현 상황을 정확히 파악해야 하며 지역사회에서 좋은 응급실의 역할은 대부분의 사람에게 '당신은 꼭 치료될 것이며 위급사항은 없다'고 알리며 환자와 가족들을 안심시켜야 한다는 것이다. 이 사명을 충족시키기 위한 실행방법은 응급실에 온 사람들 모두가 단 1분 안에 적절한 진찰을 받도록 만드는 것, 즉 첫 번째 목표는 거의 즉시 모든 사람을 진찰하는 것에 있다. 이처럼 사명선언문은 명확하게 그 조직이 가야 할 방향성을 보여줄 수 있는 것이어야 한다.

그러기 위해서 먼저 필요한 것은 바로 '단순함'이다. 효과적인 사명선언문은 간결하고 초점이 분명하며 단순하다. 그러기 위해 사명선언문은 과업을 실행하는 방법이 아닌 '이유'를 설명하는 것이어야 한다. 사명은 광범위할 뿐만 아니라 영원하며, 모든 조직 구성원이 "나는 우리 조직의 사명을 완수하는 데 기여하고 있어."라고 말할 수 있도록 올바른 길로 방향을 잡아주는 나침반과 같은 역할을 할 수 있어야 한다. 효과적인 사명을 이끌어내려면 구성원들의 기회와 역량, 현실을 정확하게 조화시켜야 한다.

먼저 외부환경을 관찰하라. 피터 드러커는 내부를 우선시해서 자원을 투입해야 할 곳이 어디인지를 조직 안에서 찾으려 하다가는 자원을 낭비하게 되고 과거에 집중하게 될 것이라고 했다. 인구통계도 변하고 욕구도 변하고 있다. 그러므로 기정사실, 즉 이미 일어난 일 중에서 현재 도전받고 있는 것이 무엇인지, 그리고 조직 앞에 놓여 있는 기회가 무엇인지를 찾아야 한다. 현 기술적 수준, 변화하는 환경과 조건들, 경쟁상대, 자금, 충족시켜야 할 격차를 살펴보라. 구체적인 목표는 달라질 수 있다. 현재 가장 중요하게 여겨지는 일이 얼마 지나지 않아 부차적인 일이 되거나, 부적절한 일로 바뀔 수도 있다. '우리의 자원을 가지고 집중해서 변화시키고 싶은 영역은 어디인가? 어느 분야에서 새로운 성과 기준을 세우고 싶은가? 우리 자신을 헌신하도록 고무시키는 것은 무엇인가?'라는 것을 살펴보자.

한편, 사명선언은 결코 돈이나 외부환경에 의해 사명을 희생시키지 않도록 하기 위해 원칙에 의거한 결정을 담아야 한다. 조직의 순수성을 위협하는 기회를 제대로 보고 판단할 줄 알아야 한다. 그렇지 않을 시에는 반드시 '아니오'라고 말할 수 있어야 한다.

조직의 목적을 달성하기 위해 우리는 지속적으로 도전과 기회를 분석하고, 고객을 파악하고, 그들이 소중히 여기는 바를 알고 결과를 명백

- 피터 드러커가 이야기한 3대과업이 내게 어떠한 통찰을 제공하는가?

- 첫 번째 과업을 수행하기 위한 나의 역할은 무엇인가?

- 두 번째 과업을 수행하기 위한 나의 역할은 무엇인가?

- 세 번째 과업을 수행하기 위한 나의 역할은 무엇인가?

- 우리 조직의 사명선언문은 모든 구성원이 참여하여 만든 사명선언문인가?
  아니면 몇몇의 기획력 있는 리더가 모여 만든 사명선언문인가?

- 우리 조직의 사명선언문은 조직의 존재이유를 명확하고 단순하게 나타내주고 있는가?

- 효과적인 사명선언문을 만들기 위해 전 구성원이 참여할 수 있도록 구체적인 계획을
  단계별로 세워보자. 첫 번째 단계에서 할 일은? 두 번째 단계에서 할 일은?
  세 번째 단계에서 할 일은?

히 해야 한다. 계획을 발전시킬 때가 되면 그때까지 습득한 내용을 모두 고려해서 사명을 확립하거나 수정하기 위해 재점검만 하면 된다. 우리의 사명선언문이 조직의 장식품이 아닌 진정으로 효과적인 사명선언문이 되도록 하기 위해서는 사명선언문이 시스템으로 작동될 수 있도록 하라. 즉 주기적으로 검토하는 시스템을 가져야 한다. 긴 안목으로 시작하되 다시 원점으로 돌아가서 "우리가 진정으로 바라는 것은 무엇인가?", "우리가 오늘 해야 할 일은 무엇인가?"라고 물어야 한다. 사명선언문은 보기 좋고 듣기 좋은 미사여구가 아닌 우리의 실행을 돕는 나침반이 되어야 하며, 어떠한 상황에서도 우리가 길을 잃지 않도록 안내해주는 북극성의 역할을 해야 한다.

우리의 고객을 알아야 한다

❀ ❀ ❀

'고객'이라는 단어는 기업에는 적합한 단어지만 다른 사회부문의 조직에서는 이 단어에 대해 거부반응을 보이곤 한다. 특히 비영리단체의 리더들은 "우리는 고객이 없습니다. 그것은 마케팅 용어입니다. 우리에게는 클라이언트, 수혜자, 환자들이 있을 뿐입니다. 그리고 우리에게는 관객이 있고 학생들이 있습니다."라고 말한다.

이에 대해 피터 드러커는 언제나 그렇듯이 자신의 강점인 질문법을 사용해 "조직의 성과를 통해 반드시 만족시켜야 하는 대상은 누구입니까?"라고 질문한다. 이 질문에 답하는 동안 그들이 제공하는 서비스의 가치와 그 서비스의 중요성을 인정하는 사람, 즉 그들의 고객에 대한 정의를 얻게 되는 것이다. 피터 드러커는 컨설턴트이면서도 유능한 코치 역량으로 이러한 질문법들을 통해 상대방 스스로 답을 찾게 돕는다. 상대를 존중하는 마음과 그의 겸손함이 묻어나는 대목이라 할 수 있다.

　사회부문의 조직에는 두 가지 유형의 고객이 있다. 먼저 조직이 제공하는 서비스를 통해 삶이 변화되는 사람들이 일차고객이다. 우리는 효과적인 서비스를 제공하기 위해 '일차고객이 누구인가?'라는 질문에 대한 답을 찾아야 한다. 그래야 제대로 된 서비스를 일차고객에게 초점을 맞춰 제공할 수 있기 때문이다. 일차고객의 만족을 위해 단 하나의 서비스에 집중하는 것이 성과를 내는 길이다.

　두 번째 유형은 지원고객이다. 지원고객이란 자원봉사자, 회원, 협력자, 기부자, 중개업체, 직원들 등 기타 만족시켜야 하는 여러 사람이다. 기업에서는 조직의 공동목표를 달성하기 위해 일하는 직원들을 지원고객이라고 할 수 있겠다. 그들은 조직이 제공하는 것을 받아들이거나 거부할 수 있는 선택권을 가진 사람들이다. 조직은 지역사회의 필요를 충족시키고 서로가 신뢰하는 결과를 얻도록 의미 있는 봉사 기회를 제공함으로써 지원고객들을 만족시킬 수 있다. 지원 고객을 도외시한 채 일차고객만 만족시키려고 하는 것은 장기적으로, 또는 지속적으로 성과를 얻기 어렵다고 할 수 있다. 지원고객의 도움 없이 일차고객을 만족시킬 수 없는 것과 마찬가지로 기업에서는 직원의 욕구를 충족시키지 않고는 고객을 만족시킬 수 없고 행복감을 줄 수 없다. 효과적인 조직은 우선적으로 일차고객에게 초점을 맞추고 다음으로 지원고객을 만족시키는 전략을 세운다. 일차고객에게 집중하기 위해서는 다음과 같은 질문에 답을 하는 것이 중요하다.

"우리의 공헌으로 얻고자 하는 궁극적인 결과는 무엇인가? 일차고객을 파악하면 우선순위를 정할 수 있고 조직의 가치에 대한 중대한 결정을 내릴 때도 올바른 판단을 할 수 있도록 해준다."

미국의 걸스카우트는 세계에서 가장 큰 여아·여성 단체이며, 시대 흐름에 따라 변화하는 많은 지원고객과 훌륭한 파트너십을 가지고 일차고객인 여아들에게 서비스를 제공하고 있는 비영리단체로서 매우 모범적인 단체이다. 걸스카우트가 지켜온 우선순위는 미국의 모든 여아들에게 서비스를 받을 수 있는 기회를 제공하는 것이다. 이것은 걸스카우트의 창립자가 "나는 모든 여아들에게 줄 것이 있다."라고 말했던 1912년 이후로 변하지 않고 있다. 헤셀바인은 이 단체의 국내 상임이사로 재직하는 동안 다음과 같이 말했다.

"우리는 2000년까지는 소수민족이 이 나라의 1/3을 차지하게 될 것이라는 예측에 대해 검토하고 있습니다. 많은 사람이 이러한 새로운 인종과 민족의 유입이 무엇을 의미하게 될지, 그 장래에 대해 매우 우려하고 있습니다. 하지만 우리는 이러한 변화를 좋은 기회로 보고 있습니다. 이전보다 훨씬 어려운 시기에 성장기를 지나고 있는 모든 여아에게 제공할 수 있는 지원 프로그램과 함께할 수 있는 자원봉사자들이 있으니 말입니다."

헤셀바인이 말하는 것처럼, 변화하는 일차고객에게 접근하려면 지원고객과의 훌륭한 파트너십을 맺어야 한다. 그러기 위해서 지원고객은 누가 될 수 있는지, 또 그들은 무엇을 가치 있게 여기는지 깊이 생각해 보아야 할 것이다. 고객들은 유동적이며 변화하는 존재이다. 그들의 필요, 욕구, 꿈은 발전하게 되며, 결과를 얻기 위해 전혀 새로운 고객들을 충족시켜야 할지도 모른다. 변화 속에서 기회를 볼 줄 아는 안목이 필요하고 끊임없이 고객을 창조하기 위해 고객이 가치 있게 생각하는 것은 무엇인지 물어 보는 자세가 필요하다. 영리단체든 비영리 단체든 무궁화에서 지혜를 얻어야 한다. 아침마다 새롭고 늘 새로운 마음이 필요하다. 시들어서 떨어지지 않는 오직 새로운 마음과 새로운 모습을 보이기 위해 피고 지기를 반복하는 무궁화처럼 지칠 줄 모르는 열정! 거기에서 혁신의 정신이 나오는 것이다.

우리는 반드시 우리의 고객을 알아야 한다. 고객들은 끊임없이 변하기 때문에 몇 번이고 되풀이해서 "우리의 고객은 누구인가?"라고 물어야 한다. 고객을 진정으로 알기 위해 늘 새로운 마음으로 질문하라. "고객이 가치 있게 여기는 것은 무엇인가?"라는 질문을 던져보면 고객이 소중하게 여기는 것이 무엇인지, 우리의 결과는 무엇이어야 하는지를 규정하고 계획을 발전시켜 나아갈 수 있다. 하지만 그들의 필요와 욕구, 기대를 만족시키는 것에 대한 질문은 무척 복잡하다. 따라서 오직 고객들로부터만 답을 구할 수 있다. 고객을 제대로 알기 위해서 "고객이 가치 있게 여기는 것은 무엇인가?"라는 질문은 너무도 중요한 질문이다. 하지만 수많은 경영자가 이 질문에 대해 고객 입장에서 답을 구하기보다는 스스로 이 질문에 답하는 경향이 있다.

'고객이 가치 있게 여기는 것은 우리의 프로그램, 우리의 서비스 질이며, 우리가 지역사회를 발전시키는 방법이다.'라는 식으로 생각하는 것이다.

이 부분에서 무궁화의 근본가치를 다시 한 번 언급하고자 한다.

다섯 가지 핵심가치가 빛을 발하기 위해서는 근본가치인 '사랑'을 알아야 한다. 고객을 사랑하라는 말이다. 자기가 옳다고 생각하고 좋다고 생각하는 것을, 상대에게도 옳고 좋을 것이라고 생각해서는 안 된다. 관료주의를 버려라. 자신이 옳은 일을 하고 있다는 확신이 강하면 자칫 고객과 멀어지는 결과를 가져올 수 있음을 명심해야 한다. 자신의 대의에 너무 헌신하다 보면 조직 그 자체를 목적으로 여기게 될 수 있다. 많은 조직의 리더들은 "우리는 지금 고객들이 원하는 가치 있는 서비스를 제공하고 있는가?"라는 질문 대신 "그것이 우리의 원칙, 우리가 이루고자 하는 목적에 부합하는가?"라고 질문하곤 한다. 이러한 태도는 조직이 성과를 거두는 데 있어서 커다란 장애요소로 작용해 조직의 사명을 결과적으로 무의미하게 만들 수 있다.

노스웨스턴대학교 교수이자 마케팅의 아버지 필립 코틀러는, 상당수의 기업과 단체의 리더들이 자신들이 전하고 싶어 하는 가치에 대해서는 매우 분명히 알고 있지만, 그 가치가 고객의 관점에서 비롯되어야 한다는 점은 깨닫지 못하는 경우가 많다고 지적한다.

우리의 생각과 고객들의 실제 요구를 비교해서 차이점을 발견하는 길이 고객창조의 첫걸음이 될 것이다. 먼저 "일차고객이 가치 있게 여기는 것은 무엇인가?"라는 질문에 답을 구하고 다음으로 "지원고객이 가치 있게 여기는 것은 무엇인가?"를 질문한다. 지원고객이 가치 있게 여기는 것 또한 제대로 파악하지 않으면 조직의 업무수행에 필요한 부분들을 제대로 시행할 수 없게 될 것이다.

이처럼 조직은 조직의 목적을 달성하기 위해 두 고객을 모두 충족시킬 수 있는 지혜가 있어야 한다. 이것은 하나의 자명한 원칙이라고도 할 수 있다. 고객이 요구하는 말에 귀를 기울여 경청하는 것은 고객이 가치 있게 여기는 것을 지속적으로 받아들이기 위한 매우 중요한 일이라 할 수 있다. 유능한 리더라면 이것을 조직 내에서의 논의와 의사결정 과정의 한 부분이 되도록 해야 한다.

결과를 분석하라

✧ ✧ ✧

사회부문 조직들은 항상 조직 외부에서 평가가 이루어지므로 그 결과는 외부에서 확인해야 한다. 사명을 완수하기 위해 무엇이 평가되어야 하는지 결정하고, 결과를 얻기 위해 자원을 집중적으로 투입할 필요가 있다. 기업부문에서는 수익이 실질적으로 타당한 측정기준이 된다. 장기적인 관점에서 수익이 없다면 사업이 존재할 수 없다고 할 수 있지만 사회부문에서는 성공에 대한 그런 보편적인 기준이 존재하지 않으므로 자신의 고객이 누구인지 확인하고, 그들이 무엇을 가치 있게 여기는지 알아내는 것에 이어, 의미 있는 평가기준을 개발하여, 실제로 삶이 변화되고 있는지 정직하게 판단해야 한다.

이러한 일들이 많은 비영리단체에서는 낯선 훈련으로 받아들여지겠지만, 학습을 통해 배울 수 있다고 피터 드러커는 말한다. 조직의 발전과 성취를 위해 '정성적' 측면과 '정량적' 측면에서 평가해보자. 이 두 유형의 평가기준은 상호보완관계로써 상호 간에 명백하게 해주며, 삶이 어떤 식으로 어느 정도 변화되고 있는지 밝히는 데 매우 유용하다.

정성적 평가기준은 변화의 깊이와 폭, 주관적인 영역을 다루는 것으로 구체적인 관찰로 시작해서 틀을 만들어 나간다. 그런데 객관적이지 못한 이야기를 알려주기 때문에 파악이 조금 어려운 부분이 있다. 하지만 체계적으로 취합하게 되면 제대로 된 평가가 가능하다. 정량적 평가는 타당하고 '풍부한' 자료들을 제공한다. '우리는 무엇을 성취하고 있는가?' 미래의 결과를 위해 지금 '우리는 무엇에 집중하고 있는가?'라고 자문할 수 있으며 명확한 기준을 사용할 수 있다. 정량적 평가는 객관적이고 확실한 자료들을 제공한다. 이 평가기준은 결과를 내기 위해 자원이 적절하게 집중되었는지, 개선이 이루어지고 있는지, 고객들과 지역사회가 더 좋은 방향으로 변화되고 있는지 측정하는 데 필수적인 요소이다.

경영자들이 던지는 가장 중요한 질문 중 하나는 "우리는 이 부분에 대한 자원투입을 정당화할 수 있을 정도로 탁월한 결과를 거두고 있는가?"이다. 필요가 있다는 사실만 가지고는 존속시키는 일을 정당화할 수 없다. 사명과 집중력 그리고 결과가 한 방향으로 정렬되어야 한다. 자원을 수익이 많이 나는 곳, 성공할 수 있는 곳에 투입하는 것이 조직의 임무이다.

어느 조직에서나 사람은 한때는 생산적이었으나 이제는 그렇지 않은 것에 집착한다. 그런데 결과를 분석해서 포기할 것은 과감하게 포기해야만 다른 것들을 이룰 수 있다. 뭔가를 포기한다는 것은 어려운 일이지만, 더 나은 결과를 얻기 위해서는 자원을 문제가 아닌 기회에 투입해야 한다고 피터 드러커는 충고하고 있다.

조직이 모든 분야에서 결과가 저조하고 개선의 여지가 별로 보이지 않는 상황이 오면 에너지를 어딘가 다른 곳으로 전환시켜야 할 기회일 수 있다. 그러므로 늘 혁신의 자세를 가지고 깨어 있어야 한다. 또한 어떤 실행 분야에서든 강화할 부분이나 포기할 부분이 분명하지 않을 때는 계획의 일부로써 체계적인 분석이 필요하다.

자기평가과정에서는 이 시점에 조직의 결과가 무엇이어야 하는지, 미래의 성공을 위해 어디에 집중할 것인지를 결정해야 한다. 사명이 책임의 범위를 규정한다. 경영자는 무엇을 평가하고 판단해야 하는지 분명하게 결정해야 하고, 조직이 자원을 낭비하지 않도록 의미 있고 뚜렷한 성과를 산출해야 할 책임이 있다.

계획수립과 목표설정

⊕ ⊕ ⊕

결과에 대한 분석과 평가는 조직의 목적과 장래 방향에 대한 간명한 요약이라 할 수 있는 계획으로 이어진다. 계획은 사명, 비전, 목적, 목표, 실행방법, 예산, 평가를 망라하는 것이다. 이제 사명을 확인하거나 변경하고 장기적인 목표를 설정해야 할 시점이 되었다. 모든 사명선언문은 기회, 역량, 헌신이라는 세 가지 사항을 변경해야 한다는 사실을 기억하라. 경영자가 해야 할 일은 "우리의 목적은 무엇인가?", "우리는 왜 이 일을 하는가?" 결국 "우리는 무엇으로 기억되기를 원하는가?"라는 질문에 답하는 것이다.

사명은 옳은 일을 완수할 수 있도록 목표를 설정하고 조직의 자원을 동원할 수 있도록 토대를 제공한다. 사명을 완수하기 위한 목표점검 및 공식적 채택은 조직의 효과적인 관리를 위해 필수적이다. 사명을 실현시키기 위해서는 오늘의 실행과 미래의 구체적인 계획과 목표가 있어야 한다.

계획은 예측할 수 없는 미래의 불확실성에서도 불구하고 우리가 도달하기 원하는 특정 지점과 방법을 규정한다. 우리에게 가장 어려운 도전은 조직의 근본적이고 장기적인 방향에 대해 합의하는 일이다. 사명으로부터 비롯되는 목표는 결과를 창출하기 위해서 자원을 어디에 집중해야 할 것인지를 밝혀주고 조직이 나아가야 할 방향을 제시한다. 더욱 강화시켜야 할 부분은 어디인지, 또 새로운 기회를 놓치지 않도록 안내하는 역할을 한다. 경영진은 항상 "이 목표가 우리의 근본적이고 장기적인 목적으로 인도하고 있는가?" 아니면 우리들로 하여금 "근본적이고 장기적인 목적에서 벗어나 방향을 잃게 만드는가?"라고 물어야 한다. 우리가 좋은 계획을 세우는 한 가지 방법은 우리의 목적이 달성되고 사명이 성취되었을 때의 모습을 담은 사명선언문을 재검토하고 목표를 수정보완하고 필요하면 재수립을 하는 것이다.

계획은 우리가 성과를 위해 일하도록 이끈다. 그것은 의도를 행동으로 전환시킨다. 의도를 행동으로 바꾸는 과정에 필요한 것은 구체적인 목표이다. 목표는 우리가 목적을 향해 나아가도록 하는, 명확하고 측정 가능한 성취이다. 계획과 실행에 있어서 최고경영자는 목표, 실행방법, 그에 따른 세부예산, 효과적인 실적 제시에 대한 책임이 있다. 이사회는 경영진의 핵심적인 권한을 침해해서는 안 되며, 사명, 목적, 성과를 위한 자원의 분배, 진행과정과 성취의 평가에 대해 책임을 진다. 목표가 실행 가능한 계획으로 바뀌는 과정이 되기 위한 몇 가지 질문을 던져 보자.

"우리가 포기해야 하는 것은 무엇인가? 과거에 했던 일을 지금 다시 하라고 해도 기꺼이 할 것인가? 우리는 최상의 결과를 위해 어디에 집중해야 하는가? 고객이 가치 있게 여기는 것은 무엇이며 고객을 창조하기 위해 무엇을 해야만 하는가? 우리가 추구해야 할 새로운 변화는 어떤 것인가? 우리는 장기적인 안목과 단기적인 안목 간에 균형을 유지하고 있는가? 지금 하고 있는 일들은 적절한 분석을 통해 결정된 일인가? 우리가 이 시점에서 검토해야 할 것은 무엇인가? 문제의 근본적인 원인은 무엇인가?"

이와 같은 질문을 하고 스스로 답을 찾아야 할 것이다.

계획의 실행

※ ※ ※

계획은 사명과 함께 시작하여 실행방법과 예산에 대한 결정을 해야 한다. 계획을 잘 이해하고 기업가정신을 구축하려면 실행방법은 누가, 언제까지, 무엇을 할 것인지에 대한 책임을 부여한다. 또한 그것을 실행할 사람들에 의해서 개발되어야 하며 역할을 맡은 모든 사람이 의견을 제시할 수 있는 기회를 가져야 한다. 예산은 계획을 실행하는 데 필요한

• 우리 조직의 사명과 비전은 고객과 시장에 초점을 맞추고 있는가?

• 우리 조직은 사명을 완수하기 위해 결과를 평가할 수 있는 시스템이 있는가?

• 평가시스템은 효과적으로 활용되고 있는가, 평가시스템을 통해 얼마나 많은 개선을 하고 있는가, 평가시스템을 통해 혁신의 기회를 발견하고 있는가?

• 조직의 사명을 완수하는 데 있어 결과를 분석하고 평가하는 것은 매우 중요한 일이다. 미흡한 부분이 있다면 보완을 하고, 없다면 계획을 세워 체계적으로 만들어보자. 그리고 전 구성원이 이러한 평가에 의해 통제당하는 것이 아니라 더욱 혁신의 자세로 업무에 임할 수 있도록 하기 위해 어떻게 해야 하는지 경영자노트에 작성해보자.

• 사명을 완수한다는 것은 우리의 사업이 지속되어야만 함을 의미하는 것이다.
  계획은 왜 필요한 것인가?

• 우리 조직은 계획수립을 통해 결과와 목표를 재점검하고 있는가?

• 우리 조직은 계획이 실행으로 전환될 수 있도록 체계화되어 있는가?

• 체계화되어 있지 못하다면 경영자들은 무엇을 해야 하는가?

• 피터 드러커가 이야기한 질문을 나에게 던져 보고 그에 맞는 대답을 경영자노트에 적어
  보자.

자원을 충당하는 것이다. 이러한 과정들이 느리게 보일 수도 있지만 계획이 완성되면 모든 사람이 계획을 이해하며, 조직의 더 많은 사람이 새로운 계획을 응원하고, 헌신하며, 행동할 준비를 하게 될 것이다.

조직은 목표를 이루는 과정을 모니터해야 하고, 무엇보다 사람들을 변화시키고 있는지(고객만족)에 대한 결과를 측정해야 한다. 조건이 변하거나 결과가 저조하거나 놀라운 성공이 있을 때, 또는 고객들이 상상하지 못했던 반응을 보일 때, 우리는 계획을 조정해야 한다. 진정한 자기평가는 지속적으로 반복돼야 한다. 경영자는 늘 완벽을 추구해야 하며 끊임없이 재연마하고 재조정해야 한다.

특히 "우리는 무엇으로 기억되기 원하는가?"라는 질문을 계속해야 하며 조직의 모든 구성원과 공유하는 것을 놓쳐서는 안 된다. 이러한 질문은 우리 조직이 사명을 완수하기 위해 늘 새로운 마음으로 혁신할 수 있도록 안내하는 나침반의 역할을 해줄 것이다.

목표를 공유하라

❋ ❋ ❋

피터 드러커는 기업의 목적과 사명을 정의하는 것은 무척 어렵고 고통스러우며 위험이 따르는 작업이라고 하였다. 하지만 기업의 목적과 사명에 대한 정의가 선결되어야만 사업의 목표를 수립하고, 전략을 개발하고, 자원을 집중시키고 그리고 경영활동을 할 수 있다는 것이다. 즉 기업의 목적과 사명에 대한 분명한 정의가 있어야만 비로소 그 기업은 성과를 올리기 위한 경영을 할 수 있게 되는 것이다. 기업의 목적과 사명에 대한 정의 그리고 사업에 대한 정의가 내려지고 나면, 그것은 반드시 구체적인 목표들로 표현되어야 한다. 그렇지 않으면 아무리 훌륭한 정의라 할지라도 결코 실현되지 못하는 통찰력, 좋은 의도 그리고 뛰어난 미사여구에만 머무르고 만다. 목표란 무엇인지 그리고 목표는 어떻게 수립해야 하는지에 대해 피터 드러커는 다음과 같이 정리하여 우리에게 가르쳐준다. 이것은 경영자라면 마음에 깊이 새겨야 하는 부분이고 반드시 실행해야 하는 부분이다. 좋은 의도와 좋은 비전을 가진 이상주의자에 머물러서는 안 된다.

- 목표는 "우리의 사업은 무엇이며, 무엇이 될 것이고 그리고 무엇이 되어야만 하는가?"라는 질문에 대한 대답으로부터 도출되어야 한다. 목표가 추상적이어서는 안 된다. 목표는 기업의 사명을 완수하기 위한 행동강령이자, 성과를 측정하는 기준이다. 달리 말해, 목표는 기업의 기본전략(fundamental strategy)이다.
- 목표는 구체적인 작업으로 전환될 수 있어야 한다. 모든 구성원의 의욕을 불러일으키고 동기를 부여해주는 역할을 할 뿐만 아니라, 작업의 평가기준도 될 수 있어야 한다.
- 목표는 회사의 모든 자원과 노력을 가능한 한 집중시킬 수 있어야 한다. 목표는 기업의 다양한 활동 가운데 중요한 것들을 골라내어 그것에 인적자원과 재정자원, 그리고 물리적 시설을 집중적으로 투입할 수 있어야 한다. 그러므로 목표는 모든 것을 포괄하는 것이 아니라 중요한 것으로 선택된 것이어야 한다.

- 목표는 한 가지가 아니라 여러 가지여야 한다. 목표관리에 대한 최근의 논의들을 보건대, 많은 사람이 '단 하나의 올바른 목표'를 찾는 데 주력하고 있는 듯하다. 하지만 단 하나의 올바른 목표를 찾으려고 하는 것은 마치 돌을 금으로 바꾸는 영험한 능력이 있는 현자의 돌을 찾는 것만큼이나 비생산적이다. 그것은 결코 이롭지 못하며 우리를 잘못된 방향으로 인도한다. 기업을 경영한다는 것은 기업의 다양한 요구들과 목표들 간에 균형을 이루는 것이다.
- 목표는 기업의 성패에 영향을 미치는 모든 부문에 필요하다. 목표의 내용은 기업에 따라 다르지만 목표의 수립이 필요한 부문에 있어서는 모든 기업이 똑같다. 왜냐하면 사업의 성패에 영향을 미치는 요소는 모든 기업에 있어서 동일하기 때문이다. 기업의 목적은 그 기업의 존재 이유이며 영원히 추구해야 할 아주 장기적인 것이다.

목표는 목적을 충족시키기 위해 세우는 단기적인 지표이며, 이 지표로 기업의 성과를 측정할 수 있다. 피터 드러커는 목표를 설정해야 하는 여덟 가지 영역을 제시하였다.

①마케팅 ②혁신 ③자원과 자금 ④관리자의 일과 관리자 육성
⑤일반 종업원의 일과 행동 ⑥생산성 ⑦사회적 책임 ⑧이익

피터 드러커는 이들 여덟 가지 영역에서 모두 '할 수 없는 것이 아니라, 할 수 있는 것'에 주목하여 목표를 설정하라고 한다. 무엇보다 기업

의 유일한 목적은 고객을 창조하는 것이므로 기업의 기본 기능은 마케팅과 혁신이며, 목표의 첫 번째 영역은 마케팅이다. 고객의 니즈에 대처하는 것이 마케팅이며, 마케팅의 목표는 하나가 아니다. 다음과 같이 여러 항목에 대해 설정한다.

①기존 제품 ②기존 제품의 폐기 ③기존 시장 대상의 새로운 제품
④새로운 시장 ⑤유통 경로 ⑥애프터서비스 ⑦신용에 대한 목표

피터 드러커는 마케팅의 목표를 정하려면 집중 투자와 시장 지위부터 정하라고 한다. 집중투자에 대한 결정은 어떤 전쟁터에서 싸울 것인지 정하는 것이다. 즉 집중투자는 사업을 전개할 때 어느 분야에 집중적으로 투자할지 결정하는 것이다. 그러기 위해서는 다음과 같은 질문을 던져야 한다.

"고객은 어디에 있는가?, 무엇에서 가치를 찾는가?"

바로 이 질문에 대한 답에 집중적으로 투자해야 한다.

시장 지위는 '어떤 시장에서 어떤 제품과 어떤 가치를 제공할지'를 선택하고 자기 기업에 가장 유리한 위치가 무엇인지 생각하는 게 중요하다. 피터 드러커는 마케팅 목표 못지않게 중요한 것이 혁신목표라고 하였다. 마케팅이 고객의 니즈에 대처하는 것이라면 혁신은 고객의 잠재적인 니즈를 구체화시키고 거기에 새로운 제품이나 서비스를 제공하는 것이다. 혁신은 발명과 같은 뜻이 아니다. 혁신에는 제품혁신(제품이나 서비스), 사회혁신(소비자의 행동이나 가치관, 시장) 관리혁신(제품이나 서

비스 제공에 꼭 필요한 각종 기능과 활동)의 세 가지 측면이 있다. 피터 드러커는 이것을 염두에 두고 다음 두 가지 점에 유의하면서 혁신목표를 설정해야 한다고 했다.

첫째, 마케팅 목표를 달성할 때는 어떤 혁신이 꼭 필요한지 분명히 한다. 마케팅 목표와 현재 상태 사이에는 차이가 존재하기 마련인데, 이 차이를 메우는 것이 혁신으로 이어지기 때문이다.

둘째, 기술이 발전하면서 벌어지는 새로운 사태를 예측한다. 그리고 가까운 미래와 먼 미래에 대해 검토하고 현재 상태와의 차이를 바탕으로 혁신을 일으킨다. 또 시장과 고객의 니즈 변화에도 늘 예의주시한다.

계속해서 경영자원을 효과적으로 이용해서 생산성을 높이기 위한 목표를 설정한다. 이것은 경영자원(노동력, 자본, 물적 자원)과 생산성에 관한 목표설정이다. 기업의 성과를 향상시키기 위한 필요자원으로는 노동력, 자본, 물적 자원을 꼽을 수 있는데, 이 세 가지 경영자원에도 목표가 필요하다. 단, 단일 목표가 아니라 각 분야에 복수의 목표가 있어야 한다.

예를 들어 '노동력'에서는 관리자의 일과 육성에 관한 목표, 일반 종업원의 일과 행동에 관한 목표가 필요하다. 그리고 '자본'에서는 자본의 운용과 조달에 관한 목표가 있어야 한다. '물적 자원'에서는 원재료의 조달, 점포개발, 매장면적의 활용여부 등의 목표가 필요하다. 마찬가지로 경영자원을 효율적으로 활용해 생산성을 향상시키기 위한 목표도 설정해야 한다. 생산성 목표의 경우, 세 가지 경영자원에 각각 목표를 설정한 뒤 경영자원 전체를 통한 생산성 목표에 관해서도 분명히 밝혀야 한다. 생산성 목표는 실제로 기업이 창출해낸 성과를 측정하는 기준으로 활용할 수 있다. 또 사내 비교와 사외 비교의 양 측면에서도 이용할 수 있다. 성과를 측정할 때는 어떤 경영자원의 생산성을 향상시킬 때 그로 인해 다른 자원의 생산성이 저하되지는 않는지 확인하며 종합적으로 생산성 향상을 추구해야 한다.

다음으로 기업의 사회적 책임에 대한 목표를 설정한다. 피터 드러커는 사회적 책임에는 두 종류가 있다고 했다.

첫째, 자신의 활동에 의해 생겨난 것, 둘째, 자신의 활동과는 무관하게 사회에 존재하는 것. 그는 이런 사회적 책임을 소극적으로 받아들이지 말고 사업의 기회로 받아들이라고 하였다. 즉 이런 견지에서 위의 두 종류의 사회적 책임에 대해 기업의 목표를 설정할 수 있다. 단, 책임에는 한계가 있다. 과대한 목표는 오히려 파멸을 부를 수도 있으므로 주의해야 한다. 그는 마케팅목표, 혁신목표, 경영자원과 생산성목표, 사회적 책임에 대한 목표가 결정되어야 비로소 다음 질문에 대한 답을 할 수 있을 것이라고 했다. '우리는 어느 정도의 이익을 올려야 하는가?' 이익의 네 가지 측면을 살펴보자.

① 이익은 성과를 측정하는 기준이다.
② 이익은 불확실한 위험에 대한 보험이다.
③ 이익은 좋은 노동환경을 만들기 위한 자원이다.
④ 이익은 사회 서비스와 만족을 가져오는 자원이다.

- 사명을 완수한다는 것은 우리의 사업이 지속되어야만 함을 의미한다.
  계획은 왜 필요한 것인가?

- 우리 조직은 계획수립을 통해 결과와 목표를 재점검하고 있는가?

- 우리 조직은 계획이 실행으로 전환될 수 있도록 체계화되어 있는가?
  체계화되어 있지 못하다면 경영자들은 무엇을 해야 하는가?

- 목표설정이 중요한 이유는 무엇인가?

• 우리 조직은 사회적 책임에 대한 목표를 설정하고 있는가?

• 만일 사회적 책임에 대한 목표를 등한시할 경우 우리 조직에게 오는 결과는 무엇이겠는가?

• 여덟 가지 목표설정을 우리 조직에 접목시키려면 어떻게 해야 하는가?

• 목표를 설정하고 조직의 모든 구성원과 공유하기 위한 계획을 세워보자.

이 중 이익 목표를 설정하는 데 근거가 되는 것은 ②~④이다. 이익은 기업이 사회에 공헌하기 위한 제반활동을 감당할 수 있는 것이어야 한다. 그러기 위해서는 기업이 계속해서 활동할 수 있는 이익, 즉 미래를 대비한 비용이 반드시 필요하다. 피터 드러커는 이런 전제하에 목표 이익을 설정해야 한다고 했다.

이것으로 여덟 가지의 목표설정에 관해 살펴보았다. 목표를 설정할 때는 이익과 목표의 균형, 장기간과 단기간의 균형, 목표 간의 균형을 고려해야 한다. 또 목표 간에 우선순위를 정하는 것도 중요하다. 우선순위를 정하는 데는 위험이 따르지만 피터 드러커는 설령 그렇더라도 아예 우선순위를 정하지 않는 것보다는 낫다고 보았다. 모든 목표를 동시에 달성하기는 어렵기 때문이다.

목표설정에서 실행단계로

☺ ☺ ☺

지금까지 기업의 사업을 분명히 정하고 여덟 가지 영역에서 목표를 설정했다면, 다음은 목표를 달성하기 위해서 무엇을 어떻게 해야 하는지 알아보고, 그 일을 배분하여 실행에 옮기는 단계로 넘어가 보자.

사업의 정의나 목표설정 등은 모두 매니지먼트의 기본 사명인 기업의 성과를 올리기 위한 활동의 한 측면이다. 그러나 사업의 정의나 목표설정이 단순히 그것들에 대한 지식을 얻기 위한 것이어서는 아닌 실제로 행동하기 위한 것으로 전환해야 한다. 목표설정을 행동의 단계로 옮기려면 다음과 같은 업무계획과 배분이 꼭 필요하다.

- 목표달성을 위해 할 일을 확인한다.
- 특정 인물에게 업무를 배분한다.
- 책임소재를 분명히 한다.

즉, 목표달성을 위해 책임이 따르는 구체적인 업무를 배분하는 역할을 하는 것이 전략계획이다. 피터 드러커는 전략계획이란 '위험이 수반되는 의사결정을 하고 그것을 실행에 옮기기 위한 활동을 체계적으로 조직하여 활동의 성과를 기대치와 비교하는 일련의 과정'이라고 정의하였다. 목표를 달성하기 위해 꼭 필요한 것이다. 전략계획을 수립할 때는 사업의 각 목표 분야에 '미래에 우리의 목표를 달성하려면 지금 무엇을 해야 하는가?' 하는 내용을 포함시킨다. 즉 어떤 새로운 일을 언제 시작해야 하는지 분명히 해야 하는 것이다. 또한 계속해서 '해야 할 일'에 대해 자원(사람, 사물, 돈)을 효과적으로 배분해야 한다. 자원이 적절하게 배분되지 않으면 그것은 계획이 아니라 희망사항을 나열한 것에 지나지 않는다. 다음은 기대치와 실적을 비교·분석하고 그 결과를 실행에 반영하는 체계를 갖추어야 한다. 그러면 기대치가 실현되었는지 비교적 이른 시기에 알 수 있다. 전략계획을 수립하는 것은 기업의 성과를 올리기 위한 경영의 판단력, 지도력, 비전을 강화하는 데 크게 도움이 된다.

피터 드러커의 가르침은 기업경영에 있어서도 대단히 중요하다.

"계획은 계획일 뿐이다. 사명과 비전도 구체적인 목표가 없으면 실현 불가능한 이상에 불과한 것이며, 구체적인 목표라 할지라도 그것은 반드시 실행으로 전환될 수 있도록 치밀해야 하는 것이다. 경영은 타고난 천재가 잘하는 것이 아니라, 제대로 학습되고 훈련된 사람이 잘하는 것이다."

이 말은 우리에게 커다란 희망을 주는 피터 드러커의 메시지이다. 그가 타계한 지 10년이 지났으나 아직도 그가 우리에게 남겨준 위대한 유산은 경영을 함에 있어 북극성과 나침반과 같은 역할을 하고 있다. 나는 이 책 속에 간절한 마음으로 그의 위대한 가르침을 담아내려고 노력하였다. 여기서 언급한 부분만큼은 꼭 숙지하여 경영에 적용하기를 바란다. 더하여 유능한 경영자가 되고 싶다면 여기에서 머무를 것이 아니라 피터 드러커의 가르침을 제대로 공부해보기를 권한다.

이 시대는 위대한 경영자를 필요로 하고 있다. 위대한 경영자 밑에서 일하는 구성원들의 행복한 모습을 그려보라. 반대로 무능한 경영자 밑에서 눈치나 살피고 시키는 일만 묵묵히 해야 하는, 칭찬보다는 질책을 당하는 구성원들을 생각해보라. 이 땅에 사는 모든 사람은 유능함을 넘어 위대한 경영자 밑에서 천국과 같은 삶을 살기를 바라는 마음이 간절하다. 당신의 회사를 천국으로 만들 것인가? 지옥으로 만들 것인가? 나 또한 지옥 같은 조직에서 일해 본 경험이 있다. 사장의 지나친 잔소리, 인격모독, 오로지 실적만을 요구하는 회사, 비전이 없는 회사, 진정한 교육이 없는 회사……. 아름다운 사회는 아름다운 경영에서 시작된다고 생각하지 않는가? 경영자는 구성원들이 행복한 환경에서 자신들의 강점으로 공동의 목표달성에 기여하고, 또 사회에 공헌하여 삶의 의미를 찾아 자아실현이 충족되는 그러한 기업을 만들어야 하지 않겠는

가. 돈은 이러한 사명과 비전을 좇아 최선을 다하는 경영을 할 때 따라오는 것 아니겠는가. 직원들의 마음이 행복해야 진정으로 고객을 생각할 줄 알게 되고 그것이 고객창조로 이어진다. 돈을 좇는 자는 돈의 노예가 되어 돈의 지시를 받아 이기주의 문화, 개인주의 문화, 정치적 술수가 난무하는 조직문화를 만들게 될 것이다.

"경영자여, 무궁화와 함께 깨어나라. 무궁화에서 배우라. 그리고 피터 드러커에게서 배우라!"

어떤 피터 드러커리언은 피터 드러커의 경영을 '만인의 제왕학'이라고 하였다. 우리는 언젠가 리더의 자리에 서게 된다. 가정의 가장도 리더다. 즉 경영자라고 할 수 있다. 가정에서도 경영자로서의 책임을 져야 한다. 가정을 책임진다는 것은 자신의 가정을 행복한 가정으로 만든다는 것을 의미한다. 가정을 불행하게 만드는 자는 기업 환경도 불행하게 할 수 있다. 자기 몸에 번진 암세포를 치료하려면 자기의지가 가장 중요하다. 마찬가지로 자신이 경영하는 곳이 불행하다는 것은 암세포가 번진 것과 다름없다. 치료할 것인가, 방치하여 죽게 놔둘 것인가. 선택은 경영자의 몫이다. 유능한 경영자들에게는 이러한 진단과 처방이 불필요하다. 필자는 무능한 경영자로 인해 피해를 보고 있는, 머지않아 붕괴될 조직에 몸담은 이들에게 더 관심이 크다.

이제 대한민국의 모든 경영자는 선택할 때가 왔다. 경영을 제대로 배워 제대로 경영할 것인가, 아니면 방치할 것인가. 지금은 고인이 된 경영의 대가 피터 드러커와 이재규 교수를 비롯한 이 땅의 피터 드러커리언들도 나와 같은 심정일 것이다.

- 목표설정을 행동으로 옮기기 위해 어떠한 업무계획을 세워야 하는가?

- 피터 드러커가 이야기한 전략계획을 다시 한 번 정리해보자.

- 지금 우리는 계획을 효과적으로 실행하고 있는가? 그렇지 못했다면 무엇이 문제였다고 생각하는가?

- 전략수립을 하기 위한 구체적인 방법론을 경영자노트에 정리해보고 직접실행에 옮겨 보자.

제 3 장

무궁화인재들을
지원하는 경영시스템:성실

지식근로자들의 생산성을 높이는 일은 기업이 매니지먼트에 있어서 최대 과제이다.
비영리단체(Nonprofit Organization)가 그것을 어떻게 행할 것인가를
가장 잘 보여주고 있다. 사명을 분명히 하고 인재를 적절히 배치하며,
계속적으로 학습을 실시하고, 목표에 따른 매니지먼트를 실행한다.
또한 요구 수준을 높이고 그에 합당한 수행과 성과에 대한 책임을 부여하는 일이다.
『미래기업(Managing for the Future)』

'진지함'과 '완전함'을 추구하는 경영자

☺ ☺ ☺

　무궁화인재들이 추구해야 할 두 번째 핵심가치는 '성실'이다. 경영자들은 무궁화인재들이 진지함과 완전함의 성실함을 가지고, 조직의 성과향상을 위해 자신들의 강점을 바탕으로 공헌할 수 있도록 지원해야 한다. 조직의 사명을 완수하기 위해서는 모든 구성원이 성과향상을 이루어야 한다. 이를 위해 위로는 최고경영자부터 아래로는 모든 구성원들이 '진지함'과 '완전함'을 익혀야 한다.

　진지함의 사전적 정의는 '마음 쓰는 태도나 행동 따위가 참되고 착실

하다'이다. 무궁화는 사람들의 평화를 위해 철없는 자랑을 하지 않는다. 수많은 꽃이 만발하는 시기에도 무궁화는 자신의 사명을 알기에 조금도 요동하지 않는다. 그리고 자신의 때가 되었을 때 비로소 아름답게 피어난다. 이러한 무궁화의 참됨을 무엇으로 표현할 수 있을까. 완전함의 사전적 정의는 '필요한 것이 모두 갖추어져 모자람이나 흠이 없다'이다. 자신의 때가 되었을 때 무궁화는 자신의 역할을 다하기 위해 하루도 쉬는 법이 없다. 그 무더위에도 아침마다 피고 저녁에는 그 모습을 버리고 다시 새로운 꽃을 피운다. 무궁화는 완전함을 지향한다. 이것이 아침마다 새롭고 늘 새로우니 진지함과 완전함의 극치요, 성실의 꽃이라고 할 수 있다.

이러한 무궁화에서 경영자들은 지혜를 얻어야 한다. "우리 조직의 존재이유는 무엇인가? 어떠한 조직으로 기억되기를 바라는가?" 이와 같은 질문을 최고경영진부터 구성원 모두가 정기적으로 할 수 있는 조직문화가 만들어져야 한다. 일시적인 유행을 좇거나 인기를 얻기 위해, 누군가에게 보여주기 위해 하는 초조하고 조급한 마음은 버려야 할 것이다. 조직의 사명을 마음에 새기고 '진지함'과 '완전함'으로 위대한 조직문화를 만들어가야 한다.

성실을 표현하는 '진지함'에 있어 가장 근본이 되는 것은 '꾸준함과 인내'이다. 경영자가 되어 어제와 오늘 한 말이 다르며, 또 자기의 역할이 조직에 어떠한 공헌을 하는 것인지도 모른다면, 이러한 경영자들이 조직을 구성하고 있다면 이 조직은 어떻게 되겠는가. 경영자가 자신이 하는 일의 진정한 목적을 모르고 일한다면 무궁화 인재경영에서의 혁신,

협력, 행복으로 나아간다는 것은 어려운 일이 될 것이다. 성실함을 추구하는 무궁화인재들을 지원하는 경영자가 되기 위해서는 어떠한 패러다임과 역량을 갖추어야 하는지 '성실 편'에서 다루고자 한다.

경영자의 리더십, 더글러스 맥그리거 X,Y 이론

성실한 무궁화인재들을 위한 조직문화를 만들기 위해서 경영자의 '리더십'이 매우 중요하다. 경영자의 리더십은 상황에 맞게 발휘되어야 하며, 조직과 구성원들을 위해 사용되어야 한다. 경영자들 중에는 구성원들을 관리하면서 뜻대로 되지 않았던 경험을 갖고 있거나, 아니면 지금도 구성원들을 관리하는 데 어려움을 겪고 있는 사람들이 많을 것으로 생각된다. 그동안 무엇 때문에 조직과 조직원 관리가 힘들었는지 피터 드러커의 위대한 통찰을 통해 자신을 살펴보자. 그리고 그 가르침을 통해 구성원들을 어떻게 동기부여해야 하는지 알아보자. 특히 이 장에서는 『기업의 인간적 측면(The human side of enterprise)』의 저자 더글러스 맥그리거의 X,Y이론을 같이 살펴보고자 한다.

더글러스 맥그리거는 MIT의 슬론 경영대학원 교수로 그의 X,Y이론은 기존의 테일러식 인사관리 이론에 반대하는 자발적 동기부여 이론을 주창함으로써 일대 혁명을 일으켰다. 이후 X이론, Y이론으로 알려진 그의 연구결과는 경영학계와 기업 세계에 지대한 영향을 끼쳤으며 바람직한 기업경영의 모델을 제시했다. 그는 직접 현장조사를 수행하지는 않았지만 피터 드러커의 3대 역작『기업의 개념』,『뉴 소사이어티』,『경영의 실체」를 비롯한 다른 연구자들의 선행 성과를 면밀히 섭렵했다. 그 결과, 관리자가 동기부여의 두 가지 일반적 이론 중 오직 하나에 기초하여 집단을 관리한다고 결론을 내릴 수 있었다.

더글러스 맥그리거의 X이론과 Y이론은 다음과 같다.

X이론에 입각한 관리자는 근로자가 태생적으로 돈을 벌기 위해, 그것도 벌칙이 주어질 것이란 두려움이 존재할 때 일을 한다고 가정한다. 때문에 가능한 한 업무를 회피하려 든다고 여기는 것이다. 근로자는 업무에 관심을 갖지 않고 업무결과에 어떤 책임도 느끼지 않으므로 철저히 감시하고 통제해야 하며, 업무결과에 따라 적절한 보상이나 합당한 벌칙이 뒤따라야 한다는 것이다. Y이론의 관리자는 이와는 기본적으로 다른 가정과 리더십 스타일을 보인다. 그들은 일정수준의 격려와 자율이 보장될 경우, 근로자는 나름대로 자부심을 가지며 스스로를 동기부여하면서 업무결과에 적극적으로 책임지는 태도를 보인다고 가정한다. 근로자는 업무와 수행방식에 대해 권한이 주어질 때보다 효과적으로 관리된다. 통제와 감시는 결코 근로자에게 동기부여를 불러일으키는 좋은 방법이 될 수 없고 오히려 역효과를 낼 뿐이라고 한다. 대신 근로자들이 자율권을 가지고 자기통제를 하도록 해야 한다는 것이며, 관용적 리더십 스타일을 통해 맡은 바 최선을 다하도록 해야 한다는 것이다.

이에 더글러스의 X,Y이론에 대한 피터 드러커의 견해를 피력하면서 경영자들이 구성원들을 관리함에 있어 어떠한 관점으로 바라보고, 인재경영을 해야 하는지 함께 살펴보고 경영자들에게 피터 드러커의 가르침을 전하고자 한다.

X이론에 대한 피터 드러커의 견해

※ ※ ※

피터 드러커의 통찰은 X이론, Y이론에 대한 단순한 해석의 수준을 초월한다. 그는 X이론이 올바른 관리방식이 아님을 인정했다. 지식근로자가 출현하면서 지시에 따르기만 하면 모든 것이 끝나는 식의 업무는 양적으로 계속 줄어든다. 한때 근로자에게 머리는 쓰지 말고 오로지 시키는 대로만 행동하도록 요구하는 것이 일반적이었던 시대가 있었다. 하지만 지적이며 경험적인 자산을 지속적으로 증대시켜 나가는 지식근로자는 피터 드러커의 주장대로 조직이 경쟁력을 높이기 위해 점점 필요한 존재로 부각되었다.

지식근로자는 자신의 가치를 알고 자신의 아이디어가 갖는 잠재적 기여를 깨달았다. 지식근로자들은 경영진이 업무와 관련하여 자신들과 협의해주길 바란다. 이는 지식근로자에게 있어 대단한 동기부여 요인이 된다. 반대로 자신들의 가치나 잠재된 기여가 대수롭지 않은 것으로 무시당하는 것은 부정적 동기부여의 요인이 될 수 있다. 피터 드러커는 당근과 채찍의 접근이 지식근로자들에게 더 이상 유효하지 않으며, 경제개발국가에서는 당근과 채찍이 육체근로자에게도 유효하게 작동하지 않는다고 결론 내렸다.

또한 X이론이 제대로 작동하는 경우에도 많은 허점을 보인다고 한다. 그는 수업시간에 일차적인 동기부여 방안으로 금전적 보상과 혜택을 언급하면서 '당근과 채찍의 접근은 그것이 제대로 작동하지 않기 때문이 아니라 오히려 너무 잘 작동하기 때문에 문제'라고 지적했다. 너무 잘 작동하기 때문에 근로자의 요구는 점점 더 가중될 것이며, 그 한계에 도달했을 때 기업은 이미 경쟁력을 상실하게 된다는 것이다.

Y이론에 대한 피터 드러커의 견해

✦ ✦ ✦

피터 드러커는 Y이론에 대해 어떤 측면, 그의 표현을 빌리자면 자유방임형 리더십 스타일은 강력히 부정하려는 입장을 취한다. 그는 Y이론의 가장 큰 문제는 더글라스 맥그리거가 주장한 내용에 있는 것이 아니라, 다른 사람들이 그것을 해석하고 적용하는 방식에 있으며 더글라스 맥그리거가 Y이론을 통해 관대함을 의도한 것은 아닐 것이라고 주장했다. Y이론은 절제되지 않는 자유를 의미하지 않는다. 근로자의 책임과 달성 욕구를 강화하는 것이 결국에는 모두가 받아들이기 어려운 수준의 높은 요구로 이어질 것이 분명하기 때문에 그 자체로는 적합하지 않다고 보았던 것이다.

피터 드러커는 Y이론에서 책임과 달성 욕구라는 것이 건강이나 안전에 대한 욕구가 충족된 후 등장한다고 지적하는 에이브러햄 매슬로의 비난을 받기도 하였다. 그의 결론은 X이론, Y이론이 리더에 의해 단순히 맞교환될 수 있는 것이 아니라는 것이다. 오히려 리더는 지시와 벌칙이 제 기능을 다하면 그동안 X이론에 의해 제공됐던 근로자의 안전과 확실성에 대한 욕구를 뭔가 다른 수단으로 대체해줘야 한다는 것이다. 그는 많은 저술을 통해 관용의 리더십에 대한 비판적 견해를 반복적으로 피력했다. 지식근로자에게도 더 높은 권위자가 필요하며, 조직의 구조는 어디에서 의사결정이 이뤄지고 누구에게 궁극적 책임이 주어지는가를 명확히 하는 것이 중요하다고 한다. 조직이 최고의 생산성을 달성하기 위해 각각의 근로자는 철저히 다른 방식으로 다뤄져야 한다. 때로 근로자가 받아들이는 규범과는 다른 방식으로 다뤄질 수도 있을 것이다.

지식근로자의 다양한 유형을 놓고 볼 때 생산성이란 것은, 과거에도 그리고 현재에도 정의를 내리기 쉽지 않다. 측정한다는 것은 더더욱 어렵다. 단지 지시에 대한 수행도를 따져 생산성을 측정한다는 것은 X이론일 뿐이다. 하지만 지식근로자의 생산성을 측정한다는 것이 어렵다고 하더라도 어떤 팀이 과연 앞으로 나아가고 있는가를 파악하기 위해서는 반드시 측정이 이루어져야 한다. 그것은 복종을 끌어내기 위한 것이 아니라 달성을 지원하기 위해서이다.

리더는 단순히 정해진 시간에 근로자가 현장에 투입되는 것을 원하는 것이 아니다. 그들이 높은 생산성을 보이고 조직의 목적을 달성하도록 하고 싶은 것이다. 이는 리더의 능력이나 지식, 노력만큼이나 근로자의 능력, 지식, 노력에 의해 결과가 달라지는 문제이다. 리더는 지식근로자의 생산성을 측정함에 있어 정량적 평가에만 의존해서는 안 된다. 정성적평가기준이 오히려 더 중요할 수 있다는 것을 알아야 한다.

과연 판매원의 생산성을 어떻게 측정할 것인가. 매출액, 이익 신규고객 개척, 상품개발, 판매망 강화, 아니면 그 무엇으로 따질 것인가. 측정하기 쉽다고 해서 매출액을 가지고만 생산성을 측정한다면 이는 경영에 있어 큰 허점을 갖게 되는 것이다. 판매원의 신뢰도나 성실성 같은 것이 미래에 더욱 큰 성과를 가져올 수 있음에도 당장의 매출로만 판단한다면 판매원의 사기를 떨어뜨리고 또 경영자 입장에서도 제대로 된 목표수립이 어려울 수 있다.

리더는 인센티브를 계산하고 각 요소 간의 우선순위를 정할 수 있다. 일반적인 가이드라인을 준수하고, 그날 해야 할 일을 결정하는 업무는 현장에서 뛰는 판매원 개인에게 위임해야 한다. 지식근로자의 업무가 모두 이런 식이기 때문에 Y이론의 리더와 근로자가 된다는 것은 아주 어려운 일이다. 나아가 Y이론의 근로자에게는 도전이 요구된다. 조직의 미션을 이해해야 하기 때문에 그들은 각각의 단위 업무들이 어떻게 상호 연결되는가를 알아야 한다. 우리가 하는 일이 값진 것이란 확신도 있어야 한다. 업무의 결과를 내다볼 수 있어야 하며 진행과정의 순조로움도 파악해야 한다.

리더는 모든 직원이 동일한 방식으로 동기부여 되지 않는다는 것을 반드시 인식해야 한다. 각각을 다른 방식으로 대우하는 것은 물론 동일한 사람도 상황에 따라 다루는 방식이 달라져야 한다. 그렇게 될 때 비로소 Y이론의 리더와 근로자는 이 이론이 제대로 작동하도록 협력하는 것이다. 즉, 근로자가 책임을 분담하여 리더와 함께 목표를 달성해나갈 수 있도록 맡은 바 기능을 하게 되는 것이다. 경영자는 Y이론의 목표가 각각의 근로자로 하여금 동료와 시너지 효과를 내면서 개인적으로 최상의 업무결과를 지속적으로 달성하는 데 있다는 점을 명심해야 한다.

피터 드러커는 Y이론이 동기부여를 위한 보다 올바른 접근방식이라고 주장했지만, 그것이 다른 경영철학을 결코 유일한 것으로 인식하지

• 나는 경영자로서 진지함과 완전함을 추구하고 있는가?

• 나는 X이론에 가까운가, 아니면 Y이론에 속하는가?

• 두 가지 이론에 대한 피터 드러커의 가르침을 통해 무엇을 배웠는가?

• 경영자로서 나의 생각과 행동에는 어떠한 변화가 필요한가?

는 않았다. 개념이나 방법론에 내재된 많은 기법이 제대로 실행되어 가치창출로 연결될 수 있지만, 이같은 성공은 전적으로 리더가 여러 요소들을 얼마나 적절히 적용하느냐에 달려 있다고 한다. Y이론과 같은 참여적인 방식을 적용하더라도, 권한은 위임할 수 있지만 결코 전반적인 책임을 위임할 수는 없다. 조직 내의 모든 성과에 대한 궁극적 책임은 오로지 리더에게 귀속될 뿐이라는 것이다.

리더는 다섯 가지 모든 차원 생리적·심리적·사회적·경제적·권력적인 것을 인식하고 동시에 관리해야 한다. 경영은 원칙을 따라야 하는 것이지 일시적 유행 이론을 좇아서는 안 된다.

성과향상 조직문화

⊛ ⊛ ⊛

더글러스 맥그리거의 X, Y이론에 대한 피터 드러커의 통찰을 통해 구성원들을 어떻게 동기부여하고 관리해야 하는지, 깨어있는 경영자라면 아주 중요한 통찰을 얻었으리라 생각한다. 무엇보다 경영자의 '행동'보다는 '생각'이 먼저 바뀌어야 한다. 그리고 이제는 생각에서 행동으로 옮길 때이다. 성과향상을 위한 조직문화를 구축하기 위해 구성원들을 동기부여하고 그에 걸맞은 적합한 관리를 해야 할 것이다.

먼저 조직의 모든 구성원이 사명선언문 작성에 함께 참여하였다면 기업가정신의 중요성을 깨달았을 것이다. 조직의 공동목표에 대한 책임감과, 자신이 하는 일이 조직 전체에 어떤 공헌을 하게 되는지 알게 되었을 것이다. 다시 강조하지만, 사명선언문 작성에 함께 참여하지 않으면 헌신은 기대하기 어렵다.

한편, 경영자는 성실한 무궁화인재들이 각자의 강점으로 조직의 사명과 비전을 실현시켜 나갈 수 있도록 조직문화를 만들어가야 한다. 그러기 위해서 먼저 경영자가 어떻게 일해야 하는지 알아야만 한다. 경영자와 구성원들은 업무는 다르지만 모든 조직의 공동목표를 향해 일한다. 경영자에서부터 구성원에 이르기까지 각자의 강점으로 성과를 내는 문화, 나는 그러한 문화를 '성과향상 조직문화'라고 칭하고자 한다. 경영자의 목표는 성과이며 과정이 아닌 결과중심으로 경영해야 하기 때문이다. 그럼 성과향상 조직문화를 구축하기 위해 피터 드러커의 경영철학 중 핵심이라고 할 수 있는 목표관리와 자기관리에 의한 경영에 대해 함께 살펴보고 적용해보도록 하자.

피터 드러커는 어떤 기업이든 성과를 올리기 위해서는 몇 가지 받아들여야 할 경영의 원칙이 있음을 강조했다. 진정한 의미의 팀을 구성하여 개개인의 노력을 공동의 노력으로 결합시켜야 한다. 기업의 각 구성원들은 서로 다른 분야에서 일하면서 공동의 목표달성을 위해 공헌해야 한다. 그들의 노력은 동일한 방향으로 모아져야 하고, 또한 그들의 공헌은 공동의 목표를 달성하는 데 적합한 것이어야 한다. 그들 사이에 견해의 차이나 마찰이 없어야 하고 노력이 불필요하게 중복되는 일도 없어야 한다.

그러므로 기업이 성과를 올리기 위해서는 각각의 직무가 기업 전체의 목표에 초점을 맞출 것이 요구된다. 그리고 특히 경영자들의 직무에 대해서는 다음과 같은 요청이 있다.

- 경영자의 직무는 기업 전체의 성공에 초점을 맞추어야 한다.
- 사업 부문의 경영자에게 부과되는 목표는 기업이 달성해야 할 전체 목표로부터 도출되어야 한다.
- 그들 각자의 성과는 그것이 기업 전체의 목표달성에 공헌한 정도에 따라 평가되어야 한다.
- 경영자들은 기업 목표의 달성을 위해 자신에게 기대되고 있는 성과가 무엇인지 알고 또 이해해야 한다.
- 상급경영자는 하급경영자에게 요구되는 공헌 그리고 기대되는 공헌이 무엇인지도 알고 있어야 한다. 그리고 그런 관점에서 하급경영자를 평가해야 한다.

기업 전체의 목표에 초점을 맞추기 위해 필요한 이러한 요구들이 제대로 충족되지 않으면 경영자들이 그릇된 방향으로 나아갈 수도 있으므로 모든 노력은 헛수고가 될 수 있다. 팀워크 대신 마찰과 불만, 그리고 대립만이 남을 수 있어 각별히 주의해야 한다. 피터 드러커는 목표관리에 의한 경영(management by objectives)을 위해서는 엄청난 노력과 특별한 수단을 갖고 있어야 한다고 했다. 왜냐하면 경영자들의 노력이 저절로 공동의 목표를 향해 집중되는 일은 좀처럼 일어나지 않기 때문이다. 경영의 올바른 목표를 설명함에 있어 세 사람의 석공이야기를 다시 한 번 살펴보자.

"나는 사원을 짓는 일을 하고 있습니다."라고 말한 세 번째 석공이 진정한 의미의 경영자이다. 첫 번째 석공은 자신이 하는 일에 목적을 알고 있고, 또 그것을 추구하고 있다. 두 번째 석공의 "나는 이 나라에서 최고의 석공으로서 일하고 있습니다."라는 대답에는 문제가 있다. 어떤 일을 하든 뛰어난 기량을 갖추는 것은 필수이다. 그렇지 않으면 어떤 일을 하더라도 좋은 성과를 올릴 수 없다. 조직의 사기저하는 구성원 각자가 가진 기량을 최대한 발휘할 수 있도록 도와주지 않음으로써 일어난다. 그러나 뛰어난 기량을 강조하는 데에는 한 가지 위험이 따른다.

즉 장인이나 전문가들이 단지 돌을 갈거나 각주를 다는 것과 같은 일을 하면서도 무언가를 성취하고 있다고 믿어버릴 위험이 있는 것이다. 기업은 구성원들에게 뛰어난 기량을 갖추도록 적극 장려해야 하지만 그것은 언제나 기업 전체의 요구와 연결되어야만 한다. 앞으로 교육수준이 높은 전문가들의 수가 더욱 많아질 것이며 그들에게 요구되는 기량의 수준 또한 당연히 높아질 것이므로, 기량 그 자체를 최종목적으로 인식하는 경향은 앞으로 더욱 현저해질 것이다.

그런 반면에 새로운 기술(정보기술과 네트워크 기술)은 전문가들 상호간에 더욱 긴밀한 협조를 요구하게 될 것이다. 그리고 새로운 기술은 최하위 경영계층에 속해 있는 실무자들조차 사업을 전체적인 시각에서 바라보고, 그 안에서 자신이 해야 할 일이 무엇인지 이해할 것을 요구한다. 새로운 기술은 기업 내 모든 계층의 사람들에게 각자 자신의 우수성을 최대한 추구할 것과 기업의 공동목표에 집중할 것, 이 두 가지 모두를 동시에 요구하게 될 것이다.

방향설정과 목표

◎ ◎ ◎

피터 드러커는 경영의 계층적 구조가 구성원들로 하여금 방향을 잘못 설정할 위험을 배가시킬 수 있다고 하였다. 계층적 구조에서는 상사의 극히 우발적인 언행, 습관, 심지어 틀에 박힌 행동조차도 부하직원들에게 신중하게 계획된 의미 있는 것으로 받아들여지기 쉽다는 것이다. 그는 계층적 구조에서 발생하고 있는 다음과 같은 일반적인 사례를 통해 우리에게 가르침을 주고 있다. 아마도 많은 사람이 공감하는 부분일 것이다.

"흔히 성과를 올리기 위해서는 인간관계가 중요하다는 이야기를 하지만 상사에게 불려가 꾸지람을 듣는 이유는 언제나 간접비를 너무 많이 썼다는 것이다. 또한 승진 기회를 붙잡는 사람은 항상 경리과에 넘기는 전표를 요령 있게 적어내는 사람이다."

이런 식의 이야기는 비록 표현은 다르더라도 어느 기업에서나 모든 경영계층에서 흔히 듣는 이야기다. 그런 상황에서는 업무성과가 오르지 않을 뿐 아니라 간접비의 절감도 제대로 이루어지지 않게 된다. 그것은 또한 회사와 경영진에 대한 신뢰감의 상실과 존경심의 결여를 표현하는 것이다. 상사가 부하직원을 잘못 지도하고 있더라도 반드시 의도적으로 그렇게 하는 것은 아니다. 그는 진정으로 인간관계야말로 가장 중요한 것이라고 믿고 있다. 그런데도 그가 간접비 삭감에 대해서 이야기하는 이유는 부하직원에게 자신을 '실용적인 사람'으로 인식시켜야 한다고 생각하고 있기 때문이다. 또는 부하직원이 수행하는 업무에

대해 직접적으로 이야기함으로써 그들의 문제점을 잘 알고 있음을 보여
줄 필요가 있다고 생각하기 때문이다. 상사가 경리부에서 요구하는 양
식대로 서류처리를 잘할 것을 강조하는 이유는, 그것이 부하직원을 귀
찮게 하는 만큼 그 자신에게도 귀찮은 일이지만 회계 책임자와 말썽을
일으키는 것을 바라지 않기 때문일 수도 있다. 그러나 그러한 숨은 이
유를 부하직원들이 인식할 수는 없다. 부하직원들이 상사로부터 듣는
것은 오직 간접비에 관한 질문뿐이고, 회계서류를 제대로 작성하라는
말뿐이다.

피터 드러커는 이러한 문제를 해결하기 위해서는 모든 경영자와 부
하직원들이 자신의 직무가 요구하는 바에—상사가 요구하는 바가 아니
라—초점을 맞추도록 하는 경영구조가 필요하다고 한다. 경영학 책들이
흔히 지적하듯이, 행동 패턴이나 자세를 강조하는 것만으로는 문제를
해결할 수 없다. 그것은 경영자들로 하여금 인간관계를 너무 의식하게
하여 오히려 역효과를 불러오기 쉽다는 것이다.

목표는 어떤 것이어야 하는가

⊙ ⊙ ⊙

피터 드러커는 효과적인 경영을 위해 주로 '목표'와 관련하여 강조했
다. 직위나 직무에 관계없이 모든 경영자는 명확하게 서술된 목표들을
필요로 한다. 그리고 그러한 목표들은 각 경영자들이 담당하고 있는 부
분에서 올려야 할 성과를 분명하게 밝혀주는 것이어야 한다. 또한 각각
의 경영자와 그의 부하직원들이 다른 부문들의 목표달성을 위해 협력하

는 데 있어서 기대되는 공헌들을 포함하고 있어야 한다. 달리 말하면, 목표들은 애초부터 팀워크와 팀의 성과를 강조하고 있지 않으면 안 된다는 것이다. 이러한 부문별 목표들은 언제나 기업 전체의 목표로부터 도출되어야 한다. 참으로 주옥같은 가르침이다. 이러한 가르침을 마음에 새기고 노트에 적어 두고두고 보았으면 한다.

다음은 피터 드러커가 경영현장에서 경험한 사례이다.

"한 회사에서 나는 현장감독에게 그 자신의 목표뿐 아니라 회사 전체의 목표와 다른 부문들의 목표에 대한 상세한 설명서를 함께 제시함으로써, 생산성을 크게 향상시키고 업무 효율을 높이는 것을 직접 목격했다. 그 회사는 굉장히 큰 회사였기 때문에 현장에서 일하는 개개인의 책임 생산량과 회사 전체의 목표 생산량 사이의 차이가 가히 천문학적인 수준이었다. 하지만 현장감독에게 회사 전체의 목표를 제시함으로써 생산성이 대폭 향상되는 결과를 얻었다."

우리가 현장감독을 '경영계층의 한 부분'이라고 말할 때, 그것은 돌을 자르는 일을 통해 사원을 짓는 일에 기여하는 석공처럼 경영자란, 자기가 하는 일을 통해서 전체의 목표에 기여할 책임을 지는 사람이라는 뜻이다. 피터 드러커는 각 부문에 있어 경영자들의 목표는 회사 전체의 목표달성을 위해 사업의 모든 영역에 있어서 자신이 공헌해야 할 것이 무엇인지를 분명하게 명시해야 한다고 강조했다.

모든 경영자가 모든 영역에서 직접적인 공헌을 할 수 없다는 것은 두말할 나위가 없다. 예를 들어, 마케팅 부분의 경영자가 생산성 향상에 공헌할 수 있는 정도는 아주 미미한 것일지도 모른다. 그는 어떤 부문

• 나는 조직 전체의 목표를 생각하며 일을 하고 있는가?

• 경영자로서 내가 해야 할 역할은 무엇인가?

• 구성원들이 공동의 목표를 달성하도록 하기 위해 무엇을 지원해야 하는가?

• 조직의 구성원들이 공동의 목표의식을 가지고 일하는 조직문화를 만들기 위한 실행계획을 세워보자.

• 우리 조직의 목표는 어떤 것이어야 하는가?

의 경영자가 기업의 번영과 존속에 커다란 영향을 미치는 영역들 가운데 아무런 공헌도 할 수 없는 영역이 있다면, 그러한 사실 역시 분명히 밝히지 않으면 안 된다고 한다. 왜냐하면 경영자들은 기업 전체의 결과가 여러 영역에서 다양한 노력과 성과의 균형에 달려 있다는 사실을 이해해야만 하기 때문이다. 그렇게 함으로써 각각의 분야에서 일하는 전문가들이 능력을 최대한 발휘하도록 해줄 수 있으며, 어떤 주요 영역에 대한 지나친 편애를 방지하는 데에도 필요하다는 것이다.

피터 드러커는 각 영역에서의 노력들이 균형을 이루기 위해서는 모든 계층과 모든 영역, 그리고 모든 경영자의 목표가 기업의 단기 및 장기적 전략형의 기업 목표와 더불어 인재개발, 근로자의 성과와 태도, 사회적 책임 등과 같은 무형의 목표들을 함께 포함하고 있어야 한다고 했다. 그렇지 않으면 근시안적이고 비현실적인 목표가 되어버리고 만다는 것이다.

캠페인식 처방을 경계하라

◎ ◎ ◎

피터 드러커는 최고경영자들에게 몇 가지 조언을 하였다.

"올바른 경영을 위해서는 다양한 목표에 관심을 기울여야 한다. 그래야만 일반적이면서도 매우 미련한 경영방식인 '위기의식'과 '캠페인'에 기초한 경영을 사전에 배제할 수 있다."

어떤 기업이든 경영자들에게든 한 가지 유혹이 있다. "우리 회사에서 무엇 하나라도 달성하려면 캠페인을 벌이는 방법밖에 없어."라는 식으로 말하는 것. 실제로 캠페인은 예외적인 것이 아니라 아주 일반적인 것이 되었다. 캠페인이 끝나고 3주일만 지나면 늘 종전대로 되돌아간다는 사실은 누구나 잘 알고 있다. 경비절감 캠페인의 유일한 결과는 대체로 말단 심부름꾼이나 타이프트 몇 명을 해고하고 대신 높은 임금을 받는 직원이 직접 심부름도 하고 타이프도 치는 바람직하지 않은 결과로 끝나고 만다.

그런데도 왜 많은 경영자는 캠페인이 결코 목표를 달성하는 효과적인 방법이 아니라는 확실한 결론을 내리지 못하는 것일까? 큰 문제가 아닐 수 없다. 캠페인은 어떤 한 부분을 지나치게 강조한 결과, 다른 나머지 부분들을 위태로운 상황에 놓이게 만든다. 캠페인을 벌이고 있는 조직의 구성원들은 진행 중인 캠페인에 신경 쓰느라 정작 자신의 일은 무시하거나, 아니면 캠페인을 태만히 하고 자신의 일을 하거나 둘 중에 하나를 선택하게 된다. 피터 드러커는 캠페인에 의한 경영은 기업이 혼란을 겪고 있다는 분명한 징후이며, 경영자가 계획을 어떻게 세워야 할지 모른다는 것을 나타내는 것이라고 했다. 또 무엇보다도 기업이 그들의 경영자에게 기대해야 하는 것이 무엇인지도 모르고 어떻게 지도해야 할지도 몰라 잘못된 방향으로 이끌어가고 있다는 것이다.

이렇듯 무능한 경영자 밑에서 일하는 구성원들은 간혹 예외는 있지만 결국 함께 무능해질 수밖에 없다. 구성원들은 명확한 비전과 그에 따른 목표를 구체적으로 제시하여 공동의 목표를 설정하고 함께 성과를 올릴 수 있는 경영자를 원하고 있다.

경영자는 어떻게 목표를 설정해야 하는가

❀ ❀ ❀

피터 드러커는 경영자에 대해 자신과 자신이 맡은 사업 부문이 상위 부문의 목표달성 그리고 궁극적으로 회사 전체의 목표달성에 공헌하는 데 있어 책임을 지는 사람이라고 하였다. 그리고 경영자의 성과목표는 아래로가 아니라 위로 향해야 한다는 것이다. 그것은 각각의 경영자가 수행하는 직무의 목표는 그들이 속한 상위부문의 성공을 위해 해야 할 공헌에 의해 규정된다는 것을 의미한다.

지역담당 판매부장이 수행하는 직무의 목표는 판매부문 전체의 성과를 위해 그가 해야 할 공헌이 무엇인가에 의해 규정되어야만 한다. 기술부문의 프로젝트담당 책임자가 수행하는 직무의 목표는 그와 그의 부하직원인 엔지니어들이 기술부문 전체를 위해 해야 할 공헌이 무엇인가에 의해 규정된다. 각각의 경영자는 자신이 책임지고 있는 부문의 목표를 스스로 개발하고 설정해야 한다. 이처럼 피터 드러커는 우리에게 세 명의 석공 중 마지막 석공처럼 일할 것을 요구하고 있다. 우리가 하는 일들은 전체 중의 일부분이고 우리가 하는 일부분의 일은 전체를 위한 일임을 항상 생각하라는 것이다.

각각의 경영자는 자신이 책임지고 있는 부문의 목표를 스스로 개발하고 설정해야 하며, 상위부문에서는 하위부문의 목표를 승인하거나 거부할 권한을 가지고 있다. 하지만 목표의 개발 그 자체는 각 부문의 경영자가 책임져야 할 부분으로써 그것이야말로 경영자의 첫 번째 책임임을 강조하였다. 또한 모든 경영자는 '참여의식'을 가지는 것만으로는 안 되며 자신이 속해 있는 상위부문의 목표를 개발하는 일에 책임을 지고 참여해야 한다는 것이다.

경영자가 된다는 것은 철저하게 책임을 진다는 것을 전제로 한다. 경영자의 목표가 단순히 경영자 개개인이 원하는 바가 아닌 기업의 객관적 필요를 반영해야 한다는 사실 때문에 경영자는 상위부문의 목표 개발에 적극적으로 동참해야 한다. 경영자는 기업의 궁극적인 목표를 이해해야 하고 또한 그 내용을 알고 있어야 한다. 경영자는 자신이 수행해야 할 직무의 내용과 그 직무를 수행해야 하는 이유를 알아야 하고 또한 이해해야만 한다. 그리고 자신의 성과가 어떤 기준에 의해, 어떻게 평가되는지에 대해서도 알아야 하고 또한 이해해야 한다. 상위부문에 공헌해야 하는 경영자들은 모두 그 상위부문의 목표가 무엇인지 철저하게 생각하지 않으면 안 된다. 그들은 상위부문의 목표를 설정하는 일에 적극적으로 참여해야 하고 또한 책임을 져야 한다. 하위부문의 경영자가 상위부문의 목표설정에 참여를 해야만 그의 상사도 부하경영자에게 무엇을 기대할 수 있을지, 어떤 엄격한 요구를 할 수 있을지에 대해 알 수 있게 된다. 부하경영자가 상사의 목표설정에 참여하고 책임을 진다는 것은 너무도 중요하다.

피터 드러커는 상위부문의 경영자와 하위부문의 경영자가 목표설정을 위해 어떻게 해야 하는지 이야기하고 있다. 이것은 매우 중요한 경영철학이다. 목표설정을 위해서는 경영자의 역할과 그에 따르는 책임이 중요하고 또 모든 부문에 참여할 뿐 아니라 내용들을 알고 이해해야 함을 우리에게 가르쳐주고 있는 것이다. 이것은 각자가 맡은 부문의 목표는 전체를 위한 일임을 알아야 한다는 것이 된다. 피터 드러커는 유능한 경영자들이 사용하는 효과적인 방법을 소개하였다. 그것은 부하경영자들에게 일 년에 두 번씩 '경영자의 편지(manager's letter)'를 쓰도록 했다는 것이다.

'경영자의 편지' 사용 설명서

- 부하경영자들은 상사에게 쓰는 편지에 우선 상사의 직무와 자신의 직무에 대해 알고 있는 대로 기술한다.
- 자신에게 적용되어야 한다고 스스로 생각하는 성과 기준을 설정한다.
- 그것을 달성하기 위해 스스로 해야만 하는 사항들의 목록을 만든다.
- 자신이 맡고 있는 부문에서 발견되는 방해 요소들의 목록도 기록한다.
- 상사와 회사 전체가 수행하는 직무들 가운데 자신에게 도움이 되는 것과 방해가 되는 것을 각각 기록한다.
- 마지막으로 자신의 목표를 달성하기 위해 다음 일 년 동안 해야 할 일의 대략적인 계획을 수립한다.
- 상사가 그 편지의 내용을 수락하게 되면, 그것은 부하경영자가 수행해야 할 직무에 대한 지침서가 된다.

경영자의 편지는 아무리 유능한 상사라 할지라도 자신이 무의식적으로 내뱉은 말들이 얼마나 쉽게 부하직원들을 혼란에 빠뜨릴 수 있으며 또 잘못 인도할 수 있는지를 밝혀준다. 피터 드러커는 이를 통해 경영자들에게 더욱 신중할 것을 요구하고 있다. 이러한 시스템을 받아들인 기업에서는 많은 경영자가 '경영자의 편지'를 10년 이상 실행해오고 있다.

상사가 편지를 읽고 "이보게 이게 무슨 뜻인가?"라고 물으면, 부하직원은 "네, 지난 봄에 엘리베이터에서 제게 하셨던 말씀입니다."라는 대답을 듣기도 한다.

이러한 편지는 조직, 상사의 요구들 가운데 상호 모순되는 것들이 있음을 밝혀주기도 한다. 상사는 신속한 업무처리와 높은 수준의 품질, 둘 다를 요구하지만 부하직원은 둘 가운데 오직 한 가지밖에 충족시킬 수 없는 상황에 처하는 경우도 있다. 부하직원에게 자율적 판단과 주체적 행동을 요구하면서 실제로는 상사에게 반드시 사전보고를 하라는 요구를 하는 경우, 또는 아이디어와 의견을 제안하라고 말만 해놓고 실제로 그것을 채택하기는커녕 검토도 해보지 않는 경우도 발견된다.

엔지니어링 부서에서 현장에서 발생하는 여러 문제에 대해 즉각적인 대처를 요구하면서 한편으로는 신제품 디자인 완성에 전력을 다하도록 압력을 가하는 경우, 또는 경영자에게 높은 성과를 기대하면서 다른 한편으로는 문제 사원을 해고하지 못하도록 하는 경우도 역시 모순이 발견되는 부분이다. 부하직원이 일을 하면서 "내가 무슨 일을 하고 있는지 상사가 모르고 있을 때만 나는 일을 제대로 처리할 수 있단 말이야." 라고 말하는 것은 회사나 상사의 요구에 모순이 있음을 알려주는 징후이다.

위와 같은 상황은 어느 조직에서나 흔히 볼 수 있는 것들로 직원들의 사기를 떨어뜨리고 성과를 올리는 것을 방해한다. 이처럼 경영자의 편지는 그런 상황을 공개적으로 노출시킴으로써 타협이 필요한 부분, 다시 검토해보아야 할 목표들, 다시 설정해야 할 우선순위 그리고 수정해야 할 행동들이 무엇인지를 명확히 밝혀주는 역할을 한다.

여기에서 가장 중요한 것은 공동의 방향을 설정·제시하기 위해서 뿐만 아니라 잘못된 방향의 설정을 피하기 위해서도 특별한 노력을 기울

- 우리 조직이 그동안 해왔던 방식과 피터 드러커가 이야기하는 목표설정 방법에 있어 차이점이 있다면 어떤 것인가?

- 우리 조직의 목표설정 방법에 대해 다른 경영자들과 토론해보자.

- 경영자의 편지를 사용하고 있는가?
  그렇지 않다면 언제부터 어떻게 사용을 할 것인지 계획을 세워보자.

일 필요가 있다는 것이다. 피터 드러커는 상호 이해는 '상향적 의사소통'만이 상호 이해를 가능하게 하며, 그러기 위해서는 부하의 이야기를 듣고자 하는 상사의 의지와, 하위부문의 목소리가 상위부문으로 전달될 수 있도록 특별히 고안된 조직적 장치가 필요하다고 강조했다.

자기관리에 의한 경영이 필수

❀ ❀ ❀

'목표관리'에 의한 경영의 가장 큰 장점은 경영자로 하여금 '자기 자신의 성과'를 스스로 관리할 수 있게 해준다는 것이다. 자기관리라는 것은 당연히 스스로 자신의 성과를 관리한다는 말인데, 이것은 말처럼 쉬운 일이 아니다. 스스로를 관리한다는 것은 주어진 일을 적당히 처리하는 것이 아니라 최선을 다해야겠다는 의욕이 있어야 한다. 또한 그것은 조직 전체의 목표에 대한 공헌의식과 좀 더 높은 성과목표를 필요로 하는 것이다. 따라서 목표관리는 경영자가 자기관리를 하도록 하는 데 있어서 필수적이라고 할 수 있다.

목표관리에 의한 경영의 주요한 공헌 가운데 하나는 우리로 하여금 명령에 의한 경영(management by domination)을 자기관리에 의한 경영(management by self-control)으로 대처할 수 있도록 해준다는 데에 있다. 자기관리에 의한 경영은 오늘날 꽤 일반적인 견해로 받아들여지고 있다. 자기관리에 의한 경영을 수용한다는 말은 '의사결정의 권한을 가능한 최하위계층으로 이양한다'는 것과도 일맥상통한다. 그러나 자기관리에 의한 경영이 하나의 현실적인 경영방식으로 자리 잡기 위해서는 그것이 하나의 올바르고 바람직한 개념이라는 인식을 하는 것만으로는 충분하지 않다. 전통적 사고방식과 관행에 있어서 광범위한 변화가 필요하며, 또한 새로운 도구가 필요하다는 것이다.

경영자가 자신의 성과를 스스로 관리하는 데에는 자신의 목표가 무엇인지 아는 것만으로는 충분하지 않으며, 자신이 창출한 성과와 결과를 스스로의 목표와 비교하여 측정할 수 있어야만 한다. 그러기 위해서는 조직의 주요 영역을 평가하기 위한 공동의 명확한 기준이 있어야 하며 확고부동한 하나의 관행으로 정착되어야 한다. 피터 드러커는 평가기준에 대해 다음과 같은 가르침을 주었다.

평가기준에 의한 피터 드러커의 가르침

- 평가기준은 반드시 숫자로 표시되거나 정밀할 필요는 없지만 분명하고, 단순하고, 또 합리적이어야 한다.
- 평가기준은 경영자가 주의와 노력을 기울여야 하는 대상들과 관련이 있어야 하고, 또한 그것들을 지향하고 있어야 한다.
- 평가기준은 신뢰할 수 있는 것, 오차의 범위가 최소한 수긍할 수 있고 또 이해할 수 있는 수준이어야 한다.
- 평가기준은 복잡한 해석이나 철학적 논의가 필요 없을 만큼 자명하고도 쉽게 이해될 수 있는 것이어야 한다.

피터 드러커는 모든 경영자가 자신의 성과를 측정하기 위해 필요한 정보에 접근할 수 있어야 하며, 바람직한 결과를 얻기 위해 어떤 수정조치를 취할 수 있을 만큼 충분히 빠른 시간 내에 그 정보를 습득할 수 있어야 한다고 했다. 유의해야 할 점은 그러한 정보는 해당 경영자에게 직접 전달되어야지 그의 상사를 통해서 전달되어서는 안 된다는 것

이다. 그 이유는 그것이 경영자의 자기관리를 위한 수단이 되어야 하는 것이지 상사가 부하를 통제하는 도구로 이용해서는 안 된다는 것이다.

오늘날 정보의 수집·분석·정리와 관련된 정보기술이 발전함에 따라 평가기준과 관련된 정보를 획득하는 능력의 필요성이 더욱 강조되고 있다. 피터 드러커는 우리가 평가기준에 관련된 정보를 획득할 수 있는 새로운 능력을 보유하게 됨에 따라 효과적인 자기관리를 할 수 있게 되었으며, 효과적인 자기관리는 경영자의 목표달성 능력과 성과수준도 엄청나게 향상시킬 수 있게 되었다고 한다. 또한 피터 드러커는 만일 그 새로운 능력이 상급경영자가 하급경영자를 통제하는 수단으로 잘못 이용된다면, 하급경영자의 사기를 떨어뜨리고 목표달성 능력을 저하시킴으로써 심각한 손실을 가져올 것이라는 경고도 빠뜨리지 않았다.

여기에서 필자는 한 가지 이야기하고 싶은 것이 있다. 오늘날 지식정보화 사회에서는 오직 자신만이 목표달성에 필요한 일들에 대해 책임을 질 수 있다는 피터 드러커의 가르침을 생각할 때 이것은 에이브러햄 매슬로가 이야기했던 인간의 욕구와도 상관성이 있다는 것이다. 그것은 바로 우리 경영자들과 모든 구성원이 물질적 만족을 넘어 정신적 만족인 단계, 즉 에이브러햄 매슬로가 이야기한 자기존중의 욕구와 자아실현의 욕구(삶의 가치와 의미를 추구)단계로 성장해야 한다는 것이다. 전체 구성원의 위계질서 속에서 서로가 서로를 존중하는 문화를 만들어야 한다. 구성원들이 회사를 떠나는 여러 가지 이유는 부차적인 것일 뿐, 진짜 이유는 자기 자신이 존중받지 못하고 있다는 이유로 회사를 떠나는 것이다. 존중에 대해서는 협력 편에서도 다루고 행복 편에서도 다룰 것이다. 하지만 내가 이토록 강조하는 이유는 사람은 누구나 자신이 중요한 존재임을 인정받고 싶어 하는 욕구가 있다는 것이다. 이것이 충족될 때 사람은 더욱 성숙하게 되어 자발적으로 조직과 사회에 공헌하게 되는 것이다.

무궁화인재는 자아실현의 욕구단계에서 충분한 역량을 발휘하게 되어 있다. 하지만 이것은 개인적 차원에서만 노력해서는 안 되고 조직적 차원에서만 노력해서도 안 되는 것이다. 구성원들과 경영자, 최고경영자에 이르기까지 모두가 노력해야 한다. 구성원의 입장에서 존중을 받으려면 자기 스스로 책임을 지고자 하는 책임감이 필요하며 그 책임감을 가질 때 비로소 신뢰를 얻을 수 있다. 신뢰는 존중으로 이어지고 다시 신뢰로 보답하게 된다. 경영자의 입장에서 존중을 받으려면 먼저 구성원들을 신뢰하고 강점 위주로 칭찬하고 격려하여 구성원 자신들이 맡은 직무가 조직의 전체 목표에 기여하고 있다는 사실을 알게 해주어야 한다. 이러한 상호존중 문화가 형성되었을 때 우리는 자아실현을 목표로 하는 더욱 성숙하고 성실한 사람으로 거듭나게 될 것이다.

다시 피터 드러커의 가르침으로 돌아와 제너럴 일렉트릭의 사례를 살펴보자. 이 사례는 정보를 이용하여 효과적으로 자기관리를 하도록 하는 것이 얼마나 중요한지를 가르쳐준다.

제너럴 일렉트릭은 '순회감사제도'라는 독특한 업무감사 시스템을 갖고 있다. 회사의 모든 부문이 최소한 일 년에 한 번 이상은 철저한 감사를 받는다. 그 감사보고서는 해당 부문의 경영자에게만 전달된다. 제너럴 일렉트릭의 경영자들은 회사에 대해 신뢰감을 갖고 있는데 그것은 감사결과에 대한 정보를 통제가 아닌 자기관리를 위해 이용한다는 회사의 관행에서 비롯되고 있었다. 하지만 이러한 제너럴 일렉트릭의 감사 관행은 여러 기업에서 일반적으로 사용되는 것이 아니고, 또한 폭넓게 이해되고 있는 것도 아니라고 한다.

피터 드러커는 경영자들이 갖고 있는 전형적인 생각에 대해서 어느 대규모 화학회사의 사례를 통해 정확하게 알려주고 있다. 그 화학 회사의 감사부는 해마다 회사의 모든 부문에 대한 감사를 시행한다. 제너럴 일렉트릭과는 달리 감사결과 보고서는 감사 대상이었던 부문의 경영자에게는 전달되지 않고 사장에게만 보고된다. 보고서를 검토한 사장은 해당 부문의 경영자를 불러 문제점을 따진다. 그런 감사 관행이 경영자들의 사기를 얼마나 떨어뜨렸는가 하는 것은 그들이 사장에게 게슈타포라는 별명을 붙인 것에서 짐작할 수 있다.

오늘날 여전히 많은 경영자가 성과를 최대한 올리기 위해서가 아니라 감사부에 잘 보여 추궁당하지 않기 위해 일을 하고 있다. 경영자는 성실한 조직문화를 만들기 위해서 자기관리에 의한 경영의 중요성을 알아야 한다. 또한 자기관리에 의한 경영을 제대로 정착시키기 위해 무엇보다 중요한 것이 '신뢰'임을 알아야 한다. 이러한 신뢰는 하루아침에 생기는 것이 아니라 신뢰할 수 있는 시스템이 제대로 작동됐을 때 생긴다. 목표관리와 자기관리에 의한 경영이 더 높은 성과를 올리는 데 있어 효과적이라는 것은 이미 모범기업들을 통해 입증되고 있지만, 그러한 기업들이 모두 탄탄한 신뢰를 기반으로 하고 있다는 사실 또한 놓쳐서는 안 될 것이다.

피터 드러커는 모든 경영자가 자신의 성과와 결과에 대해 전면적인 책임을 져야 하며, 결과를 얻기 위해 수행하는 자신의 모든 직무를 스스로 통제할 수 있어야 한다고 했다. 그러기 위해서는 회사가 비윤리적, 비전문가적 또는 비합리적인 것이라고 하여 금지하고 있는 행동과 방식들에 대해 분명하게 이해하고 있어야 한다는 것이다. 그리고 경영자가 자신의 직무수행에 필요한 모든 정보를 획득할 수 있을 때에, 오직 그때에만 그에게 결과에 대한 책임을 물을 수가 있다는 것이다.

보고서와 절차의 효과적 활용

피터 드러커는 조직의 성과향상을 위해 '보고서'와 '절차'의 중요성을 강조하였다. 보고서와 절차가 조직의 성과향상에 치명적인 장애요인이 될 수도 있다는 피터 드러커의 가르침을 모든 경영자는 검토해보아야 한다. 여기에는 유능한 경영자라 할지라도 예외는 아니다. 자기관리에 의한 경영은 우리가 사용하고 있는 보고서들과 표준업무 처리절차들 및 표준양식들에 대해 다시금 철저하게 생각하도록 요구한다. 보고서와 표준업무 처리절차는 필요한 도구들이지만 그것만큼 쉽게 오용되거나 큰 피해를 주는 도구도 드물며, 또 잘못 사용된다면 그것은 더 이상 도구가 아니라 오히려 악덕 지배자 노릇을 하게 될 것이라고 한다. 피터 드러커는 보고서와 표준업무 처리절차의 오용 사례를 세 가지 종류로 나누어 설명했다.

첫 번째로 표준절차가 규범의 도구로써 만들어졌다는 너무도 보편적인 믿음이 사람들로 하여금 그것을 잘못 이용하게 만드는데 사실은 전혀 그렇지가 않다. 표준절차는 전적으로 능률을 향상시킬 목적으로 만들어진 것이지 무엇을 할 것인지에 대해서는 전혀 규정한 바가 없다. 그것은 오직 정해진 일을 가장 빨리 할 수 있는 방법만을 규정하고 있으며 '표준절차'와 올바른 행동을 수행하는 것과는 아무런 관계가 없다는 것이다. 올바른 행동은 결코 사전에 정해진 절차에 따라 수행될 수 없기 때문이다.

두 번째로 표준절차를 판단의 대용품으로 간주한다는 것이다. 표준절차는 판단이 필요 없는 상황, 즉 이미 판단이 내려져 있고 검증까지 받은 반복적인 상황에서만 효력을 발휘할 수 있다. 그러므로 판단의 기준으로 생각하면 많은 문제가 발생하게 된다. 가장 위험한 문제는 예외적이고 특수한 상황에서조차 표준양식과 표준절차를 적용한다. 피터 드러커는 보고서와 표준업무 처리절차가 가장 잘못 이용되고 있는 예로써 상위부문이 하위부문을 통제하기 위한 도구로 이용되는 경우를 들었다. 상급경영자에게 정보를 제공하기 위한 보고서나 표준절차가 특히 그렇다는 것이다.

매일매일 작성하는 업무보고서 양식 같은 것이 그런 예다. 회계부서, 엔지니어링 부서 혹은 본사의 스태프 부문에 정보를 제공하기 위해 정작 자신에게는 별로 필요하지도 않은 20여 종의 서류를 작성해야 하는 공장장의 사례는 흔히 찾아볼 수 있는 수천 가지 사례들 가운데 하나일 뿐이다. 그 결과 공장장의 관심은 자신의 본연의 업무에서 점점 더 멀어지게 된다는 것이다. 단순히 관리나 통제를 목적으로 공장장에게 요구되는 일들이 결국 회사가 그에게 바라는 바를 반영하는 것으로 인식되고, 점차 그의 핵심 업무로 자리 잡게 된다. 공장장은 별로 내키지는 않지만 어쩔 수 없이 자신의 본연의 업무보다는 그런 업무에 더 많은 노력을 기울이지 않을 수 없게 된다. 궁극적으로 공장장의 상사인 다른 상급경영자도 역시 잘못된 방향으로 가게 된다는 것이다.

한 대규모 보험회사에서 '경영개선'을 위해 대대적인 혁신프로그램을 시행한 바 있다. 그 회사는 보험 재계약, 보험금 지급, 영업비 지출, 영업방법, 그리고 다른 여러 활동들에 관계하는 강력한 관리부서를 본사에 신설했다. 그 부서에서는 여러 가지 일들은 아주 잘 처리했다. 최고경영자는 보험회사를 운영하는 새로운 방법들을 아주 많이 배울 수 있었다. 그런데 회사의 실질적인 성과는 그 스태프 부문을 신설한 이래로 계속 하락하는 것이었다. 현장 영업부문의 경영자는 중앙 스태프에서 요구하는 보고서를 작성하느라 점점 더 많은 시간을 빼앗기게 되었고, 그만큼 본연의 업무에 할애하는 시간이 줄어든 것이다. 더욱 나쁜 것은 그의 부하직원들이 올리는 성과 역시 '보여주기 위한 것'에 불과한 것이 많았다는 사실이다. 성과만 하락한 것이 아니었다. 사기는 더욱 떨어졌다. 드디어 현장경영자들은 최고경영자와 중앙의 스태프들을 아둔한 자로 간주하거나 또는 가능한 한 멀리하려는 사태가 발생하게 되고 말았다.

이와 비슷한 사례는 무수히 많다. 모든 종류의 산업에서 그리고 규모에 관계없이 모든 기업에서 발견할 수 있다. 부분적으로는 '스태프'의 개념을 잘못 이해하고 있는 것이 그 한 가지 이유이다. 하지만 가장 큰 이유는 표준업무 처리절차를 통제 수단으로 잘못 이용한 데 있다. 보고서와 표준업무 처리절차는 시간과 노력을 절약할 수 있는 경우에 한해서 최소한으로 이용되어야 한다. 또한 그것들은 가능한 한 간단해야 한다.

어느 하이테크 기업의 사장이 다음과 같은 경험담을 들려준 적이 있다. 오래 전 그는 로스앤젤레스에 있는 같은 업종의 소규모 공장을 하나 사들였다. 그 공장은 연간 25만 달러의 이익을 올리고 있었다. 매수가격은 그 연간 이익금액을 토대로 정해졌다. 사장은 전 소유주였던 공장의 책임자와 함께 공장을 둘러보며 다음과 같은 대화를 나누었다.

"제품의 가격은 어떻게 결정했습니까?"

"그야 쉽지요. 다른 회사 제품보다 1퍼센트 가량 낮게 매겼지요."

"원가 관리는 어떻게 했습니까?"

"그것도 쉽지요. 우리는 원재료 가격과 인건비를 알고 있고, 또 수지를 맞추려면 물건을 얼마나 만들어야 하는지도 알고 있으니까요."

"그렇다면 간접비는 어떻게 관리했습니까?"

그에 대한 대답은 엉뚱했다.

"우리는 그건 잘 모릅니다."

그러자 사장은 회사의 철저한 원가관리 시스템을 그 공장에도 도입하면 분명 상당한 비용 절감을 가져올 것이라는 생각을 하였다. 하지만 일 년 후, 그 공장의 이익은 12만 5,000달러로 하락하였다. 제품의 판매량도 가격도 그대로 유지되었지만, 복잡한 표준처리 절차가 이익의 절반을 잠식해 버렸기 때문이었다.

모든 기업은 현재 사용하고 있는 모든 보고서와 표준절차를 앞으로도 계속 유지할 필요가 있는지에 대해 정기적으로 검토해봐야 한다. 최소한 5년에 한 번씩은 모든 서류양식을 검토하고 계속 사용여부를 결정해야 한다. 피터 드러커가 했던 방식을 한번 적용해보는 것도 좋은 방법이 될 것이다. 2개월 동안 일제히 어떤 보고서나 서류양식 없이 업무를 수행해본 후에, 경영자가 그래도 여전히 필요하다고 생각되는 보고서나 서류양식이 있다면 그것만 다시 사용하도록 하는 것이다. 피터 드러커는 이 방법을 통해 기존에 사용하던 보고서와 서류양식 가운데 절반 이상을 없앨 수 있었다. 그 결과 업무능률이 이전보다 훨씬 좋아졌음은 말할 것도 없다.

보고서와 표준절차는 중요한 영역에서 어떠한 성과를 올리기 위해 필요한 경우에 한해서만 사용되어야 한다. 피터 드러커는 성과와 관련이 없는 것을 통제하려는 시도는 언제나 사람들을 잘못된 방향으로 인도하는 것이나 마찬가지임을 지적한다. 마지막으로, 보고서와 표준절차는 그것을 사용하는 사람들의 도구가 되어야지, 그 자체로서 경영자의 성과를 측정하는 수단이 되어서는 안 된다고 그는 강력하게 이야기하고 있다. 그러한 서류작성이 본업이 아니라면 말이다. 경영자는 항상 자신

• 자기관리에 의한 경영에 있어서 가장 중요하게 생각하는 것은 무엇인가?

• 우리 조직에 자기관리에 의한 경영이 얼마나 정착되어 가고 있는가?

• 자기관리에 의한 경영이 제대로 정착되었을 때 우리 조직의 성과는 얼마나 높아질 것 같은가?

• 자기관리에 의한 경영이 조직 내에 제대로 정착되기 위해서는 무엇부터 실천해야 하는가?

• 나는 보고서와 절차를 성과향상에 맞춰 사용하고 있는가?

• 우리 조직에서 보고서는 성과향상을 위한 도구가 되고 있는가? 아니면 통제의 수단이 되고 있는가?

• 우리 조직의 불필요한 보고서에는 어떤 것들이 있는가?

• 보고절차를 줄이는 방법으로는 무엇이 있을까?

• 효과적인 보고와 효과적인 절차에 대한 새로운 계획을 수립하여 경영자노트에 작성해 보자.

이 달성한 성과에 의해서만 판단되어야 한다. 그리고 그렇게 하기 위한 유일한 방법은, 경영자로 하여금 자신의 성과향상에 필요하다고 스스로 판단한 것 외에는 어떤 서류도 작성하지 못하게 하고 또 어떤 보고서도 제출하지 못하게 하는 것이다.

개인과 기업이 조화를 이루는 경영철학

❀ ❀ ❀

오늘날의 경영자라 함은 자신의 성과에 책임을 질줄 아는 사람을 말한다. 이것은 시대의 흐름이다. 지식근로자는 경영자인 것이다. 자신의 역량에 따라 기업 전체의 구성원으로서 성과에 책임을 지는 경영자인 것이다.

피터 드러커는 오늘날 기업에 필요한 세 가지 경영원리를 정리하였다. 첫 번째는 개인이 자신의 강점을 최대한 발휘하고 또 스스로 책임을 지는 원리, 두 번째는 모든 구성원에게 공동의 비전을 제시하고 노력을 한데 모을 수 있는 원리, 세 번째는 팀을 구성하여 개인의 목적과 기업의 번영을 조화시킬 수 있는 원리이다.

오늘날 기업의 세 가지 경영원리

- 개인의 강점 발휘 및 책임감 부여
- 모든 구성원과 공동의 비전 공유
- 팀 중심, 우리 중심의 조화

이와 같은 경영원리를 실천할 수 있는 유일한 원칙이 목표관리와 자기관리에 의한 경영이다. 목표관리와 자기관리에 의한 경영은 모든 경영자로 하여금 기업과 공동의 번영을 자기 자신의 목표로 인식하도록 해준다.

그것은 외부에 의한 통제보다 한층 더 엄격하고, 훨씬 더 정확하고 그리고 더욱 효과적인 내부통제를 가능케 해준다. 그것은 경영자로 하여금 다른 사람의 의견이나 지시에 의해서가 아니라, 자신이 수행하는 과업의 객관적인 필요성 때문에 행동을 하도록 동기를 부여한다. 누군가가 원하기 때문이 아니라, 경영자 자신이 그것을 해야 한다고 스스로 판단했기 때문에 행동한다. 달리 말하면, 자유인으로서 행동하는 것이다.

이러한 목표관리와 자기관리에 의한 경영은 분명 하나의 '경영철학'으로 불러도 손색이 없을 것이다. 그것은 또한 경영자들의 구체적인 필요와 그들이 직면하고 있는 장애들을 분석하는 것에서 출발한다. 그것은 인간의 행동, 인간의 태도 그리고 인간의 동기부여에 대한 통찰을 기반으로 삼고 있다.

마지막으로, 그것은 지위와 직무에 상관없이 모든 경영자에게 적용되고, 또한 규모에 관계없이 모든 기업에 적용된다. 그리고 기업의 객관적인 필요를 경영자 개개인의 목표로 전환해 줌으로써 성과를 달성할 수 있게 해준다. 또한 모든 경영자에게 법의 테두리 안에서 자유롭게 활동할 수 있는 진정한 자유를 보장해준다.

신뢰문화와 공정한 인사관리

☺ ☺ ☺

상급경영자이든 하급경영자이든 성실한 무궁화인재들의 역량 발휘를 위해 어떻게 경영해야 할 것인지 그중에서도 목표관리와 자기관리에 의한 경영에 대해 알아보았다. 이제 피터 드러커의 경영철학의 핵심과 경영자들의 올바른 역할이 무엇인지 많은 것을 느끼고 또 깨달았으리라 생각된다. 다음은 성과향상 조직문화를 위해 반드시 숙지해야 할 공정한 인사관리에 대해서 알아보자.

신뢰라는 핵심가치는 결코 가벼운 가치가 아니며 쉬운 가치도 아니다. 신뢰가 없으면 모래성 위에 집을 짓는 사상누각과 같은 일이 되므로 신뢰 없이는 성과향상을 위한 조직문화의 존재도 어려운 법이다.

신뢰 문화를 구축하기 위해 경영자들이 반드시 알아야 할 피터 드러커의 중요한 경영철학은 '공정한 인사관리시스템'이다. 많은 경영자가 너무도 중요한 인사관리 시스템을 제대로 구축하지 못해 올바른 경영이 이루어지지 못하고 급기야는 기업을 도태시키고 만다. 피터 드러커의 공정한 인사관리시스템을 살펴보고 이 시스템을 경영자들과 또 조직의 문화 속에 철저히 배도록 노력해야 할 것이다.

경영자들은 사람을 선발하고 관리하는 업무에 다른 어떤 업무보다도 더 많은 시간을 투입하고 있다. 이는 당연히 그렇게 해야 할 일이다. 경영자가 해야 할 의사결정 가운데 그 결과가 이것만큼 조직에 오랫동안 영향을 미치는 것은 없을 것이다. 인사관리에 대한 의사결정은 한 번 내려지면 다시 그 결정을 수정하는 데 큰 어려움이 따른다. 하지만 대체로 경영자들은 아직도 승진과 충원에 대한 의사결정을 그다지 효율적으로 하지 못하고 있는 것 같다. 누가 보더라도 그들의 평균 타율은 대략 3할을 넘지 못한다는 것이다. 기껏 3분의 1 정도가 잘된 의사결정이고, 3분의 1은 그저 그런 의사결정이고, 나머지 3분의 1은 완전히 실패한 의사결정이 된다. 여러 경영활동 가운데 이토록 형편없는 성과를 내는 분야도 없을 것이다. 정말이지 우리는 그럴 필요가 없으며 또한 그렇게 해서도 안 된다. 물론 모든 인사관리를 완벽하게 처리할 수는 없겠지만, 10할이 되도록 노력해야 한다. 인사관리만큼 우리가 많이 알고 있는 다른 경영 활동 분야도 없으니까 말이다.

인사관리의 네 가지 기본원칙

❀ ❀ ❀

인사관리를 완벽하게 할 수 있는 사람은 없다. 그런데도 인사관리에 대한 의사결정을 좀 더 잘하기 위해 진지하게 연구하는 경영자는 그리 많지 않다. 인간 존재라는 측면에서만 보면 슬로언과 마셜만큼 서로 다른 사람들도 없을 것이다. 하지만 두 사람은 인사관리에 대한 의사결정에 있어서만큼은 다음과 같은 동일한 원칙을 따랐다.

- 어떤 직무에 직원을 배치했는데 그 사람의 성과가 신통치 못하다면, 그 의사결정은 잘못된 것이다. 경영자는 그 사람을 비난할 이유가 없고, '피터의 원칙(Peter Principle : 계층사회의 구성원은 자신이 감당하기 벅찬 수준의 자리에까지 승진하는 경향이 있다는 것으로, 결국 무

능한 수준의 사람들로 인해 조직을 쇠퇴하게 만든다는 의미)'을 들먹이거나 불평할 이유가 없다. 잘못은 경영자가 한 것이다.

- '병사는 유능한 지휘관을 가질 권리가 있다'는 것은 줄리어스 시저(Julius Caesar)로부터 전해 내려오는 오래된 군사 격언이다. 조직의 구성원들로 하여금, 최소한 책임감 있는 구성원들로 하여금 성과를 달성할 수 있게 대책을 강구하는 것은 경영자의 의무이다.

- 경영자가 수행하는 모든 의사결정 가운데 '사람에 관한' 의사결정만큼 중요한 것은 없다. 왜냐하면 그것이 바로 조직의 목표달성 능력을 결정하기 때문이다. 따라서 경영자는 인사관리에 대한 의사결정을 좀 더 효과적으로 잘하기 위해 계속 노력해야 한다.

- 인사관리에 있어서 하나의 '금기사항'이 있다. 바로 신참자에게 중요한 임무를 부여해서는 안 된다는 것이다. 그렇게 하는 것은 실패할 위험만 가중시킨다. 중요한 임무는 그 행동 패턴과 습관에 대해 잘 알고 있는 사람, 그리고 조직 내에서 이미 그 능력을 검증받은 사람에게 맡겨야 한다. 새로 선발된 고위간부는 해야 할 일이 잘 알려져 있고, 그리고 다른 사람의 도움을 받을 수 있는 직무에 먼저 배치해야 한다.

효과적인 인사관리를 위한 의사결정의 5단계

효과적인 인사관리를 위한 결정을 하는 데 있어서 몇 가지 기본원칙과 함께 몇 가지 중요한 단계가 있다.

직무의 내용에 대해 철저하게 생각하라.

직무기술서(job description)는 한 번 작성되면 오랫동안 바뀌지 않는다. 어느 대기업은 30여 년 전부터 사업부제를 처음 시행한 이래로 사업부 담당경영자의 직무기술서가 한 번도 변경된 적이 없다고 한다. 그런데 직무의 내용은 계속 변화고 있고 또한 예측할 수도 없는 게 현실이다.

1940년대 초, 제너럴 모터스의 슬로언은 비교적 낮은 직급인 작은 부품사업부의 판매부장을 배치하려고 능력을 갖춘 세 명의 후보자들 가운데 한 명을 선발하려고 했다. 그때 피터 드러커는 슬로언에게 직원 배치에 지나치게 많은 시간을 소비하는 것 같다고 말했다. 그러자 슬로언은 "우리는 우선 최근 들어 그 직무의 내용이 바뀌지 않았는지 먼저 검토해보아야 합니다."라고 하는 것이다. 그때 피터 드러커는 놀랍게도 직무의 내용이 언제나 변화한다는 사실을 처음 알게 되었다고 한다.

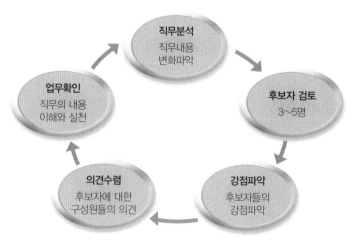

[효과적인 인사관리를 위한 의사결정 5단계]

제2차 세계대전 당시, 마셜 장군은 사단장을 선발할 때는 앞으로 18개월 내지 2년간 그 사단에 맡겨질 '임무의 본질'을 항상 먼저 검토하였다. 사단을 편성하고 훈련시키는 것, 전투에서 사단을 지휘하는 것, 전투에서 치명적인 패배를 당한 사단을 맡아 사기와 전투력을 회복시키는 것 역시 사단장의 임무라는 것을 항상 염두에 두고 선발을 하는 것이다.

새로운 판매부장을 선발하는 데 있어서도, 그 책임을 맡은 경영자가 가장 먼저 파악해야 할 사항은 그 사람에게 맡길 직무의 핵심내용이다. 예를 들면, 새로운 판매원을 모집하고 훈련시키는 것인지, 새로운 성장 가능성이 있는 시장을 개척하는 것인지, 혹은 신제품의 개발을 기획하는 것인지 이런 직무들은 각각 서로 다른 종류의 것이므로 서로 다른 특성을 지닌 사람을 필요로 함을 인식하고 선발해야 한다.

잠재력이 있는 여러 명의 후보자들을 검토하라.

여기에서 중요한 것은 '여러 명'이라는 점이다. 공식적인 자격 요건은 최소한의 고려 대상이므로 결격 사유가 있는 경우에는 자동적으로 후보자 명단에서 제외된다. 마찬가지로 중요한 것은 사람과 직무가 서로 부합해야 한다는 것이다. 효과적인 의사결정을 내리기 위해 경영자는 반드시 자격을 갖춘 세 명 내지 다섯 명의 후보자들을 검토해야 한다.

후보자들의 강점을 파악하라.

만일 해당직무에 관해 진지하게 검토해본 경영자라면, 그 직무에 새로 배치될 사람이 무엇에 최우선 순위를 두고 노력을 집중시켜야 할지를 파악했을 것이다. 이때 중요한 질문은 그 후보자가 할 수 있는 일, 혹은 할 수 없는 일은 무엇인가라는 것이 아니다. 각 후보자들이 갖고 있는 강점들은 무엇이며, 그것들 가운데 새로운 직무에 가장 적합한 강점은 어떤 것인가라는 것이다. 물론 약점을 파악하는 것도 필요하다. 약점은 그 사람이 가진 한계로써 그것을 기준으로 후보자들을 탈락시킬 수 있다. 예를 들면, 어떤 후보자가 주어진 직무의 기술적 측면에서 탁월한 자격을 갖추었다고 하자. 그러나 주어진 직무의 특성상 팀 구축능력이 반드시 필요한데 그 후보에게 그런 능력이 없다면 선발대상에서 당연히 제외시켜야 한다. 왜냐하면 그는 해당직무에 적임자라고 볼 수 없기 때문이다. 그러나 효과적인 인사관리를 수행하는 유능한 경영자는 후보자의 약점을 찾는 일부터 시작하지는 않는다. 약점에 기초해서는 업무의 성과를 달성할 수 없기 때문이다. 오직 강점을 통해서만 달성할 수 있다.

마셜과 슬로언은 사람을 선발할 때 꽤 높은 역량 수준을 요구하지만, 가장 중요한 것은 해당직무를 잘 수행할 수 있는 능력이 더 중요하다는 것을 알고 있었다. 만일 어떤 후보자가 그런 능력을 갖추고 있다면 나머지 다른 것에 대해서는 조직에서 보완해줄 수도 있다. 그러나 해당직무와 연관된 능력이 없다면 나머지 다른 능력들은 쓸모없는 것이 되고 만다.

마셜은 훈련담당 장교가 필요할 경우, 풋내기 신병을 훌륭한 장병으로 교육시킬 수 있는 능력을 가진 사람을 찾는다. 그런데 사람들은 대개 어느 한 가지 분야에서는 뛰어난 능력을 갖고 있지만 다른 분야에서는 그렇지 못한 경우가 많다. 후보자를 물색해보면 어떤 장교는 전술 지휘관으로서도 특별히 재능이 없고, 전략을 수립하는 일에 있어서도 소질이 전혀 없다. 또 다른 장교는 말실수하는 버릇이 있어서 언론기관과의 관계에서 자주 마찰을 일으킨다. 또 다른 장교는 허영심이 강하고 이기적이어서 직속상관과 끊임없이 의견 충돌을 일으킨다. 하지만 훈련담당 장교가 필요한 경우라면 이러한 것들에 신경 쓸 게 아니다. 오직 그 장교가 신병을 훈련시키는 능력이 뛰어난지 그렇지 않은지에 대해서 파악하는 것이 중요하다. 만약 대답이 '그렇다'이면 그에게 당연히 임무를 맡기는 것이 옳은 선택이다.

프랭클린 루스벨트(Franklin Roosevelt)와 해리 트루먼(Harry Truman) 대통령은 내각의 인사를 시행하면서 늘 이렇게 이야기했다.

"중요한 것은 그 사람에게 어떤 약점이 있는가가 아니다. 중요한 것은 그 사람이 가장 잘할 수 있는 일이 무엇인가 하는 점이다."

그 두 대통령이 20세기 미국 역대 대통령들 가운데 가장 강력한 각료진을 구성할 수 있었던 것은 단순한 우연의 일치가 아니었을 것이다.

후보자들과 함께 일해 본 경험이 있는 사람들에게 그 각각의 후보자들에 대한 의견을 들어라.

사람을 평가하는 데 있어서 경영자 한 사람만의 판단은 그다지 효용이 없다. 왜냐하면 우리 모두는 첫인상이라든가, 선입견이라든가, 좋고 싫음의 감정 등을 갖고 있기 때문이다. 그러므로 정확한 판단을 위해서는 다른 사람의 생각을 들어볼 필요가 있다.

군대에서 장교를 선발하거나 가톨릭 교구에서 주교를 선출할 때는 이처럼 다른 사람에게 의견을 묻는 과정이 하나의 공식적인 절차로써 정해져 있다. 다만 유능한 경영자라면 그러한 과정을 비공식적으로 처리할 것이다. 도이체 방크의 은행장이었던 헤르만 아브스(Hermann Abs)는 최고경영자를 선발하였는데 굉장히 성공적이었다는 평을 들었다. 그는 개인적으로 전후 독일의 경제 기적을 이끌어온 최고경영자들 대부분을 후보자로 선정한 후, 과거에 그들과 함께 근무했던 상사나 동료들로부터 그 후보자들에 대한 이야기를 직접 듣고 참고하였다.

새로 임명된 사람이 직무의 내용을 이해하는지 확인하라.

어떤 사람이든 새로운 직무를 3개월 내지 4개월 동안 수행한 후에는 과거의 직무가 아니라 새로운 직무가 요구하는 바에 초점을 맞추어야 한다. 새로운 직무에 임명된 사람에게 다음과 같은 이야기를 해주는 것은 경영자의 책임이다.

"자네는 지난 3개월간 지역담당 판매부장으로 근무했네. 그 새로운 직무를 성공적으로 수행하려면 자네가 무엇을 해야 하는지 일주일 정도 곰곰이 생각해보고 서면으로 그 내용을 보고해 주게. 그리고 지금 자네에게 해주고 싶은 말은, 자네가 승진하기 이전에 수행했던 직무나 그동안의 직무의 방식은 새로운 직무에서는 오히려 해를 끼칠 뿐이라는 사실이네. 자네는 이제 새로운 직무가 요구하는 바로 그것에 대해서 알아야 하고, 그것에 초점을 맞춰야 하네."

만일 이런 단계를 거치지 않았다면 새로 임명된 사람이 미미한 성과밖에 올리지 못하더라도 경영자는 그 부하직원을 비난할 수 없다. 임무 수행에 실패한 것에 대해 스스로 반성해야 하는 것이다. 이는 승진을 한 사람이 새로운 직무에 대해 깊이 생각하지 않았기 때문이며, 또 경영자가 그렇게 하도록 촉구하지 않았기 때문이다.

매우 유능했던 직원이 어느 날, 울먹이며 전화를 하였다.

"일 년 전, 저는 제 생애에서 가장 좋은 기회를 잡았습니다. 회사가 저를 엔지니어링 부서 관리자로 임명해 주었지요. 그런데 이제 와서 저보고 회사를 그만두라는 겁니다. 사실 저는 그 어느 때보다도 훌륭하게 일을 처리했습니다. 회사가 곧 특허를 얻게 될 세 개의 성공적인 신제품을 실질적으로 제가 거의 고안했거든요."

새로운 직위에서 실패를 하고 나면 대부분의 사람이 이렇게 말한다.

"나는 일을 올바르게 했어야 했어. 사실 승진하기 전까지 노력했던 것보다 더 많이 노력했어야 하는데……."

대부분의 사람이 직위가 달라지면 마땅히 다른 새로운 행동방식이 요구된다는 사실을 깨닫지 못한다는 것이 문제이다.

오래 전 피터 드러커가 직장인 생활을 할 당시, 그의 상사는 책임질 일이 많은 고위직에 피터 드러커를 승진시키고는 4개월 동안 그를 지켜보고 있었다. 상사가 그 사실을 상기시켜 주기 전까지 피터 드러커는 그 전에 해오던 방식대로 일을 하고 있었다. 고맙게도 그의 상사는 피터 드러커에게 새로운 직무는 과거와는 다른 행동, 다른 관점 그리고 다른 인간관계를 요구한다는 점을 이해시키는 것이 상사 자신의 책임이라는 것을 알고 있었다.

고위험 의사결정

※ ※ ※

비록 앞에 열거한 모든 원칙과 단계를 잘 따른다 하더라도 여전히 몇몇 인사는 실패를 할 것이다. 인사관리에 관한 의사결정 가운데에는 언제나 높은 위험 부담이 따르는, 소위 고위험(high-risk) 의사결정이란 것이 있다. 예를 들면, 전문가 조직(연구소, 기술부, 법무부 등)의 경영자를 선발하는 것은 높은 위험부담을 수반한다. 전문영역에서는 능력을 인정받은 사람이 아니라면 구성원들이 쉽사리 상사로 받아들이지 않는 경향이 있다. 그러므로 기술부의 부장을 선발하려고 할 때에는 그 선택 대상을 기술부에서 가장 탁월한 엔지니어로 한정해야 한다. 그러나 최고수준의 엔지니어라는 사실과 부장으로서의 업무 사이에는 아무런 상관관계가 없다. 유능한 현장감독이 본사 스태프 부문의 책임자가 되었을 때도 마찬가지다. 생산현장에 종사하는 사람들은 대부분의 경우 스태프 업무수행에 따르는 긴장감, 압박감, 인간관계 등에 잘 적응하지 못한다. 그리고 그 반대인 경우도 마찬가지다. 지역담당 판매부장으로서는 최상의 성과를 올렸던 사람이 한 단계 승진하여 시장조사, 판매예측 등의 업무를 맡겼을 때 새로운 업무에서는 전혀 실력발휘를 하지 못할 수도 있다.

우리는 어떤 성향의 사람이 새로운 환경에 적합한지 테스트를 하거나 예측할 수 있는 방법을 알지 못한다. 그저 경험을 통해 확인할 수 있을 뿐이다. 따라서 승진이나 부서 이동의 인사 결과가 바람직하지 못하다는 결론이 내려지면 그 의사결정을 내린 경영자는 즉시 그 잘못을 바로 잡아야 한다. 그리고 그 경영자는 다음과 같이 말해야 한다.

"내가 실수를 했군. 그것을 바로잡는 것도 나의 임무다."

특정 직무를 수행할 수 없는 사람을 그 직무에 잘못 배치해 놓고도 그 대로 내버려두는 것을 온정을 베푸는 것이라고 착각해서는 안 된다. 어떤 사람이 적절하지 않은 직무에 배치되었음이 드러났을 때의 가장 올바른 해결책은 그 사람을 예전의 직무나 그 직무와 비슷한 다른 직무에 다시 배치하는 것이다. 사람만큼 소중한 것이 없다는 것을 경영자는 알아야 한다. 사람은 도구가 아니다. 그러나 간혹 기업의 목적을 이윤추구라고 생각하는 경영자들은 사람을 아직까지 도구쯤으로 생각하는 경향이 있다.

기업의 유일한 목적이 고객을 창조하는 것이라면 그 목적을 달성하기 위해 함께 하는 모든 사람도 고객이다. 경영자의 실수로 빚어진 인사사고로 인해, 고객을 만족시키기 위해 함께 일한 그 직원과 가족은 고통을 받는다. 그리고 그 직원과 관계된 많은 사람에게 적지 않은 상처를 주게 된다는 것을 모든 경영자는 알아야 한다. 성서에는 한 영혼이 천하보다 귀하다는 구절이 있다. 하지만 오늘날 사회부문의 조직들을 포함한 경영자들 중에는 사람을 소중하게 생각하지 않는 경영자도 있는 것 같다. 조직이 돈을 벌기 위해, 또는 어떠한 목적을 달성하기 위해 사람들(구성원들)이 존재하는 것이 아니다. 사람들(구성원들)이 존재하기 때문에 돈을 벌어야 하고 목적을 달성해야 하는 것이다. 깊이 생각해보면 이것이 진리임을 알 수 있다. 그러나 많은 경영자가 이러한 진리를 깨닫지 못하고, 혹은 알더라고 가볍게 여기는 것이 더 큰 문제이다. 오늘날 위대한 조직문화를 가지고 세계적인 브랜드를 자랑하는 기업들은 모두 사람을 귀하게 여기는 진리를 따르고 있다. 무궁화 인재경영의 근본가치인 사랑을 다시 생각하고 실천할 때이다. 이 근본적인 가치가 경영자의 마음 한가운데에, 조직의 중심에 자리 잡지 않으면 그 어떠한 노력도 오래가지 못할 것이다.

그동안 성공적으로 일해 왔던 사람들을 연속적으로 실패하게 만드는 직무가 있다면 그 직무는 '과부제조기'임을 명심하라. 과부제조기는 피터 드러커가 종종 사용한 표현방식이다. 아무리 잘 설계되고 건조되었다 해도 범선이 치명적인 사고를 일으키기 시작하면 선주들은 그 범선을 다시 설계하거나 건조하는 대신 가능한 빨리 폐기 처분해 버린다고 한다. 피터 드러커는 유능한 사람조차 실패할 수밖에 없는 직무를 과부제조기에 비유했다. 그럴 때 책임 있는 경영자라면 헤드헌터를 찾아가 만능의 천재를 구해달라고 해서는 안 된다. 그가 해야 할 일은 과부제조기가 된 해당직무를 제거하는 일이다. 유능한 사람이 성과를 올릴 수 없는 직무라면 누구를 배치해도 결과는 마찬가지일 것이다. 그런 직무를 그대로 둔 채 세 번째 사람을 배치한다면, 그 사람이 어떤 사람이든 간에 앞의 두 사람과 마찬가지로 실패를 하는 것은 불을 보듯 뻔한 일이다.

경영자에게 있어 인사관리에 대한 올바른 의사결정은 조직을 효과적으로 통제하는 궁극적인 수단이다. 인사관리에 대한 의사결정은 경영자의 유능함과 무능함을 모든 구성원에게 보여주는 영역이라 할 수 있다. 경영자의 결정은 모두에게 분명하게 즉각적으로 드러난다.

누군가 승진을 하게 되면 직원들은 그 사람이 그 자리에 앉을 적합한 자격을 갖췄는지 아닌지를 바로 판단한다. 만일 승진한 사람이 타고난 정치적 기질 때문에 승진을 했다면 직원들은 그것으로 경영자를 판단하고, 조직을 판단한다. 그러면 결국 잘못된 인사관리는 직원들의 신뢰를 무너뜨리고 의욕을 상실시켜 겨우 맡은 직무만 해내는 비생산적인 직원들로 가득 차게 되거나, 아니면 정치적 기질을 가진 사람들로 채워지게 될 것이다.

공정한 인사를 위해 최선의 노력을 기울이지 않는 경영자는 조직의 성과에 해를 끼치는 것 이상의 잘못을 하고 있다. 그들은 구성원들이 갖고 있는 조직에 대한 경외감을 훼손시키고 있는 것이다.

경력개발을 지원하라

⊙ ⊙ ⊙

'공정한 인사관리시스템'이 성실한 무궁화인재들을 위한 조직문화를 구축함에 있어 매우 중요한 경영철학임을 알았다. 다음은 개인의 '경력개발'을 지원하는 것에 대한 내용을 살펴보고자 한다.

경력개발은 무궁화인재들의 총체적인 삶에 관심을 갖는다는 의미라고 말할 수 있다. 경영자가 조직에서 일하는 구성원들의 총체적인 삶에 관심을 갖는다는 것은 구성원들로 하여금 신뢰를 얻을 뿐 아니라, 업무에 대한 몰입과 충성도, 자발적이고 적극적인 업무태도를 볼 수 있게 한다. 경력개발을 지원한다는 것은 구성원들로 하여금 자신의 삶의 총체적인 비전을 설계하도록 도와주고, 또한 조직의 목표달성을 위한 자

• 목표관리와 자기관리에 의한 경영철학의 핵심은 무엇이라고 생각하는가?

• 개인과 조직이 조화를 이루는 방법은 무엇인가?

• 피터 드러커의 가르침을 통해 무엇을 느꼈는지 어떠한 생각을 하게 되었는지 앞으로 우리 조직의 문화와 시스템을 어떻게 개선해 나가야 하는지 경영자노트에 작성해보자.

• 우리 조직의 인사관리시스템은 어떻게 작동되고 있는가? 효과적인 인사관리를 위한 의사결정 5단계를 조직 내에 정착시킨다면 어떤 결과를 가져오겠는가?

• 공정한 인사관리시스템을 만들기 위한 나의 계획과 실천은 무엇인가?

신의 공헌이 자신을 더욱 역량 있는 리더로 성장시키고 있음을 알게 해주고, 스스로 역량을 더욱 개발해 나가도록 지원해주는 것이다.

일반적인 경영자들은 직원들이 회사업무에 어떻게 기여하고 성과를 내고 있는가에만 관심을 갖는다. 하지만 피터 드러커는 근로자들의 은퇴 후의 설계까지를 요구하고 있다. 이는 이러한 준비들이 회사업무에 방해가 되는 것이 아니라 오히려 도움이 된다는 전제를 깔고 있는 것이다. 실제로 미래를 설계하고 미래를 준비하는 사람들은 무엇보다 안정감을 느낄 수 있다. 그렇기 때문에 미래의 멋진 삶을 위해 오늘 하루에 더욱 충실할 수밖에 없다.

반대로 미래가 불분명하고 막막하다면 하루하루가 불안할 수밖에 없다. 또 지나치게 회사에 의존하게 되면 자발성과 적극성이 떨어지고 조직의 분위기 파악, 또 조직의 요구에 맞추기 위해 눈치 보기에 급급할 것이다. '해고당하면 어떡하지.'라는 걱정을 안고 살아가는 직원에게 창의성을 기대하기란 어려운 일이다.

경영자는 직원들이 은퇴 후 대비를 위해 무언가를 준비하고 노력하는 것에 대해 지원해주고 격려해주어야 한다. 이런 배려가 직원에 대한 경영자의 진정한 사랑이요, 직원에게 있어서는 가장 큰 복지이며, 회사에 대한 충성도를 더욱 향상시켜 결국 회사와 직원이 함께 성장하는 유익한 결과를 가져다주게 될 것이다.

직원들을 격려하라. 총체적인 비전을 설계하여 미래를 준비하고 명작 같은 인생을 살아갈 수 있도록 격려하고 응원해주어라. 직원들이 신바람 나서 일하게 될 것이다.

무궁화인재들의 성장과 변화

⊕ ⊕ ⊕

유능한 경영자는 인재들의 성장과 변화에 큰 관심을 가질 뿐 아니라 최선의 노력을 기울인다. 직원들은 자신이 성장한다고 느낄 때 보람과 행복감을 느끼고 상사에 대한 신뢰와 동료에 대한 신뢰가 더욱 돈독해진다. 공정한 인사관리와 효과적인 인사관리를 통해 직원들이 마음껏 능력을 발휘할 수 있도록 도와주고 또 지속적인 학습을 통해 배우고 성장할 수 있도록 지원해주어라. 그러면 그들은 회사에 대한 자부심은 물론 업무 몰입과 성과향상으로 보상해줄 것이다.

그렇다면 이런 무궁화인재들을 위한 교육체계는 어떻게 세워야 하는지, 무궁화인재개발을 위한 시스템은 어떻게 구축할 것인지를 알아보자.

먼저 무궁화인재 5대 핵심가치와 역량을 키우기 위한 교육을 정기적으로 갖는 것이 무엇보다 중요하다. 기본이 튼튼하면 그 어떠한 것도 시너지로 작용할 수 있다. 교육시스템을 구축함에 있어 꼭 돈을 많이 들일 필요는 없다. 하지만 지금도 많은 경영자가 예산을 핑계로 교육비를 줄이거나 그저 사외 강사를 초청해 특강을 하는 정도로만 하고 있는 것 같다. 할 수만 있다면 유능한 HRD부서를 만들어 기업의 경영전략에 맞춰 구성원들을 유능한 인재로 양성해야 한다. 이때 무엇보다 경영자의 마음이 중요하다. 기업의 자금 사정이 다소 좋지 않더라도 얼마든지 인재를 양성할 수 있다.

지식경영시스템을 도입하라. 경영자들을 위한 교육시스템구축, 구성원들을 위한 교육시스템구축 큰 비용을 들이지 않고 구축할 수 있다.

바로 독서와 토론을 통한 학습법이다. 사람은 자기의 틀(지식, 경험) 안에서 책을 보게 되므로 훌륭한 저자들의 책을 온전히 학습하는 데는 한계가 있다. 따라서 좋은 책을 반복해서 읽고 체계적으로 정리한 후 토론을 통해 다른 구성원들과 상호 간에 느끼고 깨달은 바를 공유하면 좋다. 그러면 자신이 미처 보지 못하고 깨닫지 못한 부분들도 학습하게 되는 이른바 360도 교육효과를 얻을 수 있다.

지식경영시스템은 한 분야의 최고 대가들을 초빙해 이루어지는 교육 시스템이다. 책을 통해 한 분야의 최고의 대가를 만날 수 있는 것이다. 한 분야의 최고 강사를 모시려면 엄청난 비용이 든다. 가령 경영의 대가 게리 해멀의 경우, 한 시간 강의에 강의료만 최소 1억 원에 가까운 비용을 지불해야 한다. 하지만 책을 통해 만나면 더 많은 노하우와 지식을 얻을 수 있다. 존경하는 사람을 만날 때 우리의 가슴이 설레는 것처럼, 좋은 책을 만날 때도 그런 설렘으로 만나보도록 하자.

무궁화인재독서법의 핵심은 마음 자세에 있다. 무궁화의 가치를 알면 쉽게 알 수 있는데 무엇보다 자신과 기업의 사명을 완수하겠다는 굳은 결의를 가져야 한다. 그리고 자신의 지식을 축적하는 것보다 자신이 얻은 지식으로 어떻게 공헌할 것인가. 여기서 얻은 지식을 어떻게 공유할 것인가를 생각해야 한다. 그리고서 구체적인 독서의 방법을 이해하는 단계로 넘어가는 것이다.

독서를 할 때는 전체를 구조화하여 읽는 통찰이 필요하다. 그러기 위해서는 제목, 소제목, 글쓴이의 의도 등을 정확히 파악하겠다는 자세로 읽어야 한다. 책에는 저자의 지식과 경험, 노하우가 담겨 있다. 그러므로 책을 읽는다는 것은 곧 저자와의 소통, 즉 깊은 대화를 하게 되는 것이다. 책은 반복해서 읽으면 좋다. 중요한 것을 찾아낸다는 마음으로 집중해서 읽어야 한다. 저자의 의도, 저자가 핵심적으로 강조하고 싶어 하는 것, 궁극적으로 전하고 싶어 하는 것이 무엇인지 찾아내겠다는 생각으로 집중한다. 마지막 단계에서는 전체 내용이 어떻게 구조화되어 있으며, 이 글을 통해 저자가 궁극적으로 전하고자 하는 메시지는 무엇인지, 또 내가 얻은 주요지식은 무엇인지를 요약해보라. 많이 읽는 게 중요한 것이 아니라 얼마나 내가 전체를 구조적으로 이해했고 그 핵심을 파악하고 있는지가 중요하다.

다음으로 중요한 것은 어떻게 적용하는가이다. 어떻게 적용시킬 것인가도 작성해보자. 이 단계가 끝나면 바로 무궁화인재 '토론법'으로 들어갈 수 있다. 이때는 겸손한 자세, 즉 배움의 자세가 중요하다. 다른 동료들에게서도 배우겠다는 자세, 내가 놓친 부분은 없는지, 다른 동료들은 책을 통해 무엇을 얻었는지, 어떠한 관점에서 무엇을 보았는지, 무엇을 핵심내용으로 보았는지 이러한 기대감으로 경청을 하는 것이다. 처음 할 때는 조금 서투를 수도 있고 미흡할 수도 있지만 포기해서는 안 된다.

이러한 교육시스템이 조직 내에 잘 구축된다면 이보다 강력한 교육시스템은 없을 것이다. 이런 교육시스템을 구축하기 위해서는 인재개발팀과 퍼실리테이터가 필요하다. 가르치는 사람이 아닌 장려하고 촉진시키는 사람이 필요하다. 인재개발팀에서는 교육프로그램을 설계하고 설계된 프로그램을 진행할 퍼실리테이터를 양성해야 한다.

• 우리 기업의 경영자들은 구성원들의 총체적인 삶에 얼마나 많은 관심을 가지고 있는가?

• 구성원들의 경력개발을 지원하지 못하는 이유가 있다면 어떠한 이유인가?

• 구성원들의 경력개발을 지원하기 위해 어떠한 계획과 실행이 필요한가?

• 구성원들의 성장과 변화를 방해하는 요소는 무엇인가?

• 구성원들과 경영자들이 함께 성장하는 경력개발 시스템을 생각해보고 경영자노트에 작성해보자.

제 4 장

무궁화인재들을
지원하는 경영시스템:혁신

혁신은 가치를 낳는다. 새로운 것은 단지 일시적으로 흥미를 끌 수 있을 뿐이다.
많은 조직이 매일 같은 일을 하고, 매일 같은 것을 만드는데 이골이 나서
새로운 것이 나타나면 그것에 몰두한다.
그러나 혁신이 아닌지는 생산자의 취향으로 결정되는 것이 아니다.
고객이 그것을 원하는가, 그리고 그것에 기꺼이 돈을 지불하는가에 따라 결정된다.
『21세기 지식경영(Management Challenges for the 21st Century)』

무궁화에서 배우는 혁신의 자세

⊛ ⊛ ⊛

무궁화인재들이 추구하는 세 번째 핵심가치는 '혁신'이다. 조직의 사
명선언문을 전 구성원이 동참하여 작성하고 '성실'의 가치가 조직에 정
착되어 간다면 이제는 혁신의 가치가 전 구성원의 뇌와 몸에 뿌리내리
게 할 차례이다.

대부분의 경영자들이 조직문화를 만들어가는 과정에서 실패하는 데
에는 이유가 있다. 사명과 성실의 가치가 뿌리 내리지 않은 상태에서
구호나 각종 캠페인, 인기 강사들이 진행하는 연수 등으로 조직문화를

만들고자 하기 때문이다. 이는 모든 수고가 시간낭비나 에너지낭비로 끝나게 만들 수도 있다. 무궁화인재들의 조직문화를 위해 사명과 성실을 뿌리내리게 했다면 이제 다음단계로는 경영자들이 조직적 차원에서 전 구성원이 혁신하는 시스템을 만들어가도록 해야 한다. 사명과 성실이 조직 내에 뿌리내리고 나면, 혁신은 구성원들에게 고통스러운 작업이 아니라 즐겁고 신명나는 작업이 될 것이다.

혁신의 가치는 피터 드러커의 경영철학 중 핵심이라고 할 수 있는 것으로 무궁화에서 발견한 혁신의 가치와 너무도 많이 닮아 있다. 이 책을 쓰게 된 동기 또한 바로 이 혁신에서 영감을 얻은 것이다. 무궁화는 성실함과 혁신의 가치를 있는 그대로 보여준다. 아침에 피었다가 저녁이 되면 다시 오므라져 떨어지고, 다음 날 아침이면 새롭게 피어나는 무궁화는 바로 성실과 혁신 그 자체라고 할 수 있다. 위대한 혁신 경영자가 되고 싶다면 무궁화의 이러한 모습을 마음에 새겨야 할 것이다.

이번 장에서는 피터 드러커의 기업의 목적을 달성하기 위한 핵심 기능인 혁신에 대해 살펴볼 것이다. 피터 드러커는 혁신과 마케팅을 매우 중요하게 생각해 크게 다루었다. 이곳에서 피터 드러커가 이야기한 혁신의 모든 것을 다룬다는 것은 불가능하겠지만, 혁신에 대한 피터 드러커의 핵심적인 이론과 철학을 정리·전달하려 노력하였다. 이번 장에서 혁신을 추구하는 무궁화인재들을 지원하기 위한 기본적인 혁신시스템을 구축하는 법을 익히게 될 것이다. 만약 혁신에 대해서 더 깊이 있는 학습을 원하는 독자가 있다면 『기업가정신』과 『창조하는 경영자』를 읽어보기 바란다.

고객창조와 혁신

❀ ❀ ❀

기업의 목적인 고객창조와 고객만족을 위해 모든 구성원이 각자의 강점으로 공헌했을 때 기업은 비로소 성장하게 된다. 기업은 고객을 창조하고 고객을 만족시킨 결과 이익이 발생하게 되는 것이며, 그 이익으로 다시 고객을 창조해나가는 선순환구조를 갖게 된다. 이런 선순환 구조를 갖기 위해 반드시 필요한 것이 혁신과 마케팅이다. 마케팅은 고객의 니즈를 파악해서 그들이 만족할 수 있는 가치를 제공하는 행위로, 기업이 고객을 창조하기 위해서 없어서는 안 될 기능이다.

한편 혁신은 고객의 필요를 충족시킬 뿐만 아니라, 한발 더 나아가서 고객이 만족할 만한 가치를 창출하는 활동이다. 마케팅 없이는 사업성과를 올리지 못하며, 혁신 없이는 기업의 미래가 보장되지 않는다. 기업이 성장하기 위해서는 마케팅과 혁신이 반드시 필요하다. 고객창조를 위해 올바른 마케팅과 혁신을 수행했을 때 기업은 성장할 수 있다. 고객이 가치 있게 생각하는 것이 무엇인지, 고객이 무엇을 원하는지 고객 입장에서 생각하는 정신을 모든 구성원이 가져야 한다.

혁신이란 인적·물적·사회적 자원에 더욱 많은 부를 창출하도록 새로운 능력을 부여하는 것이라고 정의할 수 있다. 이것을 바꾸어 말하면 '미래의 새로운 고객을 창조하는 것'이 혁신의 본질이라고 할 수 있다. 혁신을 실현하려면 기업전략의 일환으로써 혁신을 위한 체계적인 기능을 조직에 도입해야 한다. 중요한 것은 미래에 무엇을 할 것인가가 아니라 미래를 창조하기 위해 현재 무엇을 할 것인지를 생각해야 한다.

혁신은 단순한 기술적 발명만을 의미하는 것이 아니라 고객창조를 위해 시장에 초점을 맞추는 것이다. 가령 식품의 동결방지 기능을 앞세워 에스키모에게 냉장고를 판매하는 것도 일종의 혁신이다. 이처럼 시장에 초점을 맞춰 혁신에 성공한 사례는 결코 적지 않다. 시장에 초점을 맞출 줄 아는 기업은 혁신의 기회를 발견하는 요령을 알고 있다.

피터 드러커는 "혁신은 우연히 찾아오는 것이 아니라 조직이 혁신의 기회를 알아볼 수 있을 때 일어난다."라고 말했다. 혁신을 일으킬 때는 몇 가지 특징적인 징후를 보고 기회를 포착할 줄 알아야 한다. 가령, 수요는 증대하는데 이익이 늘지 않는 경우에 대해서 생각해보자. 이럴 때는 제조, 공정, 제품, 유통경로 등에서 혁신할 수 있는 기회라고 생각할 수 있다. 또 인구의 변화나 경제나 시장의 형성과정이 여러 단계로 나뉘고 심한 격차가 보일 때 그 안에 기회가 있음을 알아야 한다. 이러한 혁신의 기회를 놓치지 않기 위해 조직에서 실행되어야 할 것은 바로 '체계적인 폐기'이다. 혁신을 구체화해 정착시키기 위해서는 기존의 것은 낡은 것이라는 가정하에 '새롭고 다른 것'을 창조해야 한다.

무궁화의 특성을 다시 한 번 살펴보자. 아침마다 새롭고 늘 새로운 무궁화는 그 혁신의 정신과 성실함이 탁월하다. 인류를 위해 약 260여 일 동안 겸손함으로 준비하고, 100일 동안 군자와 같은 성실함과 충성된 마음으로 아침에 피고 저녁에 짐을 반복하여, 한 나무에서 자그마치 만 송이의 꽃을 피운다. 기업은 이러한 무궁화의 혁신을 배워야 한다. 곳곳에 무궁화를 심어 두고 볼 때마다 혁신에 대해 생각했으면 한다. 무궁화처럼 늘 새로운 마음으로 가정을 위해, 내가 속한 조직을 위해,

• 우리는 고객창조를 위해 어떠한 혁신을 추구하고 있는가?

• 혁신을 위한 구체적인 방법을 알고 있는가?

• 우리 조직에서 개선해야 할 점은 무엇인가?

• 체계적인 폐기에 해당되는 대상에는 어떤 것들이 있는가?

[혁신형 조직시스템 구축]

사회를 위해, 나라를 위해 공헌하며 살 때, 비로소 우리 사회와 조직은 영원무궁하도록 빛날 것이며 우리의 고객을 포함한 모든 인류에게 평화와 행복을 선물하게 될 것이다.

혁신의 가치를 추구하는 무궁화인재들을 위한 혁신형 조직을 구축하기 위해서는 크게 세 가지 단계를 기억하라. 분석, 탐색, 전략의 순서로 진행되는데, 다시 말하면 현황을 분석하고 기회를 탐색하며 이후 실행전략을 수립해야 한다.

기업의 세 가지 직무분석

۞ ۞ ۞

혁신하는 조직문화를 만들기 위해서는 현재의 기업 상태를 제대로 인식한 후, 사업 분석을 해야 한다. 피터 드러커는 기업의 세 가지 직무에 대해 이렇게 말했다.

"첫째, 현재의 사업에서 성과를 올리는 일, 둘째, 잠재적인 기회를 발견하고 실현하는 일, 셋째, 미래를 위한 새로운 사업을 개발하는 일이다."

이 세 가지 직무는 또 단기적인 일, 중기적인 일, 장기적인 일로 시간의 척도로 분류할 수 있다. 단기적인 일에만 관심을 가지면 미래의 발전을 기대할 수 없고, 장기적인 일에만 중점을 두면 현재의 사업에 위기가 닥칠 수 있다. 기업은 이것들을 동시에 실행해 나가야 하는데 여덟 가지 가설을 전제로 분석하면 큰 도움이 될 것이다. 이러한 기업의 직무는 기업의 성과로 연결된다.

[기업의 세 가지 직무분석]

피터 드러커의 여덟 가지 가설

01 성과와 자원은 모두 기업 외부에 존재한다.
02 성과는 문제해결이 아니라 기회의 개척에 의해 향상된다.
03 최상의 결과를 얻기 위해서는 자원을 문제가 아닌 기회에 투입한다.
04 성과는 실력보다 시장에서의 리더십에 의해 달성할 수 있다.
05 모든 리더십은 쉽게 힘을 잃고 수명이 짧다.
06 기존의 것은 낡아간다.
07 기존의 것은 자원이 잘못 배분되어 있다.
08 집중해야 성과를 올릴 수 있다.

성과를 위한 3대 주요분석

◈ ◈ ◈

현재의 사업성과를 향상시키기 위해서는 세 가지 핵심요인이 필요하다. 그중 가장 중요한 요인은 '제품'이다. 이 제품은 판매할 '시장'이 필요하고, 제품을 고객에게 전달하는 '유통경로'가 확보되어야 한다. 그런데 시장과 유통경로는 기업 뜻대로 관리하기가 어렵다. 따라서 사업성과를 올리려면 제품뿐만 아니라 시장과 유통경로도 분석해야 한다.

[혁신의 3대 주요분석]

피터 드러커는 '제품, 시장, 유통경로'를 성과와 직결되는 세 가지 영역이라고 했다. 기업은 이 세 가지 영역에서 조화를 이루어야 성과를 향상시킬 수 있다. 따라서 사업에서 성과를 올리려면 제품, 시장, 유통경로, 즉 성과와 직결되는 세 가지영역을 분석하고 그 제품에 맞는 시장과 유통경로를 찾거나, 또는 시장과 유통경로에 맞춰 제품을 개발해야 한다.

기회의 초점과 기회의 최대화

◈ ◈ ◈

혁신을 이루기 위해 기회에 초점을 맞춘다면 자연스럽게 시장이 원하는 기업으로 성장할 수 있다. 먼저 시장이 원하는 기업에 대해 생각하고, 그런 이상적인 기업을 목표로 어떻게 사업을 구축할 것인지를 구상한다. 잠재적인 기회를 발견하고 앞으로 나아갈 방향을 정하기 위한 첫 번째 단계는 이상적인 기업을 목표로 설정한다. 이후, 시장이 원하는 이상적인 기업을 그리고 그것을 목표로 기업을 재정비한다. 목표를 설정함으로써 기업의 성과에 대한 기준이 생겨난다. 목표를 기준으로 자기의 성과를 측정할 수 있고, 측정한 결과를 반영하여 현재의 활동을 개선하거나 수정할 수도 있다.

　사업의 기회를 최대화하기 위해서는 우선적으로 실행할 영역을 정하고, 동시에 낡은 것은 폐기한다. 그리고 제품, 시장, 유통경로, 원가중심점 등을 다음 세 가지 영역으로 분류해본다.

사업의 기회를 최대화하기 위한 고려 요소
- 우선적으로 추진할 영역
- 우선적으로 폐기할 영역
- 추진 영역도, 의도적인 폐기 영역도 별 효과가 없는 영역

　분류가 끝나면 우선적으로 추진할 영역과 폐기할 영역에서 무엇을 실행할지 확인한다. 가령 우선적으로 추진할 영역에서는 목표달성을 위한 제대로 된 제품을 만들거나 적절한 활동을 한다. 즉 적절하게 취급되고 있는 제품과 비용에 약간의 변화를 주어 최적의 형태로 만드는 것이다. 이후 최소한의 노력으로 할 수 있는 혁신을 실행한다. 여기서는 이미 가능한 상태가 되었는데도 아직 실현되지 않고 누락된 채로 있는 중요한 것을 찾아 실행한다. 그런 다음에는 최대한 활용할 기회에 현재의 자원(인적자원, 물적자원, 자금 등)을 효과적으로 배정한다. 이때는 인재배치가

경영자 Note

· 우리 기업은 세 가지 영역에서 조화를 이루고 있는가? 조화를 이루기 위해 어떤 노력을 하고 있는가?

· 유통경로를 제대로 확보하고 있는가? 유통경로를 확장하기 위해 어떤 노력을 하고 있는가?

· 세 가지 영역을 분석하기 위한 실행계획을 세워보고 경영자노트에 작성해보자.

· 우리 조직이 생각하는 이상적인 기업은 어떤 것인가? 이상적인 기업을 목표사업의 방향으로 설정하고 있는가?

• 우리 기업에서 우선적으로 추진할 영역에는 어떠한 것이 있는가? 가장 적절한 활동은 무엇인가?

• 최소한의 노력으로 할 수 있는 혁신에는 어떠한 것이 있는가?

• 우선적으로 폐기할 영역에는 어떠한 것이 있는가?

• 자원은 효과적으로 배분하고 있는가? 효과적인 자원 배분을 위해 지금 무엇을 실행해야 하는가?

가장 중요하다. 우수한 인재에게 가장 큰 기회를 제공해야 한다. 우수한 인재부터 우선순위가 높은 기회에 배치한다. 인재가 부족하면 외부에서 영입해서라도 큰 기회에 대처해야 한다. 인재 배치는 전략을 실행할 때 아주 중요한 의사결정이므로 신중하게 생각하고 진행한다.

사업 기회를 발견하라

✦ ✦ ✦

기회에 초점을 맞추려면 기회가 존재해야 하는 법이다. 지금부터 사업 기회를 발견하는 방법부터 검토해보자. 피터 드러커는 사업의 기회를 발견하는 방법으로 세 가지를 들었다.

사업의 기회를 발견하는 방법
- 기업의 약점에서 기회를 발견한다.   • 불균형에서 기회를 발견한다.
- 위협에서 기회를 발견한다.

먼저 첫 번째 방법인 기업의 약점에서 기회를 발견하는 방법부터 살펴보자. 이 방법에서는 기업과 그 기업이 속한 업계의 취약성 또는 성과를 저해하는 것에 주목해야 한다. 그리고 이 약점을 시정할 방법을 구상하여 사업 활성화의 기회로 삼아야 한다. 피터 드러커는 흔히 극복할 수 없다고 생각되는 약점을 생산 공정에서 비롯되는 취약성, 산업의 경제성에서 비롯되는 취약성, 시장의 경제성에서 비롯되는 취약성으로 분류했다. 기업과 업계의 내부에는 유망한 기회가 잠재되어 있으며, 이런 기회에 대응해 나가기 위해서는 반드시 혁신이 필요하다.

[사업기회의 발견]

기회를 발견하기 위한 두 번째 방법은 기업과 사업에서 불균형적인 요소를 찾아서 그것을 기회로 바꾸는 것이다. 불균형적인 요소는 기업 활동의 모든 면에서 발견할 수 있다. 마케팅 조직의 규모와 성과의 불균형, 사업 규모에 비해 지나치게 많은 연구개발비, 유통비용과 유통경로 간의 불균형, 자원 배분의 불균형 등 다양하다. 불균형의 원인과 현황을 잘 관찰하면 큰 기회를 포착할 수 있다.

기회를 발견하기 위한 세 번째 방법은 기업과 업계에 위협이 되는 요소를 기회로 전환하는 것이다. 피터 드러커는 위협을 기회로 바꾸기 위해서는 사업에 해가 된다고 생각했던 것을 수용할 방법은 없는지, 그것들이 정말로 유해한 것인지, 의문을 갖고 그 답을 구해야 한다고 했다.

위협을 기회를 바꾼 좋은 예로써 '클릭 앤 모르타르(Click and Mortar)'를 들어 설명할 수 있다. 클릭 앤 모르타르란, 브릭 앤 모르타르(Brick and Mortar) 벽돌과 모르타르로 지은 기존의 점포와 마우스의 '클릭(Click)'을 합친 말로, 기존의 점포에서 하던 방식과 전자상거래를 겸하는 곳을 가리킨다.

인터넷이 보급되면서 전자상거래가 대두되자 소규모의 기존 점포는 도태될 것이라는 목소리가 높았다. 그러나 기존의 점포는 이것을 위협이 아닌 기회로 보았고 적극적으로 전자상거래를 도입한 결과 매출 신장에 성공했다. 이런 형태의 점포를 통틀어 '클릭 앤 모르타르'라고 한다.

혁신은 기회를 보는 눈

❀ ❀ ❀

혁신에는 세 가지 종류가 있다. 첫째, 제품 혁신이다. 탁월한 제품이나 서비스를 개발하는 것으로, 일반적으로 생각하는 혁신이 여기에 해당한다. 둘째, 사회 혁신으로 소비자의 행동이나 가치관에 변화를 주는 혁신을 가리킨다. 셋째는 관리 혁신으로, 제품이나 서비스를 제공할 때 꼭 필요한 각종 관리기능과 활동면에서의 혁신을 말한다. 어떤 종류의 혁신이든 혁신을 실현하기 위해서는 기회부터 찾아야 한다.

경영자들은 모든 구성원이 혁신의 기회를 찾을 수 있도록 기회를 제공해야 한다. 피터 드러커는 혁신을 위한 기회를 일곱 가지로 구분했다. 이 일곱 가지 기회를 체계적으로 발견하는 것이 혁신을 실현하는 첫걸음이다. 물론 혁신이란 한순간 번뜩이는 천재의 아이디어에서 시작될 수도 있다. 하지만 이러한 혁신은 되풀이 될 수 없다. 가르칠 수도 배울 수도 없다.

성공적인 혁신은 올바른 분석과 시스템적 접근 그리고 목적의식을 갖고 고된 노력을 기울여야 달성할 수 있다. 한 회사나 산업계는 예상치 못한 성공이나 실패, 불일치, 프로세스상의 필요성, 산업과 시장구조의

	1. 예상치 못한 성공과 실패
제품 혁신	2. 불일치(생산과 분배, 프로세스, 고객행동 등)
사회 혁신	3. 프로세스상의 필요성
관리 혁신	4. 산업과 시장구조의 변화
	5. 인구특성의 변화
	6. 인식(의미와 지각)의 변화
	7. 새로운 지식의 등장

[세 가지 혁신과 일곱 가지 기회]

변화와 같은 네 가지 내부요인을 통해서 혁신의 기회를 포착할 수 있다. 또 인구특성의 변화나 의미와 지각의 변화, 새로운 지식의 등장과 같은 세 가지 외부 요인에 의해 혁신의 기회를 감지하기도 한다. 위험도나 난이도, 복잡성 면에서 차이를 보일지도 모르나 이러한 혁신의 원천은 사실 서로 중복되기도 하며 동시에 한 가지 이상의 요인이 작용할 수도 있다. 그러나 혁신을 감행할 기회는 대부분 이 일곱 가지 요인에서 비롯된다.

피터 드러커가 말한 혁신을 위한 일곱 가지 기회는 크게 기업과 업계 내부에 관한 것과 기업의 외부에서 기인하는 것으로 나뉜다. 기업과 업계 내부에서 기인하는 것으로는 예상치 못한 일의 발생과 불일치 등이 있다. 예상치 못한 일의 발생은 예상치 못한 성공, 예상치 못한 실패 등에서 혁신의 기회를 찾는다는 것이고, 불일치는 기업 내부의 차이에 주목해서 기회를 발견하는 것이다. 혁신을 위한 일곱 가지 기회는 그 나열 순서에 주의한다. 피터 드러커는 이 기회들을 신뢰성과 확실성이 높은 순서대로 나열했다. 단독 기업에서는 관리하기 어려운 외부요인들이 뒤쪽에 나열되는 것은 이 때문이다.

예상치 못한 성공과 예상치 못한 실패

۞ ۞ ۞

'기회'를 각각 구체적으로 살펴보기 전에 '이미 일어난 미래'에 관해 알아보자. 피터 드러커가 말하는 '이미 일어난 미래'라는 것은 『창조하는 경영자』 등 피터 드러커의 여러 저서에서 반복적으로 사용되고 있는 아주 중요한 말이다. 사회적·문화적·경제적인 큰 사건이 발생했을 때, 그것으로 인한 영향이 나타나기까지는 시간이 걸린다. 그러나 현재 이미 변화는 시작되고 있고, 그 결과는 반드시 나타나게 마련이다. 피터 드러커는 이런 종류의 변화를 '이미 일어난 미래'라고 표현했다. 이미 일어난 미래를 발견하고 거기에 적절히 대처함으로써 미래를 대비할 수 있다. 따라서 혁신을 일으키기도 쉽다. 이미 일어난 미래의 대표적인 요인으로는 혁신을 위한 일곱 가지 기회에도 포함되어 있는 인구구조의 변화와 인식의 변화를 들 수 있다. 혁신을 실행할 때는 이들 이미 일어난 미래를 확인하고, 그것이 기업에 미치는 영향을 생각한다. 이미 일어난 미래는 혁신의 기회를 찾을 때 도움이 되는 아주 중요한 요인이다.

피터 드러커는 예상치 못한 일로써 예상치 못한 성공, 예상치 못한 실패, 예상치 못한 외부의 변화를 들었다. 먼저 예상치 못한 성공에 대해 살펴보자.

인간은 보통 오랫동안 계속되어온 것이 옳은 것이라고 생각하는 경향이 있다. 그래서 무언가 예상치 못한 성공이 발생해도 보통은 무시하거나 알아채지 못한다. 하지만 예상치 못한 성공을 거뒀다는 것은 기업에서 추진하는 사업이나 시장, 고객에게서 뭔가 변화가 일어났다는 것을 말해주는 것이다. 예상치 못한 성공은 성공으로 이어질 가능성이 높다는 점에서 위험부담이 적은 기회이다. 따라서 조직에 이를 체계적으로 탐색하는 시스템을 도입하는 것이 좋다. 예상치 못한 실패에 대해서도 관심을 가져야 한다. 그동안 아무 문제없이 순조롭게 진행되던 일에서 뜻밖의 실패를 했다면, 그것은 환경이 변하고 있다는 징후일 수 있다. 이 외에 예상치 못한 외부의 변화에도 주의를 기울인다. 혁신은 외부의 환경 변화와 사업에 관한 기업의 지식이 일치할 때 특히 잘 진행되는 경향이 있다.

불일치에 의한 부조화

혁신을 위한 일곱 가지 기회 중 두 번째는 불일치를 체계적으로 찾아내는 것이다. 불일치는 현재의 상황과 마땅히 그렇게 될 것으로 기대한 상황 사이의 부조화를 말한다. 피터 드러커는 불일치에는 다음과 같은 네 종류가 있다고 했다.

- 성과의 불일치 : 제품과 서비스의 수요는 늘고 있는데, 성과는 거기에 비례하지 않는 상황이다.

- 인식의 불일치: 현실을 잘못 인식하거나, 어떤 상황에서 그것을 실제와 다르게 받아들이는 것을 말한다.
- 가치관의 불일치 : 실제의 가치관과 기대 사이의 불일치이다.
- 프로세스의 불일치 : 공정과 절차의 불일치이다.

프로세스상의 니즈

❀ ❀ ❀

앞에서 살펴본 예상치 못한 일과 불일치는 혁신을 위한, 이미 존재하는 기회이다. 그러나 이번에 설명할 프로세스상의 니즈에서는 아직 현재화하지 않은 혁신의 기회를 찾는다. 여기서 대상으로 하는 잠재적인 니즈는 산업과 기업의 내부에 있는 것이다. 구체적으로는 프로세스상의 니즈, 노동력상의 니즈, 지식상의 니즈, 이렇게 세 종류가 있다. 프로세스상의 니즈는 산업과 기업의 내부에 존재하는 기존의 프로세스상의 문제점이나 불편한 점, 부적절한 점에 대한 것이다. 이것을 확인하고 기회로 삼는다. 가령 요즘은 컴퓨터와 네트워크의 발전으로 재택근무를 하는 사람들을 종종 볼 수 있는데, 이것도 업무 프로세스상의 니즈를 재검토하여 얻은 해결책이라고 할 수 있다. 노동력상의 니즈는 말 그대로 노동력에 대한 기업의 니즈이다. 위에서 언급한 재택근무가 더욱 보급되면 훨씬 다양한 서비스를 네트워크에 의존하게 될 것이다. 화상전화 시장의 경우 재택근무라는 노동력에 대한 새로운 니즈에 의해 크게 신장할 수도 있다. 마지막으로 지식상의 니즈는 연구개발을 목적으로 한 니즈이다. 개발 목적은 분명해지고 있으나 그것을 실현하기 위한 지식은 부족한 상황이다. 지식상의 니즈가 충족되면 종종 대대적인 혁신이 일어난다.

산업구조의 변화

❊ ❊ ❊

산업구조와 시장구조는 모두 시간의 흐름에 따라 변하기 마련이다. 이런 변화의 징후를 빨리 발견하여 기회로 활용하면 혁신으로 직결될 수 있다. 산업과 시장은 시간이 흐르면서 그 구조가 변한다. 따라서 기업은 과거와는 다른 새로운 업무방식을 모색해야 한다. 또 산업구조가 변하는 때는 다른 업종의 기업이 새롭게 진입할 수 있는 기회이기도 하다. 이런 점에서도 기존의 기업은 새로운 대응책을 강구해야 한다. 피터 드러커는 산업과 시장의 구조가 변하는 징후로 다음 네 가지를 들었다.

먼저 '급속한 성장'이다. 어떤 산업이 경제성장이나 인구증가보다 빠르게 성장할 때는 구조 자체에 큰 변화가 생긴다. 또 업계가 성장해서 '그 규모가 어느 시기의 두 배에 달하는 시점'에서도 업계에 큰 변화가 발생한다. 그때까지 통용되던 시장의 상식이 현실에 맞지 않게 되는 것도 이 시기이다. 그리고 '몇 가지 기술이 통합될 때'와 '업무방식이 급속도로 변할 때'도 구조에 변화가 생기는 징후이므로 주의한다.

산업과 시장의 구조가 변하는 징후
- 급속한 성장   • 규모의 변화   • 기술의 통합   • 업무방식의 변화

특정 업계가 10여 년 정도 40% 내외의 성장률을 기록하면서 빠르게 성장할 때 업계 구조는 변한다. 기존기업은 이미 이룩한 것을 방어하는 데 집중하며 신생기업이 도전해올 때 역습을 감행하지 않는 경향이 있다. 시장이나 업계 판도에 변화가 생길 때 업계 수위를 지키던 기업은 빠른 속도로 성장하는 새로운 시장을 계속 무시한다. 변화에 따른 새로운 기회와 기존의 시장분석과 접근, 조직운영 방식이 일치하는 경우는 드물다. 성공적인 혁신가가 되려면 늘 깨어 있어 늘 새로운 마음으로 혁신을 추구해야 할 것이다.

인구구조의 변화

지금까지 설명한 혁신의 기회는 기업과 업계의 내부를 대상으로 한 것이라면, 지금부터는 기업과 업계의 외부에서 발생하는 변화를 소개하려 한다. 그 중에서 특히 주목할 것은 인구구조의 변화이다. 경영자들은 인구요인이 중요하다는 사실은 알지만 인구 통계상의 변화 속도는 느리다고 믿었다. 그러나 20세기의 인구변화 속도는 절대 느리지가 않다. 사실 인구와 연령, 분포, 교육 정도, 직업, 거주지 등의 변화가 초래하는 기회를 포착해 추진하는 혁신이야말로 위험도는 가장 낮은 반면, 돌아오는 보답은 가장 크다고 본다. 앞에서도 설명했던 이미 일어난 미래 중에서도 특히 중요시해야 하는 것이 인구구조의 변화이다. 인구구조의 변화는 가장 역전되기 어려우며, 비교적 이른 단계에서 영향이 나타난다. 때문에 인구의 증감, 연령 구성, 가족 구성, 고용과 수준, 소득

등은 이미 일어난 미래 중에서도 특히 중요한 요소이다.

　인구구조의 변화는 리드타임이 분명한 것이 특징이다. 가령 출생률의 급격한 저하는 5~6년 후 학교 교육에 큰 영향을 미친다. 따라서 이미 일어난 미래로서 인구구조의 변화를 파악한 후에는 리드타임을 확인해서 어떤 사태가 벌어질지 예측해야 한다. 그리고 그것이 기업에 미칠 영향을 생각하고 대책을 강구해야 할 것이다.

인식의 변화

⊛ ⊛ ⊛

　인식의 변화는 바꿔 말하면 세계관과 가치관, 문화의 변화라고 할 수 있다. 피터 드러커는 컵에 들어 있는 물을 예로 들어 인식의 변화를 설명했다. 컵에 물이 반쯤 담겨 있을 때 그것을 보고 '반이 차 있다'고 말할 수도 있지만. '반이 비어 있다'고 말할 수도 있다. 물론 같은 양을 나타내는 말이다. 피터 드러커는 '반이 비어 있다'에서 '반이 차 있다'로 사람들의 인식이 변할 때 혁신의 기회가 생겨난다고 했다. 이때 사람들이 인식을 '반이냐'나 '반밖에'로 결정짓는 것은 '사실'이 아니라 '심리적인 요인'이다. 그리고 심리적인 요인의 변화는 수치화하기 어렵다. 하지만 전혀 생소한 것은 아니며 구체화할 수 있는 것이다.

　원래 육식을 하지 않았던 일본인이 메이지시대에 들어 고기를 먹게 된 것은 문화에 대한 인식의 변화이다. 에도시대에 일본인은 고기를 먹지 않았다. 그런데 막부시대가 끝날 무렵 서양문화가 들어오고서부터 서서히 고기를 먹는 사람들이 생겨났다. 고기를 먹어도 된다는 인식의 변화가 서서히 사회에 침투되었고, 이에 따라 정육점과 고기 요리를 먹을 수 있는 음식점이 생겨나기 시작했다. 또 일반 가정에서도 고기를 먹게 되자 포크와 나이프의 수요가 생겨났다. 이처럼 인식의 변화는 사회의 모습을 서서히 변화시켜 마침내 새로운 문화를 낳는다. 변화를 알아채고 적절한 타이밍에 기회를 포착하면 큰 성과를 올릴 수 있다. 인식의 전환은 사실 자체를 바꾸지 않는다. 그것은 사실의 의미를 아주 급속도로 바꾼다.

새로운 지식의 출현

❀ ❀ ❀

혁신을 위한 일곱 가지 기회의 마지막은 발명과 발견에 의한 '새로운 지식'이다. 발명과 발견은 혁신을 일으킬 수 있는 커다란 기회를 제공한다. 하지만 한 가지 발명 뒤에는 무수한 실패 사례가 있다는 것이다.

지식의 혁신에는 몇 가지 특징이 있다. 먼저 발명이나 발견을 한 후 그것이 혁신으로 이어지기까지의 리드타임이 매우 길다는 것이다. 또한 지식에 의한 혁신은 몇 가지 다른 지식과의 결합에 의해 일어나며, 결합에 필요한 지식이 모두 갖춰지지 않으면 실패로 끝난다.

지식의 혁신은 다음의 조건을 만족시켜야 한다. 우선 지식은 물론이고 그 외에 사회, 경제, 인식의 변화 등 모든 요인을 분석한다. 그런 다음 전략을 실행하고, 뛰어난 매니지먼트로 사업을 관리한다. 지식의 혁신에는 기업가들이 추구하는 꿈과 로망이 있다. 그러나 오랜 기간 참고 견뎌내려면 인내력과 자본이 필요하다. 또 혁신이 일어난 후에 오래도

- 우리 기업과 업계의 취약점은 무엇인가?

- 우리 기업에 불균형적인 것들이 존재하는가?

- 우리의 사업을 위협하는 것에는 무엇이 있는가? 그것은 정말 위협한가?

- 위의 세 가지 요소에서 기회를 찾는다면 어떠한 것들이 있겠는가?

- 피터 드러커가 말한 일곱 가지 혁신의 기회 중에서 우리 조직은 어떠한 기회를 포착할 수 있는가? 또 어디에 집중할 것인가?

- 혁신의 기회를 놓치지 않기 위해서 우리 모두가 함께 노력할 수 있는 일은 무엇인가? 모든 구성원이 혁신의 목표를 수립해보도록 하자.

록 살아남는 기업은 극소수라는 사실을 잊지 말자.

지식기반 혁신은 이루는 데 걸리는 시간과 실패율, 예측성과 기업가에게 제기하는 문제점 등에서 여타 혁신과 구별된다. 지식기반 혁신은 날카롭고, 변덕스러우며, 지도하기가 어렵다. 일례로 모든 혁신 가운데 이것의 리드타임이 가장 길다. 신지식이 등장하고 그것이 기술로 활용되는 데까지는 상당한 시간이 걸린다. 또한 이 신기술이 시장에 제품이나 절차, 서비스로 등장하는데도 한참이 걸린다. 대체로 소요되는 리드타임은 약 50년이며 이 기간은 그간 별로 줄어들지 않았다. 이런 종류의 혁신은 효율을 위해서 종종 하나 이상의 지식이 필요하다.

혁신을 추진하는 조직

혁신을 위한 일곱 가지 기회를 적절히 파악하여 현실에 맞게 실행하려면, 우선 그것을 전제로 한 조직구조를 갖춰야 한다. 이번 장에서는 혁신을 추진하는 조직구축에 대해 알아보고자 한다.

피터 드러커는 지금의 기업이 변화를 긍정적으로 받아들이고, 스스로 변화를 일으키는 체질이 되는 과정을 다음과 같이 정리했다.

- 진부해진 것을 체계적으로 폐기한다. 조직이 혁신에 대응할 수 있게 변화하려면 낡은 것, 이미 쓸모가 없어진 것부터 체계적으로 폐기하는 시스템을 도입해야 한다.
- 현상을 분석하고 파악한다. 두 번째 단계에서는 제품, 시장, 유통

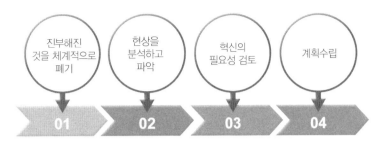

[혁신형 조직구축]

경로, 고객 등의 현재 상태를 분석하고 파악한다.

• 세 번째 단계에서는 어떤 영역에 어떤 혁신이 필요한지 검토한다.

• 계획을 수립한다. 네 번째 단계에서는 세 번째 단계에 대한 계획을 세운다. 무엇을 실행해야 할지 확인하고 거기에 자원을 배정한다.

혁신을 추진하는 조직에는 몇 가지 원칙이 있다. 첫째 기존의 사업으로부터 그 조직을 분리하는 것이 기본이다. 피터 드러커는 아예 처음부터 독립된 사업으로 추진하는 것이 가장 바람직하다고 설명했다. 둘째, 혁신을 추진하는 조직의 최고경영자 자리에는 그 기업 내에서 높은 지위에 있는 사람을 앉힌다. 그리고 그 최고경영자의 지휘 아래에서 모든 활동을 추진하며, 혁신에 관한 책임은 최고경영자와 조직의 구성원이 진다.

혁신을 추진하는 조직에 대한 보상에도 신경을 쓴다. 보너스나 스톡옵션 등의 성공 보수는 사업을 성공시키는 데 강력한 동기부여가 된다. 또 성과를 측정할 때는 기존의 사업과는 다른 방법과 기준을 도입한다. 혁신은 기존의 사업과 수익 패턴이 다르기 때문이다.

피터 드러커는 혁신을 추진해 나가기 위해서는 조직의 기능에 피드백, 정기점검, 종합평가를 도입해야 한다고 말했다. 피드백은 혁신의 성과를 피드백하여 기대하는 성과와 비교하는 것을 가리킨다. 이렇게 함으로써 계획과 현실의 차이를 인식하는 동시에 필요한 시정 조치를 취할 수 있다. 정기점검은 혁신과 관련된 활동 전체를 정기적으로 점검하는 것이다. 어떤 종류의 혁신이 잘 추진되고 있는지, 포기할 것인지, 아니면 기한을 정해 놓고 계속 노력할 것인지 등을 의사결정의 판단기준으로 삼는다. 종합평가는 기업 전체의 목표나 성과와 관련해서 혁신을 검토한다. 혁신의 목표는 기업이 지향하는 방향과 일치해야 한다.

혁신을 추진하기 위해 도입할 기능

• 피드백 : 혁신의 성과를 피드백하여 기대하는 성과와 비교
• 정기점검 : 혁신과 관련된 활동 전체를 정기적으로 점검
• 종합평가 : 기업 전체의 목표나 성과와 관련하여 혁신을 검토

피터 드러커는 성공적인 혁신가는 위험을 추구하지 않는다고 한다. 모든 경제활동이 그러하듯 혁신에도 큰 위험이 따르는 법이지만 성공적인 혁신가는 위험의 내용을 파악하고 그것을 가능한 제한하려고 고군분투한다. 그들은 혁신 기회의 원천을 체계적으로 분석하여 하나의 기회를 포착한 다음 그것에 초점을 맞춤으로써 성공하려 한다. 성공적인 혁신가는 위험에 초점을 맞추는 것이 아니라 기회에 초점을 맞추는 것이다.

• 혁신형 조직을 구축하기 위해서 내가 해야 할 역할은 무엇인가?

• 구성원 모두가 혁신형 조직을 구축하기 위해서 무엇을 해야 하는가?

제 5 장

무궁화인재들을
지원하는 경영시스템:협력

공헌에 집중하면 횡적인 커뮤니케이션이 활발해지면서 팀워크가 향상된다.
자신의 노력이 성과로 연결되려면 누가 그것을 효율적으로
이용할 수 있을 것인가를 묻게 되며,
이것은 명령계통의 상하관계에 있지 않는 사람들의 소중함을 부각시킨다.
『목표를 달성하는 경영자(The Effective Executive)』

협력은 가장 위대한 가치

✿ ✿ ✿

우리가 살고 있는 전국 방방곡곡에 무궁화를 조화롭게 심어보자. 무궁화를 보며 더욱 협력하고 시너지를 내기 위한 마음가짐도 가져보자. 무궁화의 정신으로 하나가 되어야 한다.

"어떠한 사람으로 기억되길 바라는가? 어떠한 조직으로 기억되기를 바라는가?"

우리가 협력하여 위대한 결과를 창출하기 위해서는 반드시 서로의 다양성을 인정하고 서로의 강점을 인정하고 약점을 보완해주어야 한다.

우리가 진정으로 협력한다면 결국 공동의 목표를 달성하고 나아가 고객을 만족시키는 결과를 가져오게 될 것이며 그로 인해 얻은 이익은 세상을 풍요롭고 아름답게 만들어가게 될 것이다.

'협력'이란 위대한 조직을 만들기 위해 반드시 필요한 핵심가치이다. 필자가 강조하고 싶은 것은 무궁화인재들의 조직문화를 만들기 위해서는 사명, 성실, 혁신, 협력, 행복이 같이 돌아가야 한다는 것이다. 이번 장에서는 구성원들이 협력하여 공동의 목표를 달성하고 시너지를 내어 성과를 향상시키고자 한다면, 어떠한 경영철학을 실천해야 하는지 한 번 살펴보고 적용해보려 한다.

지식경영자의 역할

☺ ☺ ☺

협력하는 조직문화를 만들기 위해 경영자들의 퍼러다임과 역할에 대해 다시 한 번 검토해보자.

첫째, 지시와 명령, 감시와 통제의 패러다임을 버리고 진정한 권한 위임과 자발적 선택을 통해 책임의식을 갖도록 문화를 만들어가야 한다.

둘째, 지속적인 학습의 기회를 제공하고 구성원 모두가 성장할 수 있는 학습조직을 만들어야 한다.

셋째, 구성원들이 경영자들을 신뢰할 수 있도록 신뢰문화를 구축해야 한다. 상호 간 신뢰가 없으면 모든 일이 비효과적이고 비능률적으로 흐르게 되어 성과를 내기 어렵다. 또한 신뢰가 없는 환경에서 서로 눈치만 볼 뿐 창의적인 성과를 기대하기는 어렵다.

넷째, 구성원들이 자긍심을 가지고 일할 수 있는 기업환경을 만들어야 한다. 사회적인 평판뿐 아니라 구성원들이 존경할 만한 일들, 즉 사회적 공헌에 힘써야 한다.

다섯째, 구성원들이 마음의 여유를 갖고 일할 수 있는 기업환경을 조성해야 한다. 효과적인 시간관리를 통해 긴급성 위주의 관리가 아닌, 중요성 위주의 관리를 할 수 있도록 지원한다. 또 압박하기보다는 스스로 목표달성을 위해 선택하고 결정할 수 있도록 코칭문화를 만들어가야 한다. 그리고 일과 수입을 보장해주어야 하며 구성원들이 더욱 높은 성과를 창출했을 때는 그에 맞는 보상을 주어야 한다.

무엇보다 사람을 존중하라

◈ ◈ ◈

피터 드러커가 세상을 떠난 지 6개월이 지났을 무렵에, 미국 캘리포니아주 클레어몬트대에서 그의 일생과 학문적 유업을 기리는 심포지엄이 열렸다. 이 행사에 그에게 영향을 받은 많은 기업가와 사회사업가, 정부 부문 책임자들이 모였다. 한국에서는 피터 드러커의 주요 저서를 번역하고 한국에 소개한 이재규 대구대 총장이 참석하였다. 당시 이재규 총장의 심포지엄 참관기를 신문에 소개한 내용을 보면 피터 드러커가 남긴 유산이 어느 정도인지를 알 수 있을 것이다.

심포지엄에 참석한 여러 기업인과 『목적이 이끄는 삶』의 저자 릭 워렌, 『하프타임』의 저자 밥 버포드, LA뮤직센터 책임자 스티브 라운트리 등은 그곳에서 피터 드러커와의 인연이나 경영의 지혜를 나눌 수 있었다고 한다. 또한 그들은 피터 드러커의 저서 『경영의 실제』, 『기업가정신』에서 많은 영향을 받았다고 말했다.

래플리 회장은 "연간 매출액이 600억 달러에 달하는 기업이 생존하려면 지속적인 혁신밖에 달리 방법이 없으며, 혁신의 실천을 하나의 프로세스로 기업 내에 정착시켜야 한다."고 강조했다. 폴 오닐 회장은 "피터 드러커는 종업원을 비용이 아니라 자산으로 취급하라고 권고했는데 이는 종업원의 개발과 훈련에 드는 비용이 손실이 아닌 투자라는 것을 의미한다."고 해석했다. 또 윌리엄 폴라드 회장은 피터 드러커를 처음 만났을 때 그가 "당신의 사업은 무엇입니까?"라고 묻길래 "청소용역, 잔디 깎기, 해충방제, 경비용역 등 사업목록이 수십 가지입니다."라고 말했더니 "모두 틀렸어요. 그런 사업을 하기 위해서는 결국 사람이 필요한데 서비스마스터의 사업은 사람을 선발하고 교육하고 개발하는 것이지요."라고 일갈했다는 일화를 전했다. 그때부터 서비스마스터의 사업은 '사람 비즈니스'가 되었다고 한다.

존 바흐만은 피터 드러커와 얘기를 할 때 근래에 새로 시작하는 사업부터 말을 꺼내면 즉각 "근래에 폐기한 것부터 말해주세요."라고 한다는 것이다. 이는 피터 드러커가 즐겨 말한 '체계적 폐기'이다. 새로운 사업을 하기 위해서는 자본과 시간을 투입해야 하는데 자원을 조달하기 위해서는 외부에서 차입할 것이 아니라 기존 사업에서 더 이상 성과를 달성하지 못하는 것들을 먼저 폐기해야 한다. 위의 사례들은 그야말로 피터 드러커의 철학을 현장에서 적용한 생생한 증언들이다.

폴 오닐 회장은 피터 드러커와의 인연이 무척 깊다. 그는 뉴욕대학대학원생이던 시절 피터 드러커의 가르침을 받았다. 이후 폴오닐은 세계 최대의 알루미늄 회장 겸 CEO로 취임한다. 그는 자신이 실업가로서 성공한 것은 모두 피터 드러커 덕분이라고 했다. 피터 드러커의 전기를 쓰기 위해 그를 1년 반 동안 인터뷰했던 에더샤임 박사는 피터 드러커가 죽은 뒤 오닐을 만났다. 그 자리에서 오닐은 기다렸다는 듯이 색 바랜 종이를 꺼내 들었다. 그것은 바로 피터 드러커의 리트머스 시험지였다. 피터 드러커는 거기에 적힌 세 가지 질문에 직원들이 얼마나 망설임 없이 '네'라고 대답할 수 있느냐에 따라 그 회사에 대한 평가가 달라진다고 했다.

"당신은 존경받고 있는가?"

"당신은 응원받고 있는가?"

"당신이 공헌한 것을 회사는 알고 있는가?"

오닐은 이 질문들을 늘 염두에 두고, 세계 최초로 노동재해 '0'의 회사를 만들려고 노력했다. 위의 세 가지 질문은 모두 사람을 소중히 하라는 교훈을 담고 있기 때문이다. 오닐 회장은 "사람을 소중히 한다면 업무 중에 재해를 입게 해서는 안 된다. 나는 피터 드러커의 가르침에 따라 업무 중 재해를 입지 않는 회사를 만들고자 했다."라고 했다. 물론 오닐의 꿈은 회사 내부에서 뿐만 아니라 산업계 내에서도 미심쩍은 시선을 받아야 했다. 알코아의 노동재해 발생률은 이미 미국 제조업계의 절반 이하였고, 알루미늄 가공산업의 특성상 노동재해 제로는 도저히 무리였다. 그런데 그가 이렇게 말한 후 정말로 회사의 노동재해 발생률은 더욱 낮아졌다. 동시에 실적도 급상승했다.

사업을 성공시키려면 직원들에게 최고의 업무환경을 만들어주어야 한다. 사람을 소중히 하고 존중하는 문화를 만들어야 한다. 모든 성취는 사람에 의해 이루어진다.

무궁화 인재경영 십계명

⊛ ⊛ ⊛

무궁화의 정신을 조직의 경영으로 접목하기 위해 나는 열 가지 핵심원리를 만들어 기업을 돕고 있다. 바로 '무궁화 인재경영 십계명'이다. 십계명은 다섯 가지 핵심가치와 역량을 압축한 것으로 이 십계명을 잘 실천하면 어떠한 조직이라도 무궁화와 같이 많은 사람에게 유익을 선사하는 글로벌 기업이 될 것이다.

무궁화 인재경영 십계명

1. 사명과 비전을 공유한다.
2. 신뢰를 생명처럼 소중하게 생각한다.
3. 개인의 비전실현을 지원한다.
4. 지식을 공유하고 보다 나은 발전을 추구한다.
5. 기적보다는 진지함과 완전함으로 승부한다.
6. 전 구성원의 강점과 잠재력을 발휘하도록 지원한다.
7. 기업가정신으로 무장한 조직을 만든다.
8. 고객이 가치 있게 여기는 것이 무엇인지 항상 생각한다.
9. 전 구성원의 자부심을 강화하도록 한다.
10. 원활한 소통을 위해 구성원 모두가 노력한다.

---

1. 사명과 비전을 공유하라.

어떠한 조직이든 조직이란 사람이 모였을 때 조직이 성립되는 것이고 조직은 사람에 의해 움직인다. 조직이 나아갈 사명과 비전이 설정되었다면 반드시 모든 조직의 모든 구성원이 그 사명과 비전을 공유해야 한다.

사명을 공유한다는 것은 어떤 의미인가? 그것은 모든 구성원이 조직의 가치를 공유한다는 것이고 그 가치를 향한 열정을 공유한다는 것이며, 개인의 비전이 조직에서 실현될 수 있음을 의미한다. 조직은 구성원들의 비전을 존중해주어야 한다. 자신의 비전이 명확한 사람만이 조직의 비전을 제대로 이해하고 공헌할 수 있는 법이다. 또한 조직의 비전을 공유하기 위해 서로에 대한 사랑과 배려, 공헌으로 공동체의식을 끊임없이 강화하도록 모두가 노력해야 한다. 그리고 그것을 완수해 나가기 위한 단계별 목표를 공유하고 각자의 강점으로 공헌해야 한다.

2. 신뢰를 생명처럼 소중하게 생각하라.

조직의 사명과 비전이 실현되려면 조직의 모든 구성원이 한마음 한뜻으로 맡은바 과업을 실행해야 가능하다. 그러기 위해서는 신뢰를 생명처럼 생각하는 조직문화가 만들어져야 한다. 모든 사람이 신뢰가 중요하다는 생각은 많이 한다. 하지만 신뢰를 쌓기란 여간 쉽지가 않고 상호 간에 신뢰하기란 더욱 쉽지 않은 일이다. 신뢰란 구성원들에 대한 관심이며 배려와 존중의 결과이다. 또 신뢰란 회사가 윤리적이고 도덕적이며 구성원들에게 공정하게 대우한 결과이다. 구성원 모두가 신뢰하는 조직문화를 만들려면, 먼저 공정한 경영시스템이 바탕이 되어야 한다. 평가·보상·승진에 대한 공정성이 무너지면 조직의 구성원들이 한마음 한뜻이 되기는 요원한 일이 될 것이다. 이것이 선행되어야만 서로를 존중하는 문화를 만들어낼 수 있다.

그리고 서로가 존중하는 문화 속에서 경영자와 구성원 모두가 함께 성장하는 동반성장 시스템이 형성되는 것이다. 이렇게 조직 내에 단단한 신뢰문화가 형성되면, 구성원들은 무엇을 하든 창의성을 발휘해 생각지도 못한 시너지를 창출할 수 있다. 신뢰가 기반이 될 때 고성과 창출을 목표로 한 가족 같은 조직을 만들 수 있기 때문이다.

3. 개인의 비전실현을 지원한다.

수많은 경영자가 오해하고 있는 부분이 있다. 그것은 경영자들이 구성원들의 개인적 비전이 회사업무에 도움이 되지 않는 무익한 것이라 생각하고 관심조차 갖지 않는다는 점이다. 이는 너무나 잘못된 생각이다. 사람이란 누구나 자아실현의 욕구가 있으며, 이 욕구는 강렬하고 또 강한 동기부여가 된다. 경영자들이 구성원들의 자아실현에 관심을 갖고 지원한다면 지금보다 더 많은 능력을 발휘하게 될 것이다.

그렇게 때문에 경영자들은 구성원들이 개인의 비전이 없다는 것에 대해 경각심을 가져야 하고, 또한 구성원들이 개인의 비전을 먼저 설계할 수 있도록 지원해야 한다. 그리고 구성원들이 개인의 비전을 실현시킬 수 있도록 경영자들은 조직의 능력을 키우고 조직 안에서 자아실현이 이루어질 수 있도록 환경을 조성해주어야 한다. 그렇게 되면 그들은 더욱 자발적이고 또 창의적으로 업무에 몰입해 조직의 생산성을 높이는 결과를 가져다주게 될 것이다.

4. 지식을 공유하고 보다 나은 발전을 추구한다.

전 구성원이 지식을 공유한다는 것은 신뢰가 기반이 되고 비전을 공유했을 때 가능한 이야기다. 자신들이 가진 지식을 아낌없이 서로 나누다 보면 신뢰는 더 커지게 되고, 자신이 가지고 있던 지식은 더욱 확장될 것이며, 서로 간의 지식과 지식이 더하여져서 예상치 못한 놀라운 성과도 나타날 것이다.

대부분의 사람은 자신이 갖고 있는 지식을 혼자만 간직하려는 심리가 있다. 전해주더라도 일부분만 전해주고자 한다. 이것은 무언가 부족의 심리가 작용하기 때문이다. 내 지식을 빼앗긴다고 생각하는 것이다. 하지만 지식은 아낌없이 주는 만큼 스스로 더 노력하여 채우게 되고 또다른 구성원들에게 그 이상을 얻을 수 있다. 이때 중요한 것은 다른 사람들에게 도움이 되기를 바라는 진심어린 마음이 중요하다. 일방적으로 아무 때나 주는 게 아니라 조직 내에서 학습문화를 조성하여 학습팀을 만들면 좋다. 같이 공부하고 서로 자신이 알고 있는 것을 가르쳐보기도 하고, 각자의 관점에서 얻은 것을 토론하고 배운 내용을 어떻게 적용시킬 것인지 이야기하다 보면 혼자서 할 때는 얻을 수 없었던 새로운 지식과 지혜를 얻게 될 것이다.

5. 기적보다는 진지함과 완전함으로 승부한다.

성실한 인재들은 결코 기적이나 요행을 바라지 않는다. 어떠한 일을 하여 성과를 얻기 위해서는 그 일에 '몰입'해야 한다. 일에서 '즐거움'을 찾아야 하고, 무언가를 배우며 성장해 나간다는 경험을 해야 한다. 혼자 독자적으로 일하는 것이 아니라 내가 하는 일 하나하나가 전체 조직에 공헌하고 있다고 생각해야 한다.

피터 드러커가 말한 세 명의 석공이야기를 기억하고 늘 생각하라. 내가 하는 일이 전체에 영향을 미치게 되고, 결국 나의 공헌의 결과가 전체적인 성과를 냈다고 생각되면 더욱 진지해지고 일에 몰입할 수 있게 될 것이다. 진지함과 완전함만이 위대한 조직을 만들어가는 유일한 길임을 명심하자.

6. 전 구성원의 강점과 잠재력을 발휘하도록 지원한다.

경영자들은 구성원들의 강점을 극대화하여 그들이 강점으로 공헌할 수 있도록 지원해야 한다. 또한 구성원들에게 자신감을 심어주고 자존감을 세워주어 그들이 갖고 있는 잠재력을 끌어낼 수 있어야 한다. 이는 어려운 일이 아니다. 구성원들을 대하는 태도, 그리고 관점을 바꾸면 된다. 그들을 신뢰하고 격려하라. 성취감을 맛보게 하라.

7. 기업가정신으로 무장한 조직을 만든다.

모든 구성원이 기업가정신으로 무장한다면 이 기업은 실로 머지않아 세계적인 기업이 될 것이다. 이것은 경영자라면 누구나 바라는 것이지만 모든 구성원이 기업가정신으로 무장한다는 것은 결코 쉽지 않은 일이다. 주인의식을 가지라고 이야기하고 또 교육을 시킨다고 해서 될 일이 아니다. 오직 구성원들이 자발적으로 선택할 수 있는 사항인데 그것은 의식의 성장과 함께 구성원들의 만족도가 올라갈 때 가능하다. 신뢰가 기반이 되어야 하고 또 공정한 시스템이 기반되어야 한다. 구성원들 간의 공동체의식이 있어야 하고 공헌하는 마음자세가 되어야 한다. 회사에 대한 자부심이 있어야 하고 자신이 최선을 다한 만큼 보람을 얻을 수 있어야 한다.

구성원들의 마음을 얻는다는 것은 돈으로 할 수 있는 쉬운 일이 아니다. 구성원들의 마음을 얻는다는 것은, 쉽다 어렵다의 문제가 아니다. 그것은 구성원들의 심리적 욕구인 인정과 존중이라는 단어에서 해답을 얻을 수 있다. 에이브러햄 매슬로의 욕구단계를 보면 사람은 의식주의 문제가 해결되고 나면 그 다음은 소속의 욕구, 존중과 인정의 욕구 그리고 자아실현의 욕구단계로 오르게 된다.

여기에서 모든 경영자가 생각해야 할 것이 있다. 바로 존중이다. 존중! 단어는 짧지만 매우 중요한 단어인 만큼 모든 경영자의 마음속에 깊이 새겨야 할 것이다. 존중이 무엇인지 생각해보고 실천해야 한다. 그리고 아낌없이 칭찬해주고 격려해주고 인정해주어야 한다. 신뢰받고 존중받고 인정받을 때 비로소 기업가정신이 온전히 싹트게 될 것이다. 이러한 심리적 욕구가 충족되었을 때 회사에 대한 충성도가 높아지고 신바람 나게 일할 수 있게 되는 것이다.

8. 고객이 가치 있게 여기는 것이 무엇인지 항상 생각한다.

기업의 유일한 목적은 고객창조임을 명심해야 한다. 고객창조라는 목적을 달성해야 지속적으로 이윤이 발생하고 회사가 건실해지고 구성원들의 삶의 질이 향상된다. 또 그 이윤은 다시 고객창조활동을 위해 사용되는 선순환 이익구조를 만들어주며, 그 이익은 다시 기업의 사회적 공헌으로 이어져 사회와 고객으로부터 환영받는 브랜드를 갖게 되는 것이다.

"우리는 고객이 가치 있게 생각하는 것이 무엇인지 끊임없이 생각하고 있는가?"라는 질문을 던지며 목적에서 벗어나지 않도록 해야 한다.

9. 전 구성원의 자부심을 강화하도록 한다.

구성원들의 동기를 더욱 강력하게 만드는 것이 있는데 그것은 바로 자부심이다. 자부심을 가진 사람과 그렇지 않은 사람은 그 마음부터 다르고 태도가 다르다. 자부심의 사전적 정의를 보면 '자기 자신 또는 자기와 관련되어 있는 것에 대하여 스스로 그 가치나 능력을 믿고 당당히 여기는 마음'이라고 한다. 자부심이 강한 사람일수록 충성도가 높고 업무 몰입도가 높다. 이것은 곧 생산성향상으로 이어진다.

자부심으로 인한 신념은 어떠한 불가능도 극복할 수 있는 힘을 발휘하게 해준다. 그렇다면 구성원들로 하여금 자부심을 갖게 하려면 어떻게 해야 하는가. 그것은 먼저 회사가 구성원들이 자부심을 가질 만한 가치 있는 기업이 되어야 한다. 즉 고객창조와 사회공헌을 위한 위대한 핵심가치를 추구해야 한다. 그러한 가치 기반 위에 사회적 문제를 해결하기 위한 노력을 기울여야 한다. 또한 윤리와 도덕적 가치를 추구하며 경영자가 먼저 존경받을 만한 행동을 해야 한다.

기업은 사회에 속한 기관이다. 결코 사회를 벗어날 수 없다. 사회에는 수많은 문제가 존재한다. 그 문제들을 누가 해결할 수 있겠는가. 바로 기업이다. 그러한 사회적 문제들을 해결하는 기업은 지역사회에서 또 수많은 고객으로부터 칭송을 받게 될 것이며, 그러한 기업에 다니는 구성원들은 커다란 자부심을 갖게 될 것이다.

10. 원활한 소통을 위해 구성원 모두가 노력한다.

소통이란 단어의 사전적 정의를 보면 '뜻이 통하여 오해가 없는 것'을 말한다. 사람과 사람이 모인 곳에는 오해가 있게 마련이다. 하나의 오해는 또 다른 오해를 만들어내고 신뢰를 무너뜨리며 급기야 조직을 무너뜨리는 무서운 결과를 가져오게 된다. 오해란 대화를 통해 반드시 풀어나가야 한다. 먼저 조직 내에서 업무적 소통도 중요하지만 인간적 차원의 소통도 중요하다. "이 사람이 나를 어떻게 생각하고 또 조직을 어떻게 생각하는가? 도덕적 가치를 추구하는가? 아니면 개인적 욕심에 의해 살아가는 사람인가?" 이런 질문에 대해 소통이 되어야 한다.

경영자들은 조직 내에 올바른 가치를 기반으로 한 조직문화를 만들기 위해 노력해야 한다. 비윤리적인 사람들이 조직 내에 있으면 곧 회사는 썩어들기 시작하고 병든 조직이 되어버린다. 이런 조직에서는 올바른 소통이 이루어지기 어려우며 오해와 불신이 쌓이게 되며 이러한 소통의 문제는 업무의 지장을 초래함은 물론 조직의 성과에도 큰 영향을 미치며 결국 고객에게 신뢰를 얻지 못하는 기업이 되고 만다.

무궁화 인재경영 십계명이 조직문화로 정착되려면 무엇보다 경영자의 지원이 중요하다. 강제성을 띄어서는 안 된다. 오직 구성원들이 진심어린 마음으로 자신과 조직의 공동목표를 위해 자발적으로 마음에 새기고 실천할 때 위대한 조직문화의 꽃이 피어날 것이다.

지혜로운 소통, 커뮤니케이션의 원리

※ ※ ※

구성원들이 협력하여 시너지를 창출하는 조직문화를 만들기 위해서는 무엇보다 소통이 제대로 이루어져야 한다. 소통이 제대로 이루어지지 않을 때 수많은 갈등을 야기할 뿐만 아니라 기업의 손실이 발생하게 된다. 소통이 제대로 되지 않아 우리는 얼마나 많은 갈등과 시간낭비를 경험했는가. 지금은 모두 효과적인 커뮤니케이션을 위해 많은 노력을 기울여야 한다.

경영관리를 위한 커뮤니케이션은 기업, 군대, 정부 기관, 병원, 대학 또는 연구기관 등 모든 조직의 연구자 및 실무자의 주된 관심사가 되었다. 이 과정에서 심리학자, 인간관계학자, 경영 관리자들은 다른 어떤 분야의 사람들보다도 커뮤니케이션에 대해 열심히 연구하고 또 많은 공헌을 하고 있다. 그런데 그러한 노력에도 불구하고 커뮤니케이션은 쉽게 손에 잡히지 않는 난해한 것이라는 사실이 증명되고 있다. 커뮤니케이션과 관련하여 많은 주장이 제기되고 있지만, 한편으로는 아무도 커뮤니케이션에 관한 이야기에 진정으로 귀 기울이고 있지 않다. 아직까지도 조직 내에서 커뮤니케이션이 제대로 이루어지지 않고 있는 것만은 분명한 사실이다. 이러한 과정들을 살펴보며 피터 드러커는 커뮤니케이션에 관한 다음의 네 가지 기본원칙을 정립하였다.

> **커뮤니케이션의 네 가지 원칙**
>
> 1. 커뮤니케이션은 지각(perceotion)이다.
> 2. 커뮤니케이션은 기대(expectation)이다.
> 3. 커뮤니케이션은 요구(demand)를 한다.
> 4. 커뮤니케이션과 정보는 서로 상이한 것이며, 사실상 대립 관계가 있다.(그러나 한편으로 상호의존적임)

피터 드러커는 다음과 같은 질문을 인용하여 우리에게 큰 깨달음을 주었다.

"아무도 듣는 사람이 없는 숲속에서 나무가 쓰러질 때 소리가 나는가?"

물론 음파는 발생한다. 하지만 누군가가 그 음파를 지각하지 않는다면 단연코 아무 소리도 나지 않는 것이나 마찬가지다. 소리는 지각이 되어야만 소리가 된다. 소리는 커뮤니케이션이다. 소리가 커뮤니케이션이라는 사실, 즉 누군가가 듣지 않는다면 소리가 없는 것이라는 사실은 실로 많은 의미가 내포되어 있다. 우선, 커뮤니케이션 행위를 하는 사람은 바로 그것을 받아들이는 사람이라는 의미가 담겨 있다. 소위 커뮤니케이터, 즉 무엇인가를 전달하는 사람이 커뮤니케이션 행위를 하는 것은 아니다. 그가 무언가를 외친다고 하자. 하지만 누군가 그것을 들을 사람이 없다면 커뮤니케이션은 없는 것이다. 단지 의미 없는 소리만이 있을 뿐이다. 지각하는 행위가 바로 커뮤니케이션이라는 것, 이것이 바로 커뮤니케이션의 제1원리이다.

소크라테스는 다음과 같이 지적했다.

"사람은 다른 사람과 말을 할 때 듣는 사람의 경험에 맞추어 말해야 한다. 예를 들어, 목수와 이야기할 때는 목수들이 사용하는 말을 써야 한다.”

커뮤니케이션은 발신자가 수신자의 언어 혹은 수신자가 사용하는 용어로 말할 때에만 이루어질 수 있다. 여기에서 그 용어들은 수신자의 경험에 기초한 것이어야 한다. 사람은 자신의 경험에 근거하지 않은 용어에 대해서는 수용할 능력을 갖고 있지 않다. 경험에 없는 새로운 용어는 그들의 각자 능력을 벗어나는 것이 된다.

그 매체가 무엇이든 간에 커뮤니케이션에 있어서 제일 먼저 질문해야 할 것은 다음과 같다.

“이 커뮤니케이션이 수신자의 지각 능력범위 내에 있는가? 그가 이것을 수용할 수 있는가?”

사물에 보이지 않는 또 다른 차원이 존재한다는 것을 인식하는 것은 매우 어려운 일이다. 즉 우리의 경험에 비추어 선명하게 인식된 어떤 것이 ‘표면’과 ‘이면’이라는 전적으로 다른 차원을 갖고 있어서 결과적으로 전혀 다른 의미전달을 한다는 사실을 깨닫는 것은 너무나 어려운 일이다. 달리 말해, 수신자가 무엇을 인식할 수 있고, 왜 그것을 인식할 수 있는지에 대해 알기 전에는 효과적인 커뮤니케이션이 이루어질 가능성은 없다. 우리는 본능적으로 ‘자신이 지각하기를 기대하는 것’만을 지각한다. 대체로 보고자 하는 것을 보며, 듣고자 하는 것을 듣는다. 정말로 중요한 것은 기대하지 않았던 것은 전혀 받아들여지지 않는다는 사실이다. 기대하지 않았던 것은 보이지도 않고 들리지도 않으며 오직 무시당하고 만다. 혹은 그것은 잘못 이해되기도 한다. 기대했던 것이 일어난 것처럼 잘못 보거나 잘못 듣게 된다는 것이다.

커뮤니케이션을 하기 전에는 수신자가 무엇을 기대하고 있는지에 대해 알아야만 한다. 그래야만 커뮤니케이션이 그 기대들을 이용할 수 있는지 여부를 알 수 있다. 또한 수신자의 기대를 깨뜨리는 '소외의 충격'을 준다든가 '각성'을 하도록 할 필요가 있는지, 즉 기대하지 않았던 것이 일어나고 있음을 깨닫게 해줄 필요가 있는지 알 수 있다.

사람들은 신문지면의 '균형'을 맞추기 위해 곁들여진, 세 줄 내지 다섯 줄 정도의 별로 대단하지도 않는 정보를 담고 있는 토막기사를 많이 읽으며 또 오래 기억한다. 별로 중요하지도 않은 토막 정보들이 읽히고 있으며, 무엇보다도 이것들은 몇몇 톱기사를 제외하고는 사람들에게 가장 잘 기억된다. 그 이유는 이런 여백의 기사들은 독자에게 강요를 하지 않기 때문이다. 사람들이 그런 기사를 더욱 잘 기억하는 것은 그것이 전적으로 그들의 관심사가 아니기 때문이다.

커뮤니케이션은 언제나 수신자들이 어떤 사람이 되기를, 무엇을 하기를 또는 무엇을 믿기를 요구한다. 커뮤니케이션은 항상 수신자에게 동기부여를 하고자 한다. 만일 커뮤니케이션이 수신자의 야망이나 가치관 또는 목적에 부합되면, 그것은 강력한 힘을 발휘한다. 반대로 커뮤니케이션이 수신자의 야망이나 가치관 또는 동기와 어긋나면, 그것은 전혀 받아들여지지 않거나 저항을 받게 될 것이다.

커뮤니케이션이 지각인 반면, 정보는 논리이다. 정보는 완전히 형식적인 것으로서 그 자체는 아무런 의미가 없다. 정보에 있어서는 정서, 가치관, 기대 같은 인간적인 속성으로부터 해방되면 될수록 정보로서의 타당성과 신뢰성이 더욱 높아진다. 그러나 정보는 커뮤니케이션을 전제로 한다. 정보는 언제나 암호화되어 있다. 정보를 이용하는 것은 고사하고, 정보를 입수하기 위해서라도 수신자는 암호를 알고 해독할 수 있어야 한다. 이는 커뮤니케이션이 있어야 한다는 의미이기도 하다.

커뮤니케이션은 정보에 의존하는 것이 아닐지도 모른다. 정말이지, 가장 완벽한 커뮤니케이션은 어떠한 논리도 필요 없는 순수한 '경험의 공유'일지도 모른다. 따라서 커뮤니케이션에 있어 가장 중요한 것은 정보가 아니라 지각이다.

그렇다면 우리의 지식과 경험은 조직 내의 커뮤니케이션에 대해서, 커뮤니케이션이 실패하는 이유와 미래의 성공을 위한 커뮤니케이션의 전제 조건에 대해서 무엇을 가르쳐주고 있는가. 수세기 동안 우리는 '상의하달식(downward)' 커뮤니케이션을 시도해왔다. 그러나 상의하달식 커뮤니케이션은 아무리 강력하게 그리고 아무리 현명하게 시도된다 해도 아무런 효과를 발휘하지 못한다. 그 첫 번째 이유는, 상의하달식 커뮤니케이션은 '내가' 말하고 싶어 하는 것에 초점을 두고, 말하는 사람이 커뮤니케이션을 성립시킨다고 가정하고 있기 때문이다. 상의하달식 커뮤니케이션이 아무런 효과를 발휘하지 못한다고 해서 간부나 경영자들이 자신의 말이나 글을 명료하게 표현하려는 노력을 중단해야 한다고 말하려는 것은 아니다. 전혀 그렇지 않다. 여기에서 중요한 것은 '어떤 것을 어떻게 말할 것인가 하는 것은 오직 무엇을 말할 것인가를 배우고 난 후에만 알 수 있다'는 사실이다. 또한 아무리 말을 잘한다 하더라도 '이야기를 해주는 것'만으로는 완전한 커뮤니케이션이 될 수 없다. '듣는 것'도 효과가 없기는 마찬가지이다.

엘턴 메이요를 비롯한 인간관계학파는 이미 오래 전에 커뮤니케이션에 대한 전통적 접근방식이 실패했다는 것을 깨달았다. 그들이 내놓은 처방은 '경청'하는 것이었다. 즉 생각을 전달하려는 대신, 부하직원들이 무엇을 알고 싶어 하며, 무엇에 관심이 있는가, 달리 말해 수용하려는 것이 무엇인가를 찾아내는 것부터 시작해야 하는 것이다. 이 '경청'이라는 인간관계학파의 처방은 오늘날까지도, 비록 실천되는 경우는 드물지만 고전적인 처방으로서 남아있다. 물론 경청은 커뮤니케이션의 전제조건이다. 그러나 그것만으로는 충분하지 않으며 효과를 발휘할 수도 없다. 경청이 효과가 있다는 것은 부하직원들이 하는 말을 상사가 이해할 수 있다는 것을 전제로 하고 있다. 달리 말하면, 그것은 부하직원들이 커뮤니케이션 행위를 할 수 있다고 가정하는 것이다. 그러나 이러한 가정은 받아들이기 어렵다. 어째서 상사가 할 수 없는 커뮤니케이션을 부하직원들은 할 수 있어야만 하는가 말이다. 사실 부하직원이 상사보다 커뮤니케이션을 잘할 수 있다고 가정할 아무런 이유도 없다.

경청하는 것이 잘못이라고 말하려는 것은 아니다. 커뮤니케이션은 상향식이어야 한다는 인식은 절대적으로 건전한 것이고 또한 필수적이다. 이는 커뮤니케이션이 발신자로부터가 아니라 수신자로부터 출발해야 한다는 것과 일맥상통한다. 즉 경청의 개념을 토대로 하고 있는 인식이 필요하지만, 그것이 전부는 아니라는 사실이다. 경청은 오직 출발점에 지나지 않는다.

목표관리에 의한 커뮤니케이션

⊛ ⊛ ⊛

그렇다면 우리는 커뮤니케이션에 대해서 어떤 건설적인 것을 제안할 수 있을까? 도대체 커뮤니케이션을 위해 우리가 할 수 있는 것이 무엇일까? 진정 효과적인 커뮤니케이션을 위해 피터 드러커가 제안하는 커뮤니케이션은 목표관리에 의한 커뮤니케이션이다. 목표관리는 부하직원으로 하여금 자신이 조직에 어떤 공헌을 할 것이며 어떤 책임을 질 것인지에 대해 깊이 생각하고 스스로 내린 결론을 상사에게 보고할 것을 요구한다.

부하직원들이 제출하는 것이 상사들의 기대와 일치하는 경우는 극히 드물다. 사실 이렇게 하도록 하는 목표관리에 의한 커뮤니케이션은 일차적인 목적은 상사와 부하직원 사이에 목표에 대한 견해 차이를 정확하게 밝히고 양측 모두에게 현실적인 것을 지각하는 데에 초점을 맞추어야 한다. 같은 현실이라도 서로 다르게 인식할 수 있다는 사실을 인정하는 것이 커뮤니케이션의 시작이다.

목표관리는 커뮤니케이션의 수신자로 하여금 이해의 폭을 넓힐 수 있는 경험을 제공한다. 의사결정의 실체, 우선순위 문제, 자기가 하고 싶은 것과 상황이 요구하는 것 사이에서의 선택 그리고 무엇보다도 의사결정에 따른 책임에 대해 이해할 기회를 갖게 해준다.

부하직원들은 동일한 상황에 대해서 상사가 보는 것과 같은 방법으로 보지 않을 수도 있지만 목표관리에 의한 커뮤니케이션을 통해 상사가 처해 있는 복잡한 상황을 이해하게 되고 또한 그 복잡함이 상사가 만들

경영자 Note

- 나는 협력하는 조직문화를 만들기 위해 경영자의 역할을 다하고 있는가?

- 나는 구성원들을 소중하게 생각하고 구성원들을 존중하는 문화를 만들기 위해 어떠한 노력을 하고 있는가?

- 내가 생각했던 커뮤니케이션과 피터 드러커의 가르침은 어떻게 다른가?

- 피터 드러커의 가르침을 생각했을 때 우리 조직 내에 올바른 커뮤니케이션 문화가 정착되어 있는가?

- 목표관리에 의한 커뮤니케이션은 어떠한 효과를 가져다줄 것으로 기대하는가?

- 올바른 커뮤니케이션문화를 만든다는 것은 쉽지 않은 일이지만 경영자라면 반드시 해야 할 일이고, 이것은 정말 돈이 들지 않으면서도 엄청난 혁신의 효과를 가져다줄 것이다. 올바른 커뮤니케이션문화를 만들기 위한 구체적인 실행계획을 세워보자.

어낸 것이 아니라 상황에 의해 발생된 것이라는 점 등을 이해할 수 있게 될 것이다.

커뮤니케이션은 '경험의 공유'를 필요로 한다. 만약 커뮤니케이션을 '나'로부터 '당신'에게로 향하는 것으로 이해를 한다면, 커뮤니케이션은 성립되지 않는다. 커뮤니케이션은 오직 '우리' 중의 한 사람으로부터 다른 사람에게 전달됨으로써 성립되는 것이다. 조직 내부의 커뮤니케이션은 조직의 '수단'이 아니라 조직의 '존재 양식(mode of organization)'이다.

효과적인 의사결정

☺ ☺ ☺

협력하여 시너지를 창출하는 조직문화를 구축하기 위해 커뮤니케이션 다음으로 중요한 것이 효과적인 '의사결정'이다. 잘못된 의사결정은 조직의 화를 부르고 구성원들 간 반목과 대립, 불신과 비난을 조장하게 될 것이다. 효과적인 의사결정에 대한 피터 드러커의 가르침을 따라 조직 내에 효과적인 의사결정 시스템을 정착시켜야 한다. 먼저 무엇에 관한 의사결정인지를 분명히 하려면 문제에 대한 견해에서 시작해야 한다. '무엇에 관한 의사결정인가'에 대한 인식 차이가 해답의 차이를 만드는 것이다. 따라서 어떠한 인식방법이 있는지를 명확히 하는 것이 효과적인 의사결정의 첫걸음이다. 잘못된 문제에 대한 바른 해답만큼 해를 끼치는 일도 없기 때문이다.

매니지먼트가 행하는 의사결정은 대립하는 견해가 충돌하고 서로 다른 견해가 소통하며 몇 가지 판단 가운데 선택된다. 따라서 의사결정의

제1원칙은 의견 대립이 없을 때에는 의사결정을 하지 말라는 것이다.

GM사의 알프레드 슬론 주니어는 회의석상에서 "결정에 관해 전원의 의견이 일치하는가?"라고 묻고는 전원이 수긍하면 "그러면 의견 대립을 만들어내고 문제의 의미에 관해 깊이 이해할 시간이 필요하므로 다음에 다시 검토하는 것으로 한다."라고 말하곤 했다.

이렇듯 의견 대립을 촉발하는 데는 이유가 있다. 첫째, 의견 대립을 요구함으로써 불완전하거나 잘못된 의견에 속는 것을 방지한다. 둘째, 대안을 얻을 수 있다. 이미 내린 의사결정이 실행 단계에서 잘못되었거나 불완전하다는 것이 밝혀졌을 때 어찌할 바를 몰라 우왕좌왕하지 않아도 된다. 셋째, 자기 자신이나 타인의 상상력을 끌어낼 수 있다는 것이다.

의견 차이를 인정하라

❀ ❀ ❀

어떤 의견만이 옳고 다른 것들은 모두 잘못되었다고 생각해서는 안된다. 자신은 옳고 타인은 잘못되었다는 생각은 어리석은 것이다. 왜 다른 생각을 가지고 있는지 밝혀야 한다. 누가 봐도 잘못된 결론에 도달할 것이 뻔한 의견이라도 나오는 다른 현실. 다른 문제에 집중하고 있음을 인정해야 한다.

우리는 의사결정이 필요한지를 늘 검토해야 한다. 아무것도 하지 않는 것을 결정하는 것도 하나의 의사결정이다. 아무것도 하지 않으면서 사태가 악화될 경우에는 반드시 의사결정을 해야 한다. 반대로 낙관적이어서가 아니라 자연히 잘 될 것이라 기대할 수 있는 경우가 있다. "아무것도 하지 않으면 어떻게 될 것인가?"라는 질문에 "잘 될 것이다."라는 대답이 나올 때에는 절대 상황에 손대지 않는다. 다소 골칫거리이기는 하지만 대단한 문제가 아닐 경우에도 개입하지 않는다. 그러나 많은 문제가 그 중간에 놓여 있거나, 자연히 잘 될 것은 아니지만 위험에 빠지는 것이 아닌 경우도 있다. 그러한 경우에는 행동했을 때와 행동하지 않을 때의 비용을 비교한다.

피터 드러커는 효과적인 의사결정을 함에 있어 정말 중요한 마지막 단계는 행동과 성과에 대한 주체적인 참여라고 했다. 의사결정 과정이 효과적으로 이루어지기 위해서는 의사결정의 실행에 어떠한 행동으로든 관여할 수 있는 사람, 의사결정 실행을 방해할 수 있는 사람 모두가 의사결정 과정에 대한 책임을 부여받고 이에 참가해야 한다는 것이다. 의사결정 과정에서 구체적인 실행 수순이 업무로서 할당되고 책임이 명확하게 주어지지 않는다면 결정은 없는 것과 같다는 것이다.

피터 드러커는 결정을 실행에 옮기는 데 있어 "이 결정을 반드시 알아야만 하는 사람은 누구인가?", "취해야 할 행동은 무엇인가?", "왜 그러한가?", "실행되어야만 하는 행동은 어떤 것인가?"에 대한 대답을 해야 한다고 했다. 경영자들은 "이 결정을 반드시 알아야 할 사람은 누구인가?"라는 질문을 하지 않았을 때 조직에 엄청난 손실을 가져올 수도 있음을 진지하게 생각해보아야 할 것이다.

피드백의 구조

❀ ❀ ❀

의사결정을 하고 나서 생각했던 대로 상황이 진전되는 일은 많지 않다. 최선의 의사결정이라 해도 예상치 못했던 장애에 부딪치며, 상상하기 힘든 의외의 사태에 직면할 수 있다. 피드백이 없는 한 기대하는 성과를 지속적으로 얻어낼 수는 없다. 효과적인 의사결정을 하고 지속적인 성과를 얻기 위해서는 첫째, 의사결정의 전제가 된 예측을 서면으로 분명히 해두어야 한다. 둘째, 결정의 결과에 대해 체계적으로 피드백해야 한다. 셋째, 결정을 실행하기 전에 이 피드백의 구조를 이미 만들어두어야 한다.

의사결정은 기계적인 업무가 아니다. 위험을 동반하며 판단력에 도전하는 일이다. 중요한 것은 문제에 대한 해답이 아니라 문제에 관한 이해이다. 나아가 효과적인 행동을 결정하기 위해 비전, 에너지, 자원을 총동원하는 것이다.

협력하는 조직문화의 꽃은 시너지

❀ ❀ ❀

협력하여 시너지를 창출하는 조직문화를 구축하기 위해서는 효과적인 커뮤니케이션을 넘어 시너지를 창출하는 대화를 조직의 문화로 정착시켜야 한다. 자세한 내용은 이미 다루었으므로 이번 장에서는 조직적차원에서 지원해야 할 부분만 이야기하고자 한다.

시너지를 창출하는 조직문화를 만들기 위해서는 무엇보다 최고경영

• 효과적인 의사결정이란 무엇인가? 지금까지 우리가 선호한 의사결정은 어떠한 것이었는가?

• 의견의 차이를 인정하고 있는가?

• 의사결정 과정에서 반드시 확인해야 할 것은 무엇인가?

• 효과적인 의사결정을 위해 우리 조직은 체계적인 피드백을 하고 있는가?

• 효과적인 의사결정 문화가 조직 전체에 정착되게 하려면 어떻게 해야 하는지 생각해보고 경영자노트에 작성해보자.

사랑

위대한
혁신

위대한
목적

효과적인 커뮤니케이션
시너지창출 조직문화

배려와
존중

경영자의
실천

격려와
응원

[시너지창출 조직문화를 위한 경영자들의 역할]

자에서부터 경영자(팀장 이상)에 이르기까지 시너지를 창출하는 대화의 올바른 본을 보여주어야 한다. 리더들이 자신의 의견만이 옳다고 주장하고 상대의 발언을 자르거나 하는 식의 대화를 조직 밖 쓰레기통에 버리지 못한다면 팔로어 입장에 있는 구성원들의 대화는 꽃피우지 못하고 그늘 속에서 죽어가게 될 것이다.

먼저 리더들이 시너지를 창출하는 대화를 솔선수범하고 모든 구성원이 그러한 대화를 해나갈 수 있도록 격려하고 응원해야 한다. 무엇보다 조직의 경영자들이 모든 구성원 한 사람 한 사람을 소중하게 생각하고 있다는 것을 알게 해야 한다. 이것은 말로 되는 것이 아니라 진정성에서 묻어나는 모든 언사와 행동을 통해 구성원들이 느끼게 되는 것이다.

구성원들도 공동체의식을 통해 서로가 서로를 존중하고 배려하고 이해하는 것을 최우선 덕목으로 생각하고 이것이 우리 조직에서 참으로 중요하게 생각하는 가치임을 알아야 한다. 이러한 가치와 이러한 커뮤니케이션 문화가 조직 곳곳에 정착되도록 노력해야 한다. 이것은 쉽지 않지만 어려운 일도 아니다.

하지만 이에 대한 보상은 실로 상상할 수도 없는 위대한 결과를 가져올 수 있다. 모든 구성원에게 열린 마음, 안정감, 신뢰감, 행복감을 가져다주며 바로 여기에서 구성원들의 창의성이 발휘되는 것이다. 경영자들이 생각하지도 예상하지도 못한 일들이 일어나게 될 것이다. 커뮤니케이션이 제대로 이루어지지 않는 조직에서 일하는 구성원들은 불행하다. 욕구불만에서 오는 비난과 험담, 뒷담화가 조직문화에 자리 잡게 되는 것이다. 현재에 만족하지 말고 최고의 미래를 만들기 위해 현실을 혁신하도록 하자. 진정한 혁신은 '돈이 들지 않는 혁신'이라고 했다.

이것은 조직의 모든 경영자가 반드시 실천해야 할 일이다. 다시 한 번 강조하지만 현재에 만족하지 말고 위대한 목적을 갖기 바란다. 위대한 목적을 가진 자만이 진정한 혁신을 이루게 될 것이다.

| 제 6 장 |

무궁화인재들을
지원하는 경영시스템:행복

머지않아 개인을 조직의 요구에 적응시키는 수단으로써
매니지먼트의 개발에 대한 관심은 줄어들고 거꾸로 조직을
개인의 욕구나 의욕. 잠재능력에 적합하게 만드는 수단으로써
조직 개발에 대한 관심이 높아질 것이다.
『목표를 달성하는 경영자(The Effective Executive)』

네 가지 반석 위에 행복한 조직문화

⊛ ⊛ ⊛

지금까지 무궁화 인재경영 '사명, 성실, 혁신, 협력'을 배웠다. 무궁
화 인재경영의 순서는 견고한 인재경영시스템을 구축하기 위한 단계
별 핵심가치로써 우선순위대로 짜여졌다. 조직과 구성원들이 사명을
공유하지 않았다면 그것은 목적 없이 나침반도 없이 항해하는 배로 머
지않아 침몰되고 말 것이다. 조직의 사명이 공유되어 조직의 모든 구
성원 마음에 뿌리내려지고 이것을 기반으로 한 역동적인 조직문화를
만들어야 한다.

다음으로 사명과 기업의 유일한 목적인 고객창조를 위해 성실한 조직문화를 만들어야 한다. 그리고 그것만으로 끝나지 않는다. 시장과 고객의 변화에 부응하는 혁신형 조직문화를 구축하지 않으면 머지않아 도태되고 말 것이다. 혁신형 조직문화를 통해 매일 새로운 마음으로 혁신해야 할 것이다. 다음으로 위대한 혁신을 통해 위대한 기업으로 성장하기 위해서는 협력하여 놀라운 시너지를 창출하는 조직문화를 구축해야 한다. 이상의 네 가지 핵심가치를 기반으로 한 조직문화를 구축하고 나면 구성원들의 업무몰입도, 만족도 향상은 물론 행복지수도 높아질 것이다.

이제 마지막으로 구축할 조직문화는 바로 매일 출근이 기다려지는 사랑과 신뢰, 즐거움이 넘치는 행복한 조직문화를 구축하는 것이다. 이것은 앞의 네 가지 핵심가치를 기반으로 한 조직문화가 선행되어야만 더욱 빛을 발한다. 나는 이 다섯 가지 핵심가치를 기반으로 한 경영철학을 무궁화의 위대한 경영이라고 칭하고 무궁화 인재경영 시스템으로 구축된 조직문화를 '위대한 조직문화'라고 부르고자 한다. 경영철학이 만들어낸 무궁화의 위대한 경영! 위대한 조직문화는 결코 무너지지 않고 끊임없이 성장하게 되리라 확신한다.

무궁화에서 배우는 행복의 지혜

◈ ◈ ◈

100일간의 찬란한 꽃을 피우기 위하여 기다리는 무궁화는 스스로 즐겁다. 그 영화로운 순간을 상상만 해도 즐거운 것이다. 그러하기에 무궁화는 모진 비바람을 즐거운 마음으로 이겨낼 수 있는 것이다. 아침마

413

다 새롭게 피어나는 꽃 무궁화! 하루를 살아도 영화로운 무궁화는 이것을 백일 동안 이루어 온 인류에게 평화와 행복을 가져다준다. 비바람의 고난은 영화롭고 찬란한 순간을 위한 하나의 과정이기에 또 반드시 영화롭고 찬란한 그때가 올 것을 확신하기에 무궁화는 즐거이 인내하는 것이다. 무궁화는 찬란한 순간을 위하여 서로를 격려하고 응원하고 있다. 또 그 격려와 응원에 감사하고 있다. 무궁화는 자신을 인간에게 약재로도 선사하여 인간의 병을 치료하는 일에 도움을 주는 공헌의 꽃이다. 조개모락하는 무궁화! 하루의 영화로움을 저녁이 되면 모두 떨구고 아침에 새롭게 피는 무궁화는 예절의 극치를 보여준다 하겠다.

피터 드러커와 에이브러햄 매슬로

◉ ◉ ◉

피터 드러커의 경영철학을 공부하면서 알게 된 재미있고 경이로운 이야기를 하나 하고자 한다. 우리가 잘 아는 인간의 욕구단계를 주창한 산업심리학자 에이브러햄 매슬로와 관계된 이야기인데 에이브러햄 매슬로는 더글러스 맥그리거와 피터 드러커의 경영철학을 비판한 인물이다. 더글러스 맥그리거의 X,Y 이론과 피터 드러커의 인사관리철학에 대해 비판을 가했는데 피터 드러커는 이 비판을 수용하여 자신의 경영철학 중 인사관리에 대해 수정하기에 이른다. 나는 바로 이 부분에서 피터 드러커가 더욱 멋지게 보이는 대목이 아닌가 생각한다. 진정한 대가가 되고 싶은 사람이 있다면, 피터 드러커의 이러한 겸손을 닮으려 노력해야 할 것이다. 무궁화인재들을 지원하는 경영시스템 행복 편에서 에이브러햄 매슬로에 대해 좀 더 살펴보고자 한다.

에이브러햄 매슬로는 산업심리학을 넘어 경영의 대가로도 위대한 인물이다. 리더십철학의 거장 워렌베니스는 에이브러햄 매슬로에 대해 극찬하기를 '시대에 둘도 없는 천재 중의 천재'라고 극찬하였다. 에이브러햄 매슬로의 『욕구를 경영하라(Maslow on Management)』 개정판에서 워렌베니스는 열 페이지가 넘는 추천사를 썼다. 에이브러햄 매슬로의 위대한 경영철학은 조직을 통해 구성원들의 자아실현이 이루어질 수 있다는 가능성을 보았고 자신의 철학인 인간의 욕구단계를 기반으로 한 사람 중심의 경영철학을 유산으로 남긴 데 있다고 하겠다. 경영자로서 사람에 대한 제대로 된 관점을 갖고 이를 실천하기 위해서 피터 드러커(인사철학 부분), 더글러스 맥그리거(기업의 인간적 측면), 에이브러햄 매슬로(인간의 욕구를 경영하라)를 꼭 3독 이상 읽어보기를 제안한다.

2부에서 살펴보았듯이 에이브러햄 매슬로의 5단계 욕구위계설은 조직을 운영하는 경영자들이 가볍게 상식적으로 아는 수준에 머물러서는 안 된다. 매슬로의 『욕구를 경영하라』라는 책을 읽고 우리 조직에 어떻게 적용시켜야 할지 생각해보아야 한다. 앞에서 이야기한 것처럼 구성원 모두가 존중하는 문화를 구축하기 위해서는 최고경영자부터 하급경영자들까지 솔선수범하는 모습을 보여야 한다. 경영자들 사이에도 사명과 비전, 목표를 공유하고 전체의 목표달성을 위해 무엇을 할 것인가 목표달성을 위해 일을 해나가는 과정에서 서로 존중하는 문화를 만들어가는 데 솔선수범해야 한다. 경영자는 리더의 위치에서 말과 행동이 일치해야 구성원들이 신뢰하고 따르게 되는 것이다. 구성원들 사이에 존중하는 문화가 중요한 것을 알았다면 경영자들의 위치에 있는 리더의 역할은 더욱 무겁고 진지해야 한다. 조직의 틀 안에서 신입직원에서 최고경영자에 이르기까지 모두 하나의 구성원인 것이다. 조직을 인체에 비유했을 때 한 사람 한 사람은 없어서는 안 될 소중한 존재이다. 건강한 조직을 만들려면 건강한 구성원들이 있어야 되는 법이다. 병든 구성원이 있어서는 안 된다. 남을 무시하거나 하시하거나 하는 사람은 그 사람이 임원, 아니 최고경영자라 할지라도 조직차원에서는 해가 되는 것이다. 경영자들은 내부적인 경쟁을 조장해서는 안 되고 공동의 목표달성을 위해 협력하는 문화를 만들고 더 나아가 서로를 존중하여 시너지를 창출하는 위대한 문화를 만들어내야 한다. 시너지창출을 위해 반드시 선행되어야 할 것이 바로 존중이다. 서로의 의견 차이를 존중하는 문화를 만들어가야 한다. 회의를 할 때뿐만 아니라 모든 일상 속에서 존중하는 문화를 만들어가는 데 관심과 힘을 쏟아야 할 것이다.

다음으로 모든 구성원의 자아실현의 욕구에 대해서 매우 중요하게 다루어야 한다. 많은 경영자가 회사의 비전과 개인의 비전을 분리해서 생각하는 경향이 있고, 또 개인의 비전에 대해서는 특별히 관심을 갖지 않는 경우가 너무도 많다. 그러나 구성원들에게 있어 1차적으로 중요한 것은 자기 자신에 관한 것이다. 기업은 경영자에서 모든 구성원에 이르기까지 자신이 진정으로 바라고 원하는 모습이 되기 위해 개인의 핵심가치와 비전 그리고 어떠한 사람으로 기억되기를 바라는지에 대해 생각해보고 구체적으로 설계해볼 수 있도록 또 그것을 실현시키기 위해서 구체적인 계획을 수립해볼 수 있도록 지원해주어야 한다.

구성원들이 자신이 진정으로 바라고 원하는 비전이 있어야 업무몰입도가 향상된다는 것을 경영자들은 알아야 한다. 구성원들에게 있어서 조직은 돈을 벌기 위해 나오는 곳이 아닌 개인의 비전을 실현하기 위해 나오는 곳이 돼야 한다. 돈을 벌기 위해 일하는 사람과 비전을 실현시켜 자아완성을 위해 일하는 사람은 마음자세부터가 다를 것이다.

행복한 일터의 첫 번째 행동원칙 '신뢰'

※ ※ ※

에이브러햄 매슬로의 욕구위계설을 살펴보았다. 경영자들은 이 이론을 경영에 잘 접목시켜야만 한다. 이제 기업은 구성원들의 자아실현욕구를 충족시키기 위하여 구성원들과 함께 행복한 일터를 만들어 나가야 한다. 행복한 일터를 만드는 목적 또한 고객창조를 위한 일이다. 그리고 더 나아가 좋은 기업으로 만족하는 것이 아니라 위대한 기업을 만들기 위한 것이 목적이다. 고객을 만족시키기 위해 끊임없이 혁신하는 기업, 구성원들의 자아실현을 지원하는 기업, 사회적 문제해결에 앞장서는 기업. 이것이 무궁화의 가치와 피터 드러커의 가치가 일맥상통하는 가치이며 위대한 가치이다. 세계평화를 위한 사명을 가진 무궁화, 고객을 만족시키고 그로 인한 성과로 사회적 문제를 해결해 나가는 기업의 궁극적인 목적과 그 목적을 달성하는 온전한 이유는 세계평화와 온 인류의 행복이다. 이제 이러한 기업의 온전한 사명을 감당하기 위해 '좋은 조직'에서 '위대한 조직'으로의 도약을 꿈꿔야 한다. 그렇게 하기 위해서는 기업이 구성원들과 함께 '행복한 일터'를 만들어야 한다.

행복한 일터에는 세 가지 행동원칙이 있다. 첫 번째 행동원칙은 '신뢰'이다. 경영의 유일한 목적은 '고객창조'이다. 고객을 창조하기 위해서는 고객 입장에서 고객이 가치 있게 여기는 것이 무엇인지 고민하고 연구해야 한다. 고객을 창조하는 데 있어 가장 중요한 역할을 하는 직원 역시 경영자 입장에서는 고객이다. 고객만족을 위해서 일하는 직원들이 만족되지 않는데 어떻게 고객을 만족시키기 위한 일들을 하겠는가. 고객들은 자신들을 만족시킬 만한 상품이나 서비스를 찾아다닌다. 기업이 고객들로부터 변함없는 사랑을 받기 위해서는 무엇보다 고객에게 신뢰를 쌓아야 한다. 변함없이 질 좋은 상품, 서비스를 제공하고 있다는 것을 고객들이 느끼도록 늘 새로운 마음으로 혁신해야 한다.

고객에게 신뢰를 쌓기 위해서는 먼저 경영자가 직원들에게 신뢰를 쌓아 나가야 한다. 직원들은 서로 신뢰하지 못하고 각 경영자들은 내부적인 경쟁을 부추기고 직원들을 존중하지 않는다면, 그러한 회사는 머지 않은 미래에 반드시 사라지게 될 것이다. 그동안은 비싼 모델광고료를 내고 고객들에게 다가갈 수 있었지만 이제는 그러한 방법보다는 더 진실하고 진지하게 다가가야 한다. 고객 한 사람이 곧 광고회사 역할을 하는 시대이다. 지식과 정보화 사회에서는 모든 것이 투명하게 드러날 수밖에 없다. 그러므로 경영자는 직원들에 대한 신뢰를 쌓아야 하고 또 내부경쟁이 아닌 협력해서 일할 수 있는 행복한 일터를 만드는 일에 앞장서야 한다.

행복한 일터의 두 번째 행동원칙 '자부심'

❀ ❀ ❀

두 번째 행동원칙은 직원과 고객으로 하여금 자부심을 갖도록 해야 한다는 것이다. 고객이 우리 회사의 제품을 쓰는 일에 자부심을 갖도록 해야 한다. 이것이 마케팅이다. 고객으로 하여금 스스로 우리 브랜드, 우리 제품을 찾게 만드는 것 그렇게 하기 위해서는 고객으로 하여금 우리 회사의 제품과 서비스를 이용하는 것에 대한 자부심을 갖도록 해야 한다.

이 또한 마찬가지로 기업은 직원들이 자부심을 갖도록 해야 한다. 우리 기업의 목적은 '고객을 창조하는 것이다', '고객의 가치를 추구하여 우리는 언제나 고객들에게 최고의 상품과 서비스를 제공하고 있다'는 자부심을 갖게 해야 하는 것은 물론이거니와 회사가 윤리적이고 도덕적인 회사라는 자부심과 무엇보다 사회문제 해결을 위해 적극참여하고 사회적 공헌을 하고 있다는 자부심이 중요하다. 기업의 과업 중 사회적 책임은 그 비중이 매우 크다 하겠다. 사회적 책임을 등한시하는 기업은 결코 위대한 기업이 될 수도 없을 뿐 아니라 결국 고객에게도 버림받는 기업이 될 것이다.

최근에 CSR(Corporate Social Responsibility)에서 기업의 사회적 책임이란 말이 많이 사용되고 있다. 구체적으로는 기업의 법령 준수, 좋은 제품과 좋은 서비스, 환경을 배려한 기업 자세 등 기업이 져야 할 포괄적인 사회적 책임을 말한다. 원래 기업의 사회적인 책임은 최근에 이야기되기 시작한 것은 아니다.

피터 드러커는 이미 『매니지먼트』에서 기업의 3대 과업의 하나로 사회적인 책임을 거론했다. 그것은 그의 선견지명이라고 할 수 있다. 그는 사회적 책임에는 두 종류가 있다고 말한다.

첫째, 자신의 활동에 의해 생겨난 것, 둘째, 자신의 활동과는 무관하게 사회에 존재하는 것이다. 정부에 대한 신뢰감 저하와 기업의 경제적인 성공 등으로 인해 첫 번째 책임뿐만 아니라 두 번째 책임에 대해서도 기업의 사회적인 공헌이 강하게 요구되고 있다. 따라서 기업으로서도 이런 사회적 책임을 매니지먼트할 수밖에 없다.

기업에는 질적으로 다른 두 가지의 사회적 책임이 있다. 피터 드러커는 이러한 책임에 대응할 때는 사회적 책임을 기회로 바꾸는 것이 중요하다고 한다. 기업이 한 일에 대한 사회적 책임을 지려면 다음과 같은 방법이 효과적이다.

"악영향을 확인한다. 악영향의 원인이 되는 활동을 밝힌다. 그 활동을 그만둔다."

그러나 일반적으로 기업의 활동은 중단할 수 없으므로, 악영향을 없애는 행위를 사업의 기회로 삼는다. 이것은 기업의 입장에서 가장 이상적인 대처법이다. 가령 대기오염을 완화시키는 기술을 개발하여 시장을 차지하는 것이 여기에 해당한다. 사회적 책임은 피할 수 없다. 그렇다면 피터 드러커의 말처럼 책임을 긍정적으로 받아들이는 것이 상책이다.

사회문제에 대한 기업의 책임에 관해서도 살펴보자.

사회문제는 기업의 경영자 입장에서 보면 도전이자 큰 기회이다. 사

420

회문제를 해결하는 것은 곧 사회적 혁신을 의미하기 때문이다. 따라서 이것은 기업의 사회적 책임과 혁신을 모두 만족시키는 활동이다. 모든 조직은 고유의 기능을 수행해야 한다. 이 책임을 다하지 못하면 다른 어떤 책임도 질 수 없다. 하지만 기업의 능력에는 한계가 있다는 것을 미리 알아두어야 한다. 기업은 사회의 기관이자 사회와 집단, 개인의 니즈를 만족시키기 위해 존재한다. 따라서 기업이 사회적인 문제에 맞서는 것은 기업의 목적에도 합치하는 행위이다. 그러나 기업은 본래의 목적을 수행해야 비로소 다른 책임도 질 수 있다. 파산해버리면 아무 의미도 없게 된다. 따라서 기업의 기본 기능을 위험에 처하게 하는 사회적 책임은 피한다. 즉, 스스로 처리할 능력이 안 되는 일을 맡는 무책임한 짓은 하지 않는다.

피터 드러커는 책임에는 한계가 있다는 사실을 알아야 한다고 주장했다. 그리고 그리스의 명의 히포크라테스의 말을 인용하면서 기업윤리에 대해 이렇게 언급했다.

"알면서 해를 끼치지 마라."

기업은 고객에게 최고의 결과를 내놓는다고 약속하지는 못한다. 그러나 적어도 '알면서 해를 끼치는 일은 하지 않는다'는 약속은 할 수 있다. 이것은 기업으로서 지켜야 할 최소한의 도리이다. 지금 이 시대에 사회적 책임은 너무나도 중요한 경영철학이다. 벌써 오래전에 피터 드러커가 매니지먼트에 이 사회적 책임을 기업의 과업으로 언급했다는 것이 참으로 존경스럽다. 기업을 운영하는 모든 경영자가 마음에 분명히 새겨야 할 내용이 있다. 이것은 필자가 말하고자 하는 기업철학이기도 하다.

> 기업의 목적은 고객창조이고 고객창조를 위해 모든 구성원이 자신의 강점으로 공헌할 수 있도록 지원해야 하며 그로 인한 성과는 기업의 운영능력에 따라 반드시 사회적 책임감을 가지고 사회문제해결을 위해 최고경영자에서부터 모든 구성원이 함께 공헌할 수 있도록 장려해야 한다.

직원들에게 있어 봉사와 공헌활동은 하나의 충전요소가 될 것이다. 가치 있고 의미 있는 삶을 살고 있다는 인간의 최종욕구인 자아실현의 욕구를 충족시키는 일이기도 하다. 이러한 기업의 사회공헌활동은 결국 비용지출이 아닌 기업의 큰 성과를 안겨다주게 된다. 직원과 고객 모두에게 의미와 가치를 제공하기 때문에 직원과 고객 모두에게 자부심을 갖게 해주는 대목이다.

행복한 일터의 세 번째 행동원칙 '즐거움'

❀ ❀ ❀

행복한 일터를 만드는 세 번째 행동원칙은 즐거움이다. 즐거움을 위한 조직의 역할은 무엇인가? 조직은 구성원들을 고객을 창조하는 진정한 고객으로 생각해야 한다. 우리가 원하는 조직문화를 만든다는 것은 쉬운 일이 아니다. 꾸준한 인내와 노력은 반드시 좋은 결실을 맺을 것이다.

먼저 구성원들에게 있어서 가장 중요한 것이 무엇인지 생각해보자. 바로 자신의 건강과 가족건강일 것이다. 이것은 조직의 성과에 큰 영향을 주는 것이기도 하다. 하지만 많은 경영자가 이 부분을 가볍게 생각한다. 겉이 멀쩡하다고 해서 건강한 것은 결코 아니다. 무엇보다 관심을 갖는 게 중요하다. 구성원들의 건강을 챙기는 경영자는 구성원들에게 감사의 웃음을 짓게 만들 것이다.

다음으로 구성원들이 하고 싶어 하는 게 무엇인지 생각해보자. 새로운 경험, 호기심의 충족 진정한 휴식을 충족시키는 것은 여행이다. 하지만 여행도 여행 나름이다. 의미가 있고 가치 있는 여행, 바로 비전여행을 해야 한다.

진정한 휴식이란 바로 이런 것이라고 생각한다. 사랑하는 사람들과 새로운 경험을 하고 새로운 가능성을 느끼고 세상의 풍요로움을 자연의 위대함을 느끼고, 또 나의 여행이 누군가의 삶의 도움을 주고 있다는 보람을 느낀다면 이보다 더한 휴식이 어디 있겠는가. 나는 할 수만 있다면 구성원들과 비전여행을 자주 떠나고 싶다. 새로운 경험을 통해 더욱 진심으로 서로를 알게 되고 이곳이 나의 행복한 일터라고 가슴으로 고백하는 구성원들의 얼굴이 보고 싶어 월요일이 기다려지는 조직, 나는 그러한 기업에 경영자로 기억되고 싶다.

기업은 구성원들이 삶의 의미를 추구하고 은퇴 후에도 명작 같은 인생을 살아갈 수 있도록 지원해야 한다. 직원으로 하여금 조직이 자아실현의 장이 될 수 있도록 지원해야 한다. 이것이야말로 직원들에게 베푸는 최고의 복지이며 이것으로 얻게 되는 성과는 위대한 조직, 위대한 결과일 것이다. 부디 무궁화 인재경영시스템을 통해 모두가 간절히 원하는 그러한 조직이 되기를 간절히 소망해본다.

• 행복의 진정한 의미는 무엇이며 경영자로 어떠한 노력을 해야 하는가?

• 자아실현이 이루어지는 조직은 어떠한 조직인가?

• 행복한 일터의 3대 행동원칙이 조직문화로 정착되기 위해 우리가 해야 할 일은 무엇인지 생각해보고 작성해보자.

• 마지막으로 무궁화 인재경영의 5대 핵심가치를 조직문화로 정착시키기 위한 단계별 실행계획을 경영자들과 구성원들이 함께 세워보자.

피터 드러커리언들에게 전하는 메시지

피터 드러커의 영향을 받은 수많은 피터 드러커리언은 다시 한 번 진지함과 성실함의 자세로 그의 삶과 그가 품었던 사명과 비전, 그리고 그의 철학과 메시지를 생각해보아야 한다.

그를 고령에도 쉬지 않고 일하게 한 그의 사명은 무엇이었는지, 이 땅을 떠나는 순간까지 던지고자 한, 단 하나의 간절한 메시지는 무엇이었으며, 그것을 이루고 싶은 마음은 또 얼마나 간절했던지를……

피터 드러커를 경영학자로만 생각한다면 위 질문의 명확한 답을 얻기란 쉽지 않을 것이다. 그는 사회생태학자라 불리길 원했으며 문화와 예술을 사랑했다. 그의 삶을 통해, 그의 책들을 통해 그의 사명과 비전을 통해 나는 그가 간절히 원하는 것을 느낄 수 있었다.

"세계평화와 온 인류의 행복!"

고객을 넘어 온 세상 인류의 행복을 추구하자는 것이 그의 바람이었다.

피터 드러커는 선이 순환되는 세상을 원했고 또 산업사회의 발전과 더불어 망가진 환경과 사람의 마음이 회복되기를 원했다. 세계평화와 온 인류의 행복을 위해 피터 드러커리언들 개인과 조직이 할 수 있는 일은 참으로 많다. 세계평화를 위해 어떻게 하면 전쟁을 종식시키고 기근을 종식시킬 수 있을까? 전쟁 중에 가장 무서운 전쟁은 빈곤과 궁핍이라고 했다. 아직도 수많은 사람이 굶어 죽어가고 있다. 굶어 죽는 사람들이 있는 이상 우리는 피터 드러커리언으로서의 소임을 다하지 못하고 있는 것이다. 피터 드러커리언들의 첫 번째 비전은, 경영을 통해 얻은 수익으로 전쟁과 기근을 종식시키고, 세계평화에 기여해야 한다는 것을 제대로 인식하는 것이다.

두 번째 비전은 어렵고 가난한 나라들을 위해 −그들의 약점을 이용해 자국의 이익을 챙기는 것이 아니라− 그 나라가 스스로 자립하여 자기 나라를 성장시키고 발전시켜서 자신들이 받은 혜택을 또 다시 다른 어려운 나라를 위해 되돌려주는 범세계적으로 선이 순환되는 평화로운 세상을 만들어가는 것이다. 그렇게 되면 머지않아 전쟁과 빈곤도 사라지게 될 것이다. 그리하여 탄생되는 수많은 기업들의 목적은 고객창조, 고객만족, 고객행복, 더 나아가 직원들이 행복한 기업, 더 나아가 행복한 직원들이 이루는 행복한 가정. 이것이 '세계평화와 온 인류의 행복'의 대업이다.

"나는 어떠한 사람으로 기억되기를 바라는가?"

이에 대한 질문에 대해 생각해보는 피터 드러커리언이라면 기쁜 마음으로 이 사명과 비전을 공유할 것이라 믿는다. 나는 이 사명과 비전을 감당하기 위해 미력하나마 깃발을 들었다. 피터 드러커의 통찰과 사상을 세계평화의 꽃, 무궁화에 담아 수많은 사람과 월드비전을 공유하고자 한 것이다.

부디 이 책을 통해 많은 이들이 동참하여 견고한 진리를 기반으로 고객을 창조해 나가고 '세계평화와 온 인류의 행복이라는 대업'이 이루어지길 간절히 소망한다.

에필로그

　무궁화의 위대한 가치와 피터드러터의 위대한 가치를 생각하며 나는 세상에서 가장 소중한 것은 '사람'이라는 결론을 내렸다. 무궁화는 평화를 상징하는 아름다운 꽃이다. 무궁화는 세계평화를 지향하며 온 인류의 행복을 기원한다. 피터 드러커의 경영철학의 위대함은 사람을 소중하게 생각하는 데에 있다. 조직의 목적은 고객창조이며 고객창조를 위해서는 조직의 구성원들이 공동의 목표를 지향하며 자신들의 강점으로 공헌해야 한다고 그는 이야기하고 있다. 사람은 누구나 강점을 가지고 있다. 사람은 자신이 알지 못하는 잠재력을 가지고 있다. 이것을 깨닫게 해주는 일이야말로 경영자의 몫이 아닌가 생각한다. 성공한 기업인들은 많이 있지만 구성원들에게 존경을 받고 구성원들이 회사의 출근이 기다려진다고 고백하는 곳이라면 나는 경영자로서 최고로 성공한 사람이라고 생각한다. 고객만족은 알아도 직원만족은 잘 모르는 경영자들이 참으로 많은 듯하다. 마지막으로 필자가 중요하게 생각하는 무궁화와 피터 드러커의 가치를 다시 한 번 강조하며 글을 마무리하고자 한다.

　첫 번째는 '사명'이다. 사명이라는 단어는 잘 알고 있지만 명료화된 사명선언문을 가지고 있는 사람은 드물다. 더 나아가 그 사명이 자신의 만족을 넘어선 이웃과 사회를 위한 사명을 가진 이는 더욱 많지 않다. 사명이 없는 사람은 자기 자신뿐 아니라 사람을 소중하게 생각하기가 쉽지 않다. 개인의 욕심이 결국 사람을 시기하게 만들기 때문이다. 사명이라고 하지만 그 사명이 오직 자신을 위한 사람도 마찬가지이다. 이들은 사명이 없는 사람보다 더 위험하고 해를 끼치는 존재가 된다. 사람을 이용하여 자신의 목적을 달성하기 때문에 많은 사람에게 상처를 준다. 많은 사람이 사명을 가지기를 권한다. 자신을 위한 사명이 아닌, 세계평화와 온 인류의 행복을 위한 무궁화처럼, 피터 드러커처럼 위대한 사명을 품으라고 권한다. 이것은 혼자 할 수 있는 일이 아니다. 나와 수많은 사람이 함께 해야 할 사명이기에 더욱 가치 있는 일이다. "내가 하는 일이 세계평화와 온 인류가 행복해지는 일인가?", "나는 어떠한 사람으로 기억되기를 바라는가?"라고 질문해 보길 바란다.

두 번째는 '사람'이다. 모든 것은 사람을 통해 이루어진다. 우리는 좀 더 많은 사람이 선한 목적을 달성해나갈 수 있도록 지원해주어야 한다. 사람들의 동참을 이끌어내야 한다. 선한 사명을 가진 자는 선한 마음으로 사람을 바라보게 될 것이다. 사람은 이용수단이 아닌 목적 그 자체이다. 그것은 창조주께서 천하보다 사람을 귀하게 여기는 이유와 일맥상통한다. 나는 사람이고 우리 가족들도 사람이다. 내가 아프면 가족들도 아파한다. 우리는 다른 사람의 아픔을 나의 아픔으로 여기는 마음을 가질 때 사회가 비로소 밝아질 것이다. 내가 귀하고 내 가족이 귀한 만큼 다른 사람들도 마찬가지이다. 나 혼자 잘 먹고 잘 살면 무엇하는가? 옆에서 굶주림과 추위에 떨고 있다면 나의 행복과 평화도 위협을 받게 되는 것이다. 모든 사람이 사람답게 행복하게 사는 세상이 우리의 행복과 평화를 지켜준다. 조직을 경영하는 경영자들도 마찬가지의 생각을 가져야 한다. 사람은 귀한 존재이다. 귀하게 존중해주어야 한다. 무궁화 인재경영은 사람을 귀하게 여기는 사랑을 근본 가치에 둔다. 구성원들이 조직을 떠나는 이유는 사람답게 대접받고 싶어서일 것이다. 수많은 다른 이유는 다 부차적인 것이다. 사람으로 대접받고 존중받고 싶어 떠나는 것이다. 그러한 곳에 가면 이들은 온전히 자신의 잠재력을 발휘하게 될 것이다. 고객만족을 시키고 새로운 고객을 창조하기 위해 먼저 직원을 만족시키고 새로운 직원을 창조하는 경영자가 되어야 할 것이다.

마지막 세 번째는 '사회공헌'이다. 우리가 함께 지향해야 할 세계평화와 온 인류의 행복을 위해 우리가 할 일은 너무 많다. 기업의 고객창조를 위해 세계최고를 지향해야 한다. 고객에게 인정받는 세계최고의 명성을 지향해야 한다. 그리고 고객에게 받은 사랑을 다시 사회에 환원해야 한다. 파괴된 자연환경을 회복해야 하며, 상처받고 가난한 사람들을 위해 식량을 주기보다는 그들에게 식량을 생산하고 제품을 생산하고, 서비스를 제공하는 방법을 알려주어야 한다. 그들이 독립적으로 성장하고 더 나아가 상호의존적으로 성장할 수 있도록 지원해주어야 한다.

나는 비교적 어린 나이인 30대 초반에 강의를 시작했다. 따라서 다양한 분야의 일을 진행해본 경험이 있다. 대통령선거운동에도 참여한 적이 있어 많은 리더를 만나 보았는데 아직까지 위의 세 가지 교훈을 모두 따르는 사람을 거의 본적이 없는 것 같다. 아직 내가 부족하기에 그런 것이라 생각한다.

지금까지의 모든 경험은 오늘의 나를 만든 거름이 되어주었다. 피터 드러커는 내게 너무나 많은 것을 가르쳐준 스승이다. 큰 감동을 준 수

많은 경영대가들이 있었지만 피터 드러커는 내게 경영이란 무엇인지를 정확하게 알려주었다. 이제 나는 나부터 '무궁화 인재경영'을 실천하는 지식사회의 진정한 리더가 되고자 한다. 나부터 변화하여 내 주변사람들을 변화시키고 그들을 통해 사회를 변화시키고 그러한 사회를 통해 세상을 변화시키고자 한다. 지금 운영하고 있는 두 개의 교육기업과 세 개의 사회적 공헌기업을 피터 드러커의 인문예술경영방식으로 운영할 것이다. 또한 청소년문제, 환경오염문제, 전쟁문제, 기근문제를 해결하고 세계평화와 온 인류의 행복을 실현시켜 나아가기 위해 나의 비전을 세상에 널리 전하여 공유하고자 한다. 대한민국의 국화인 무궁화의 위대한 가치와 피터 드러커의 위대한 가치가 만나 탄생된 '무궁화 인재경영'이 우리나라 조직을 살리고 나아가 해외조직까지 살리는 책이 되기를 간절히 바란다. 나는 이 책이 그러한 책이 될 것이라 믿는다. 더하여 무궁화의 위대한 가치와 피터 드러커의 위대한 경영철학이 조직을 운영하는 모든 리더의 삶과 경영에 긍정적인 영향을 미치고 그 성과는 온전히 세계평화와 온 인류의 행복을 위해 쓰이길 소망한다.

참고문헌

『겨레의 얼 무궁화』 김석겸, 한국무궁화애호운동중앙회 1981

『무궁화이야기』 이영철, 홍해근, 청어 2009

『무궁화선비』 남궁억, KIATS 2010

『나라꽃 무궁화는 내친구』 국립산림과학원 2009

『나라꽃 무궁화』 홍천군

『꽃으로 보는 한국문화』 이상희, 넥서스 2004

『문화콘텐츠닷컴』 한국콘텐츠진흥원

『한국민족문화대백과』 한국학중앙연구원

『피터 드러커의 미래경영』 피터 드러커, 청림출판 2002

『피터 드러커 매니지먼트』 피터 드러커, 청림출판 2007.

『경영의 실제』 피터 드러커, 한국경제신문사 2006.

『경영의 지배』 피터 드러커, 청림출판 2003

『피터 드러커의 위대한 혁신』피터 드러커, 한국경제신문사 2006.

『단절의 시대』 피터 드러커, 한국경제신문사 2003

『미래의 결단』 피터 드러커, 한국경제신문사 1995.

『미래의 조직』 피터 드러커, 한국경제신문사 2003

『창조하는 경영자』 피터 드러커, 청림출판 2008.

『클래식 드러커』 피터 드러커, 한국경제 신문사 2007

『실천하는 경영자』 피터 드러커, 청림출판 2005

『피터 드러커의 자기경영노트』 피터 드러커, 한국경제신문 2003

『프로페셔널의 조건 』피터 드러커, 청림출판 2001

『변모하는 경영자의 세계』 피터 드러커, 청림출판 2013

『변화리더의 조건』 피터 드러커, 청림출판 2001

『자본주의 이후의 사회』 피터 드러커, 한국경제신문사 2002

『피터 드러커 나의 이력서 』피터 드러커, 청림출판 2006

『비영리 단체의 경영』 피터 드러커, 한국경제신문사 1995

『기업의 개념』 피터 드러커, 21세기북스 2012

『21세기 지식경영』 피터 드러커, 한국경제신문 2002

『피터 드러커 강의』 피터 드러커, 랜덤하우스코리아 2011

『피터 드러커100년의 철학』 피터 드러커, 청림출판 2004

『경영바이블』피터 드러커, 청림출판 2006

『미래사회를 이끌어가는 기업가정신』 피터 드러커, 한국경제신문사 2004

『경제인의 종말』 피터 드러커, 한국경제신문사 2008

『피터 드러커의 산업사회의 미래』 피터 드러커, 21세기북스 2013.

『넥스트 소사이어티』 피터 드러커, 한국경제신문사 2007

『뉴 소사이어티』 피터 드러커, 현대경제연구원books 2007

『피터 드러커의 다섯 가지 경영원칙』 피터 드러커, 아시아코치센터 2010

『피터 드러커, 그가 남긴 말들』 사토히토시, 알에이치코리아 2013

『피터 드러커의 위대한 통찰』 크레이그 L. 피어 외 2명, 한스미디어 2009

『피터 드러커의 마지막 통찰』 엘리자베스 하스 에더샤임, 명진출판사 2007

『에센셜드러커』 이재규, 한국경제신문사 2003

『피터 드러커의 경영전략』 이재규, 사과나무 2004

『피터 드러커처럼 생각하라』 히사츠네 게이치, 랜덤하우스중앙 2006

『피터 드러커의 사업전략』 나카노 아키라, 비즈니스맵 2010.

『피터 드러커 리더스윈도우』 윌리엄 코헨, 쿠폰북 2010

『하루 10분 나를 바꾼 한마디』 우에다 아츠오, 경향미디어 2013

『피터 드러커를 공부하는 사람들을 위하여』 브루스 로젠스타인, 디자인하우스 2013

『성공하는 사람들의 7가지 습관』 스티븐 코비, 김영사 2003

『성과향상을 위한 코칭리더십』 존 휘트모어, 김영사 2007

『카네기 스피치&커뮤니케이션』 데일 카네기, 씨앗을뿌리는사람 2004

『HRD플래닝』 이희구, 국일증권경제연구소 2011

『위대한 조직 만들기』 찰스 핸디, 위즈덤하우스 2011

『히든챔피언』 헤르만 지몬, 흐름출판 2008

『기업의 인간적 측면』 더글러스 맥그리거, 미래의 창 2006

『매슬로의 욕구를 경영하라』 에이브러햄 매슬로, 리더스북 2011

『원씽』 게리 켈러, 제이 파파산, 비즈니스북스 2013

『오리진이 되라』 강신장, 쌤앤파커스 2010

『칭찬은 고래도 춤추게 한다』 켄 블랜차드, 21세기북스 2003

『위대한 기업은 다 어디로 갔을까』 짐콜린스, 김영사 2010